歴史　る 今とつながる

対立の世界史図vs鑑

かみゆ歴史編集部 編著

西東社

本書の特長と見方

対立の名称

覇権戦争

西ヨーロッパがキリスト教圏を死守！

トゥール・ポワティエ間の戦い

732年

【フランク王国】

ゲルマン人の一派フランク族のクローヴィスによって481年頃に建国された。のちに広大な領土を支配する。

【ウマイヤ朝】

史上初のイスラーム王朝。アラブからシリア、北アフリカ、イベリア半島にまで領土を広げていた。

なぜ対立した？

ウマイヤ朝がフランク王国に侵攻！

トゥール・ポワティエ間の戦いは、キリスト教国であるフランク王国とイスラーム教国のウマイヤ朝が初めて衝突した戦いです。

ウマイヤ朝は史上初の世襲制のイスラーム王朝であり、最初のイスラーム帝国です。イスラーム教は預言者ムハンマドによって7世紀の初めに創始された一神教です。一方、フランク王国は、ゲルマン人の一派であるフランク人が西ローマ帝国滅亡後に興した国です。場所は現在のフランスあたりになります。

ウマイヤ朝はアラビアから北アフリカへと勢力を拡大していき、イベリア半島に上陸します。711年にはゲルマン人の一派である西ゴートの国を滅ぼし、半島の支配権を確立させました。そして10代カリフのヒシャーム・イブン・アブドゥルマリクの時代に、ガーフィキーを司令官として、フランク王国の領地に侵入します。732年、トゥールとポワティエの間で両勢力の戦いが始まりました。

ムハンマド｜イスラーム教を開宗した預言者。イスラーム教徒を率いて戦い、アラビア半島のほとんどを改宗させた。

034

ロシアのウクライナへの軍事侵攻、パレスチナの紛争など、世界ではまだ争いが絶えません。そこには、宗教、資源、領土、思想、民族などさまざまな要因があり、各国の国際関係が複雑に絡み合っています。それらをひも解く鍵として、この本では歴史のなかの「対立」に注目しました。過去の対立に現在の争いの理由があり、過去の対立が現在の国際関係をかたちづくっています。この本を読むことで、複雑そうに見えるあらゆる問題が「線」になり、日々報道されるニュースが理解できるようになるはずです。

対立の期間

対立している国や組織

対立の中心人物や主導した人物

POINT 1

「なぜ対立したのか？」がわかる

宗教問題なのか、民族問題なのか、領土問題なのか、対立の理由がわかります。戦闘の詳細は省き、歴史の流れとともにその背景に重きを置いています。「世界史は苦手！」という人でもわかりやすい、やさしい言葉で解説します。

POINT 2

「なにが変わった?」がわかる

今も起きている戦争ははるか昔に原因があるものもあります。その対立によって、世界がどう変化したか、現代にどうつながっていくかを解説します。たとえばパレスチナの紛争は、古代ローマ時代の「ユダヤ戦争」からつながっています。

本書の時代区分

古代	紀元前〜５世紀まで
中世	５世紀〜15世紀頃まで
近世	大航海時代が始まる15世紀から市民革命が起こった18世紀頃まで
近代	19世紀から20世紀半ばまでの帝国主義と世界大戦の時代

「対立」の分類

覇権戦争	大きな勢力同士が衝突して起こる戦争です。
侵略戦争	巨大な軍事力をもつ国家が領土を拡大する際の戦争です。
宗教戦争	宗派の違いや宗教的な目的をもってはじめられた戦争です。
帝国主義戦争	植民地の奪い合いで起きた19〜20世紀の戦争です。
地域紛争	隣り合う国同士の国境問題による戦争です。
民族紛争	異なる民族による紛争。複数国にまたがることもあります。
対テロ戦争	おもにアメリカとテロ組織との戦いです。
冷戦	資本主義と社会主義の陣営に分かれ世界を二分した対立です。
内乱	おもに支配者と領民との間に起きる国内の戦争です。
内戦	国の主導権争いのために国民同士が争う戦争です。
革命	旧体制を覆すために起こされる社会運動、戦争です。

対立に関する資料や写真

1
古代・中世
トゥール・ポワティエ間の戦い

【 フランク王国とウマイヤ朝の領土 】

ウマイヤ朝は北アフリカを制圧したのち、711年にイベリア半島に侵入。
720年にはピレネー山脈を越えて侵攻を開始した。
カール・マルテル率いるフランクの騎士は７日間戦い、イスラーム勢力を撃退した。

どうなった？
フランク王国が勝ち
カトリック勢力が広がる

フランク王国はこの戦いに勝利。指揮をとったのは宮宰カール・マルテルでした。この戦いはヨーロッパでのイスラーム勢力の拡大を防いだだけではなく、後世に影響をあたえました。

カール・マルテルはこの活躍によりフランク王国内での地位を高め、その子であるピピン３世が王位に就きます。この時、ローマ教皇に領地を寄付して教会と強く結びつきます。ピピン３世の息子は歴史上有名なカール大帝で、フランク王国を現在のフランス、ドイツ、イタリアを含む広大な領土を支配する大帝国にします。カール大帝はローマ教皇から戴冠され、皇帝として君臨。西ヨーロッパがカトリック（➡P43）勢力圏として確立されることになりました。

後世への影響
イスラーム勢力の拡大を阻止。フランク王国が西ヨーロッパにカトリックの勢力圏を築き、今日のキリスト教圏の基礎に！

035　カール大帝｜巨大な帝国をつくるも、息子の代で３つに分割相続。それぞれフランス、ドイツ、イタリアの元になった。

重要もしくは難しいワードの説明

POINT 3

「時代の大きな争点」がわかる

古代・中世・近代など、時代区分ごとにパートを分け、各時代の対立構造の大きな特徴についても解説しています。宗教改革、国民国家、帝国主義など、世界史の重要なキーワードを理解することにもつながります。

CONTENTS

PART 3
近代

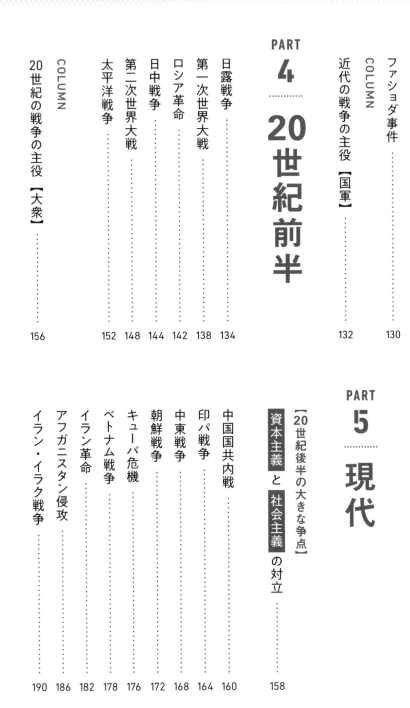

PART 4
20世紀前半

PART 5
現代

【これからの大きな争点】

●本書はとくに明記しないかぎり、2024年4月1日現在の情報に基づいています。
●本書の人名・地名・用語の表記、及び歴史的な説明は、基本的に高等学校の歴史教科書や図録に準拠しています。
●歴史的なできごとに関しては諸説あるものもあります。

読み始める前に知っておきたい

基本のことば

【国とは】

ひとつの政府または君主に属する土地。市民革命（フランス革命など）で国民国家（王や貴族ではなく、国民が主権をもつ国）が誕生するまで、庶民には国という意識はあまりなく、領主と領民の関係があるだけでした。近代以前は、国は王朝の名で呼ばれることが多いです。これは同じ地域でも支配者が変わるためです（アケメネス朝、ブルボン朝など）。

【王朝】

王の家名をつけて○○朝などと表現されます。基本的に世襲（子孫が後を継ぐ）で、血筋が絶えるなど別の家の出身者が王になると、王朝名も変わります。

【帝国】

皇帝が治める国のこと。ただ、ヨーロッパにおいては異なる民族の土地を含めた広大な領土を支配する国もそう呼ばれます。近代になると、他国を侵略して植民地を獲得する国を指して「帝国主義」と呼びました（ドイツ帝国、大英帝国など）。

【国民国家】

近世になると国家とともに国民という意識も生まれました。現在であれば「国籍」がありますが、国民国家が生まれた頃は、国民の条件は明確ではありませんでした。「一民族＝一国家」が基本ですが、住む地域、言語、歴史、文化などさまざまな要素があり、単純に基準がつくれません。この要素が多種多様すぎて独立の際、激しい紛争になったのがユーゴスラヴィアです（→P196）。

【西暦・世紀とは】

「西暦」は、イエス・キリストが生まれたとされる年を元年として、それ以前を紀元前（B.C.）○○年と古くなるにつれて数を増やしていきます。グレゴリオ暦と呼ばれますが、日本では西洋からきたために一般に「西暦」と表現しています。「世紀」は西暦にもとづいて100年ごと区切られた年代区分です。

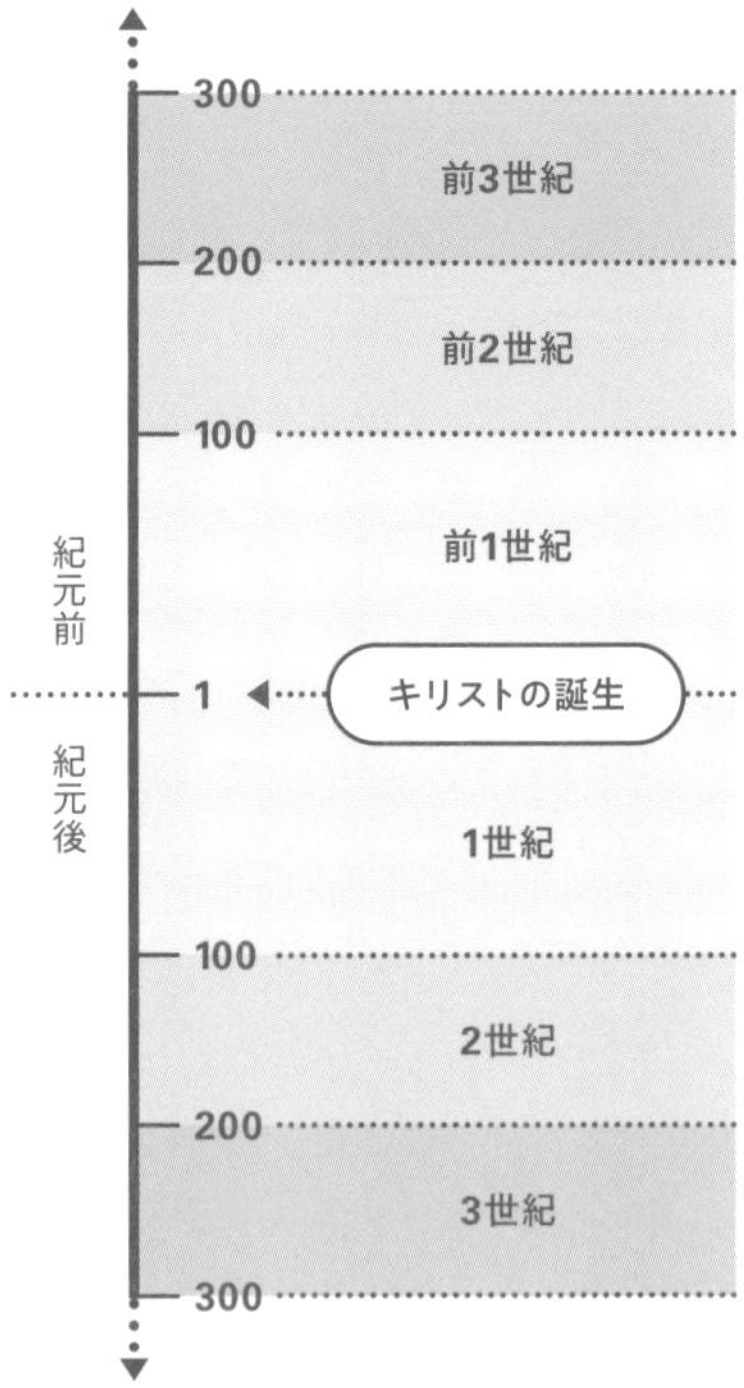

【貴族とは】

先祖代々特権をもつ一族で、土地と民を支配する領主でもあります。裕福な平民が新しく貴族になる場合もあります。中世以降のヨーロッパ貴族は公爵・伯爵・子爵・男爵などの爵位をもっていました。王に従う貴族を「諸侯」といいます。

【植民地とは】

ある国の人が別の場所に移り住んでつくった都市や国。古代ギリシアでは多くの植民地がつくられました。大航海時代(15世紀半ば)以降は、ヨーロッパの強国が海外を侵略して多くの植民地がつくられました。この時代の植民地は本国(宗主国という)に従属する関係にあり、このことからたびたび独立を求める運動が起きています。

【条約とは】

二国間または多国間で成立した合意のことです。協定、宣言、議定書などほかの名称であっても効力は変わりません。条約が締結された都市名が付けられるのが通例です。ヴェルサイユ条約や下関条約など、戦争を終結するために結ばれることが多く、その場合は平和条約、和約、和議、講和条約などと呼ばれることもあります。

【政治制度とは】

国を治める政治システム。古代では王政(君主制)がほとんどでしたが、一方でギリシアやローマでは共和政という独裁者を排除する制度が生まれていました。しかし、中世になると王と貴族が支配する封建制が主流となります。近代になってからは国民国家(国民が国家の主役になる制度)が一般的になります。

【封建制】

中世ヨーロッパで発達した王と貴族の主従関係。貴族は自分の領地と自前の軍隊をもち、戦争の際には「王に従って戦います。たとえばフランスには、アキテーヌ公、アンジュー伯などの領主が地方を治めていました。

【立憲君主制】

国王の権利が憲法によって制限されている体制。日本・イギリスなど、現在多くの国が採用しています。

【共和政】

君主(王)をおかない政治制度。共和政を採用している国を「共和国」といいます。アメリカやフランスをはじめ、約150か国が採用しています。

【民主主義】

国の最高かつ最終意思決定をもつ権利を「主権」といいます。封建制が崩れたドイツではそれぞれの領主に主権が認められ「主権国家」となりました。フランス革命では身分制度そのものが廃止されて、国民全体が主権をもつという考え方が広がりました。これを「国民主権」といいます。国民主権を実現させるために必要な制度が「民主主義」です。

国のトップとは

国のトップを「元首」といいます。現在のイギリスではチャールズ３世が元首ですが、立憲君主制をとっているため、政治のトップは「首相」です。大統領と首相の両方がいる国では元首は大統領ですが、イタリア、ドイツの大統領は象徴的地位で、フランスは強い権限をもつなど国によって異なります。

王

君主。封建制の身分制では最上位。

皇帝

中国、ローマ帝国の君主など。王の上に立つ地位。

カリフ

イスラーム教団の最高指導者。1924年に廃止された。

大統領

君主(主)のいない共和政の国のトップ。

主席

社会主義政党の党首。ほかに書記長、総書記など。

首相

君主(王)または大統領がいる国の行政のトップ。

共産主義とは

資本や利益をすべての人が共有する状態です。現在では社会主義と共産主義の違いは曖昧にとらえられています。また社会主義と資本主義もお互いの特長を取り入れていたりします。そのため、その区分は単純ではありません。

資本主義とは

個人が資本(土地や金・道具)で自由に商売できる仕組みのこと。自由競争のもとそれぞれが利益を追求します。経済格差がうまれやすいです。

社会主義とは

資本や利益を国が管理し、平等に分配します。平等な社会を目指すためにさまざまな規制があり、自由競争がありません。

PART 1

古代・中世

食糧生産や製鉄技術の発達によって
広大な領地を支配する王朝がうまれ、
さまざまな勢力の衝突が繰り返されるようになります。
この時代はおもに権力や領地を
武力によって奪い合う時代でした。

民主主義など現在に続く政治の考え方が生まれるきっかけに！

ペルシア戦争

紀元前500年～紀元前449年

【ギリシア連合軍】

アテネ、スパルタなどギリシア都市国家の連合軍。ペルシア軍の襲来に備える目的で団結した。

【ペルシア帝国（アケメネス朝）】

ペルシア人によって建国された王朝。中央アジアからエーゲ海まで進出し、史上初の世界帝国となった。

クセルクセス1世
ペルシア王
VS
レオニダス
スパルタ王

なぜ対立した？

ギリシアが同胞を助けてペルシアと全面対決に！

ペルシア戦争はペルシア帝国（アケメネス朝）と、アテネを中心にしたギリシア都市国家連合との間で起きました。

古代ギリシアは、バルカン半島に数百ある都市がそれぞれ国家として成り立っていました。これをポリス（都市国家）といいます。有力な都市としてはアテネ、**スパルタ**、テーベ、マケドニア、コリントなどがあります。これらの都市国家は長い間勢力争いを繰り返していました。

一方、ペルシア帝国は現在のイランにあたる地域のペルシア人が建国し、エジプトやシリア、バビロニア（現イラク）、アナトリア半島（現トルコ）などにまたがる領土を支配した大帝国です。建国者の名をとってアケメネス朝と呼ばれています。両勢力はエーゲ海地域で対峙していました。

ペルシア帝国はアナトリア半島を征服していましたが、南西部に位置するイオニア地方にはギリシア人が住んでいました。この時代にはギリシア

スパルタ　軍事国家として有名。幼い頃から厳しい訓練を行うことから「スパルタ教育」の語源となった。

【ギリシアの都市国家が団結する流れ】

ペルシア帝国の支配に反抗したイオニア人を、アテネが支援したことで、
ギリシア対ペルシアの構図ができあがった。

ギリシア

ペルシア人に反乱を起こしたギリシアの同胞をアテネが支援したのは当然のことだ

ペルシア

イオニアはわれわれの支配地だ。他国のギリシア人に干渉されるいわれはない！

ギリシア

イオニアの反乱が鎮圧されてしまった。ペルシア人が報復でギリシアに攻め込んでくるかもしれない

ペルシア

いい口実ができた。ギリシアの諸都市を制圧して帝国の領土に組み入れよう。出陣だ！

ギリシア

ギリシア人は都市国家ごとに争ってきたが、いまは共通の敵ができた。ひとつになって戦おう！

という国はありませんが、ギリシア語を話し、ギリシア神話などの歴史や文化をもつ人々はギリシア人として認識され、各地に点在していました。そして、ギリシア人以外の民族を**バルバロイ**（醜い言葉を話す者）と呼んで区別していました。

　イオニアの人々は、支配者であるペルシア帝国に対して反乱を起こします。この時、イオニアは同じギリシア人の都市であるアテネなどに援助を要請。アテネは軍隊を派遣し、イオニア軍とともに戦います。これに乗じてペルシア帝国の各地で独立を目論んだ反乱が起きるなどしましたが、結局、すべて制圧されてしまいました。

　紀元前492年、領土内の抵抗勢力を一掃したペルシア帝国は、アテネに報復する口実でギリシア征服を目論み、バルカン半島に遠征軍を送り込みます。これがペルシア戦争のはじまりです。しかし、ペルシア軍の最初の遠征軍は暴風によって大きな損害が出たため、本格的な交戦にはいたりませんでした。

ギリシア語を話さないバルバロイはわれわれの敵だ！

バルバロイ　古代ギリシア語における他言語の民族。英語の「バーバリアン(野蛮人)」の語源になった。

ペルシア戦争の勢力図とおもな戦い

紀元前490年にバルカン半島に上陸したペルシア軍をマラトンで撃破したギリシア軍だが、
前480年のテルモピレーの戦いでは敗戦。
大打撃を受けたものの、サラミスの海戦でペルシア軍を撃退することに成功した。

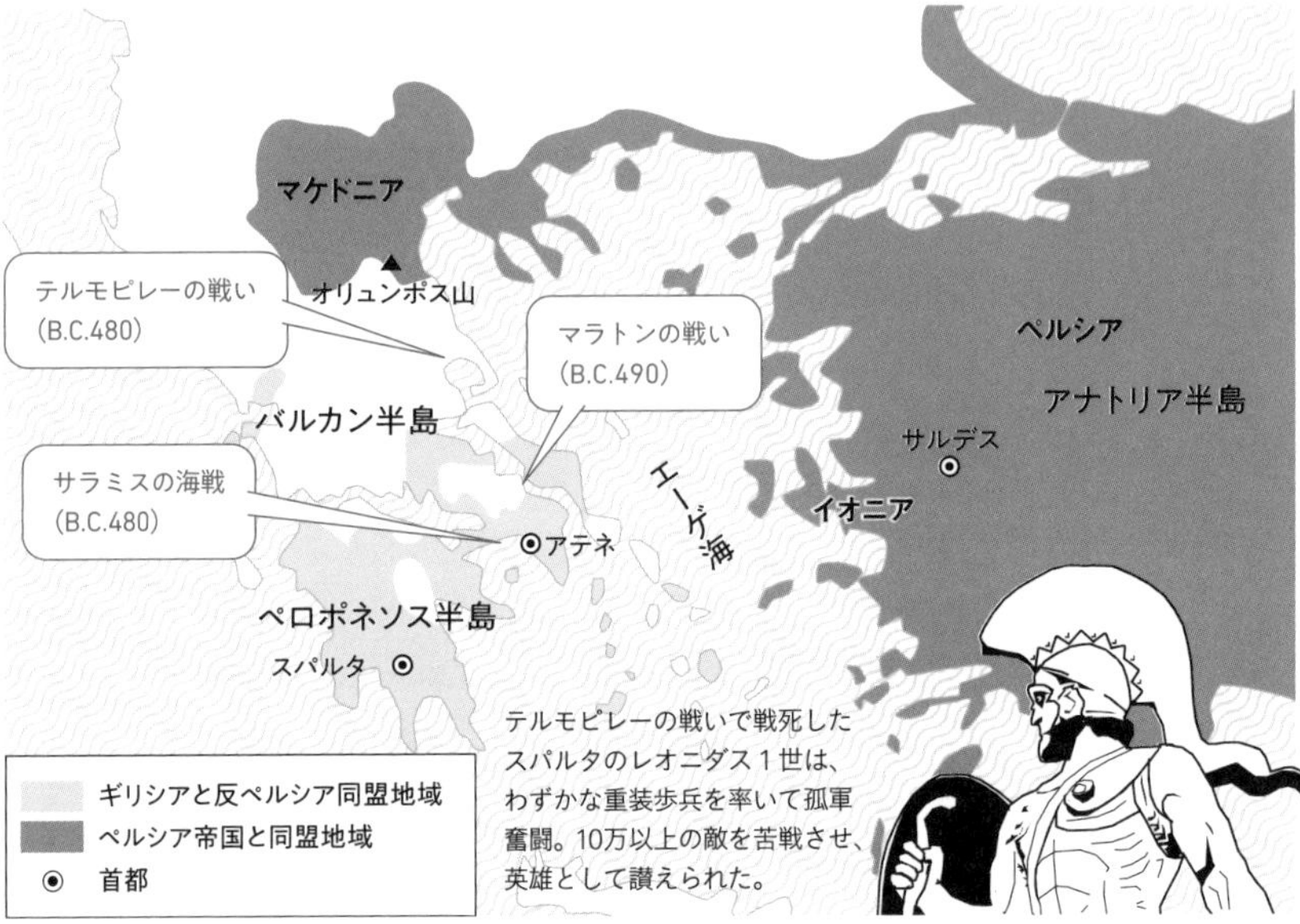

マケドニア
オリュンポス山
テルモピレーの戦い (B.C.480)
マラトンの戦い (B.C.490)
ペルシア
アナトリア半島
バルカン半島
サルデス
エーゲ海
イオニア
サラミスの海戦 (B.C.480)
アテネ
ペロポネソス半島
スパルタ
テルモピレーの戦いで戦死したスパルタのレオニダス1世は、わずかな重装歩兵を率いて孤軍奮闘。10万以上の敵を苦戦させ、英雄として讃えられた。
ギリシアと反ペルシア同盟地域
ペルシア帝国と同盟地域
首都

どう なった？
アテネに富が集まり今に残る学問・政治が発展

ペルシア帝国はエーゲ海の島々に降伏勧告し、次々と支配下に入れます。そして海からマラトンに上陸しますが、アテネはこれを迎え討ち勝利します。この後ペルシアの国内事情によってしばらく交戦はありませんでしたが、紀元前480年、ペルシア王クセルクセス1世は大軍を率いて再度侵攻。アテネは有力ポリスであるスパルタなどを引き込み、ギリシア連合軍を形成しました。スパルタ王レオニダス1世が数万人のペルシア軍に対して、わずか300人で奮戦しますが敗北、その後アテネも制圧されてしまいます。

しかし、ギリシア連合軍は戦力を集結させて艦隊を編成。地の利を生かし、得意の海戦でペルシア軍に勝利します。この戦いが転換期となり、ペルシア帝国が圧倒することはなくなります。両国の争いはしだいに小規模化してゆき、クセルクセス1世が国内で暗殺されるなどして、前449年に和睦して終結にいたります。

マラトン｜ペルシア戦争の戦場。戦勝報告のために兵士がアテネまで走った伝説から「マラソン」競技が生まれた。

戦後に発展した学問と思想

戦後、ギリシアの盟主になったアテネには多くの富が集まり、民主政治が花開いた。著名な哲学者が生まれたのもこの時期だ。

文化・学問

哲学の祖といわれているが、政治批判をしていたら危険思想だとして処刑されてしまった…

哲学者
ソクラテス

師匠ソクラテスの思想をまとめました。また、現実は真実の世界の影であるというイデア論を説きました

哲学者
プラトン

私が書いた『歴史』はペルシア戦争を描いたものです。人類初の本格的な歴史叙述として称賛されています

歴史の父
ヘロドトス

社会・政治思想

自由主義

個々の意見や権利の主張、表現の自由を重視。民主主義(デモクラシー)の基盤になった。

個人主義

市民が自らの能力や努力によって幸福を追求することが重視された。

民主主義

18歳以上の男性市民であれば民会で直接意見することができた。

しかし、いつまたペルシア軍が攻め込んでくるかわかりません。そこで、アテネは各ポリスと同盟を結び、軍事費を徴収します。これが間接的な支配となり、ギリシアの盟主として黄金期を迎えるのです。社会思想では個人主義、自由主義、政治面では民主主義が発達し、文化面ではソクラテスやプラトン、アリストテレスといった哲学者が排出されました。ギリシアの学問は哲学にとどまらず、医学や自然科学など、現在の学問の古典として歴史を通して研究され続けています。

また、戦争で活躍した下層民の発言力が高まり、18歳以上の市民全員が参加する民会によって政治的決定が行われることとなりました。つまり**直接民主主義**が行われることになったのです。一方、アテネの勢力拡大を嫌ったスパルタは別の同盟をつくって対抗します。この両者の対立はやがてペロポネソス戦争に発展し、以降ギリシアのポリスは衰退していくことになります。

後世への影響

アテネが黄金期を迎え、ギリシア哲学などの学問、民主主義といった政治制度が発展！現代につながる原点が多く生み出される。

直接民主主義 | 有権者が代表者(政治家)などを介在させずに直接意思決定に参加する政治体制。

東西文明を結びつける大帝国が誕生！

アレクサンドロス大王の東方遠征

紀元前334年～紀元前323年

【マケドニア】

ギリシア北部の都市国家。ほぼすべてのギリシア都市国家とコリントス同盟を結成。盟主として君臨。

【ペルシア帝国（アケメネス朝）】

ペルシア人の世界帝国。ギリシアの支配には失敗したものの、その後、ギリシアの内戦に介入した。

なぜ 対立した？

父の遺志を継いだ大王がペルシア征服を目論んだ

アレクサンドロス大王の東方遠征は、マケドニアが、ペルシア帝国領土からインドにまで及ぶ周辺諸国までを征服した出来事です。

まず、この時代の両勢力の状況を解説します。ペルシア帝国はペルシア戦争（➡P12）後、反乱などが続き、徐々に国力が衰退していきました。

一方、ギリシアの都市国家の勢力図は、ペルシア戦争で協力したアテネとスパルタが覇権をめぐって対立してしまい、戦争によってどちらの国も疲弊していきます。その間に国力を増強させていったのがマケドニアです。マケドニアはフィリッポス2世の時代に**コリントス同盟**を結成し、アテネ・テーベの連合軍を破り、スパルタを除くほぼすべてのポリスを掌握します。ギリシアの盟主となったフィリッポス2世の野望はペルシア帝国に逆侵攻して覇権を奪うことでした。

しかし、フィリッポス2世は暗殺されてしまいます。この事件により、息子のアレクサンドロス3

コリントス同盟 | ポリス間の争いが禁止される。同盟と呼ばれるものの、マケドニアが外交・軍事を主導するという内容。

【アレクサンドロス大王の領地】

アレクサンドロス大王率いるマケドニア軍は10年に及ぶ遠征で無敗。各地を征服しながら植民都市(アレクサンドリア)を建設していった。

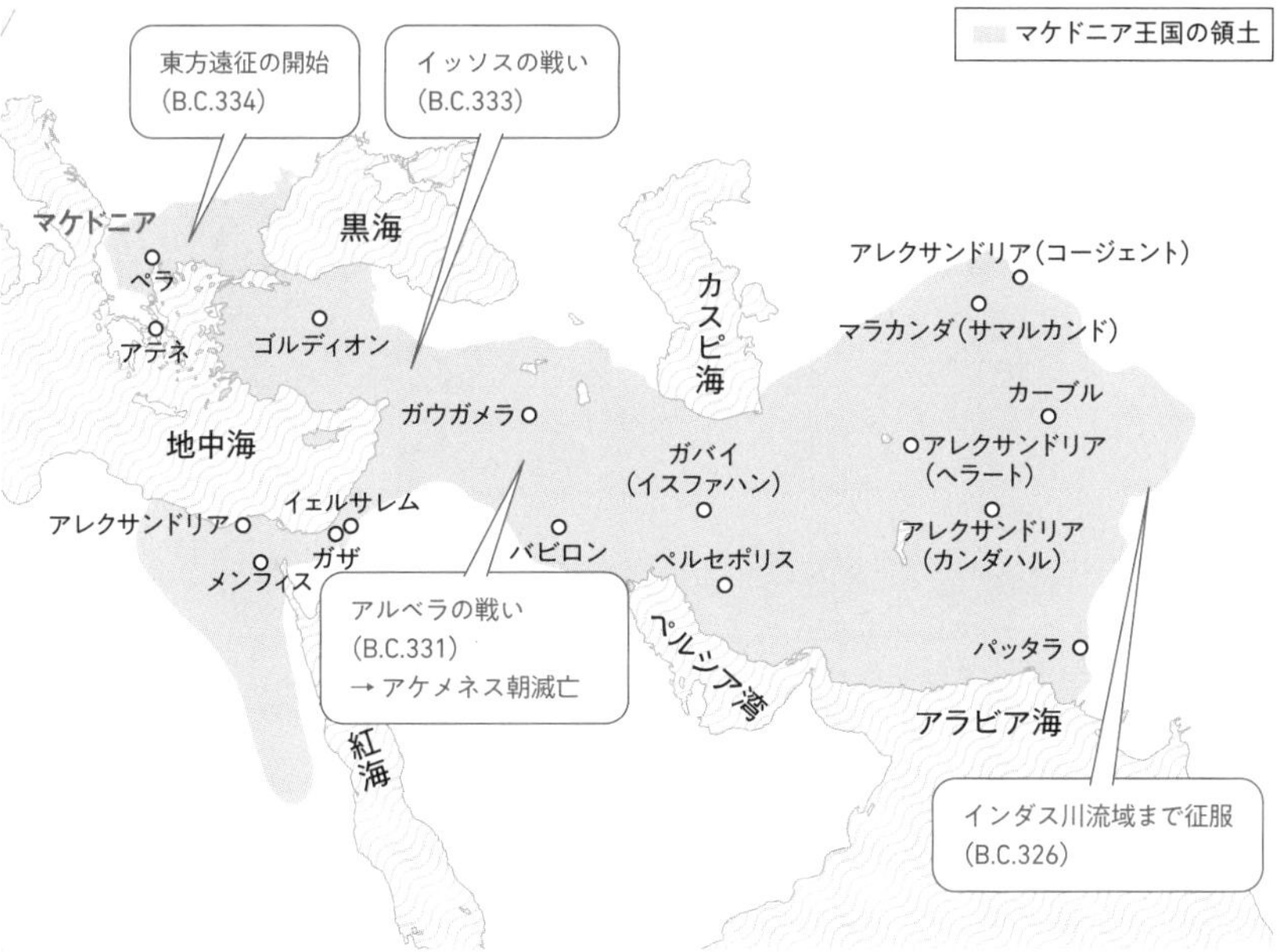
マケドニア王国の領土
東方遠征の開始
(B.C.334)
イッソスの戦い
(B.C.333)
アルベラの戦い
(B.C.331)
→アケメネス朝滅亡
インダス川流域まで征服
(B.C.326)
マケドニア
ペラ
アテネ
黒海
ゴルディオン
カスピ海
地中海
ガウガメラ
アレクサンドリア
イェルサレム
ガザ
メンフィス
バビロン
ガバイ
(イスファハン)
ペルセポリス
ペルシア湾
紅海
アレクサンドリア(コージェント)
マラカンダ(サマルカンド)
カーブル
アレクサンドリア
(ヘラート)
アレクサンドリア
(カンダハル)
パッタラ
アラビア海

世(大王)が王位を継承するとともに、ペルシア遠征という大事業も引き継ぐことになりました。アレクサンドロス大王はこの時20歳という若さ。ちなみに家庭教師は、すべての学問の祖と呼ばれる**アリストテレス**でした。つまり大王は当時の最高の教育を受け、最強の軍隊を引き継いだのです。

ペルシア遠征を開始したのは即位してから2年後の紀元前334年のことです。その年にアナトリア半島を征服すると、翌年にはペルシアの王ダレイオス3世との直接対決にも勝利します。そしてペルシアの首都ペルセポリスを徹底的に破壊し尽くし、紀元前330年、ペルシア帝国はついに滅亡してしまいます。ところが、アレクサンドロス大王は遠征をやめることはありませんでした。

ペルシア遠征とそれにつながる東方遠征の真の目的は実際にはわかっていません。ペルシアに対する復讐のため、あるいはその脅威を取り除くため、ポリスという小さな枠組みから脱却するための世界征服だったなど、すべては想像の域を出ません。

挑戦を続ける限り、できないことはないのだ!

アリストテレス | 古代ギリシア三大哲学者のひとり。倫理学、自然科学なども体系化したすべての学問の祖ともされる。

アレクサンドロス大王の後継者争い

急逝したアレクサンドロス大王のディアドコイ（後継者）は複数人いたが、
後継者戦争によって３人の有力者が残り、領土は大きく３つに分割された。

後継者	領土	大王との関係
アンティゴノス	マケドニア（ギリシア）	有力な将軍のひとり  ライバルを蹴散らして再統一の有力候補といわれたが、覇業半ばで戦死してしまった…
セレウコス	シリア	近衛歩兵の指揮官  大王死後に出世をして現在のイラン、パキスタンなどを含む最大の領土を手に入れたぞ！
プトレマイオス	エジプト	幼少時からの友にして側近  紀元前30年にローマに滅ぼされるまで250年以上続いたぞ。ちなみに最後の女王はクレオパトラだ！

どう なった？

東西世界をつなぐヘレニズム文化が生まれる

一度も敗れることなくペルシア帝国の領土をすべて手に入れたアレクサンドロス大王は、シリアを解放して歓迎され、エジプトではファラオ（王）になります。さらに遠征は続行され、ついにインドにまで到達。わずか10年で前人未到の大帝国をつくりあげます。大王は、征服した各地に自分の名にちなんだ都市を建設してはギリシア人を移住させます。複数の都市があったとされますが、現在、最も有名なのはエジプト第二の都市であるアレクサンドリアです。

また、旧ペルシア帝国では自分の部下とペルシア人を集団結婚させました。公用語はギリシア語に変更しましたが、ペルシアの制度もどんどんと取り入れていきます。商品や人も自由に往来することができ、これによりギリシア文化とオリエント（現在、中東と呼ばれる地域）の文化が融合されていきます。これを**ヘレニズム文化**といいます。

アレクサンドロス大王は32歳の若さで病死して

ヘレニズム文化　古代ギリシア人の自称であるヘレネスにちなんだ名称。「ギリシア風の文化」という意味になる。

ヘレニズム文化の伝播

鎌倉時代の日本の仏像にもリアルなギリシア彫刻の影響がみられる。

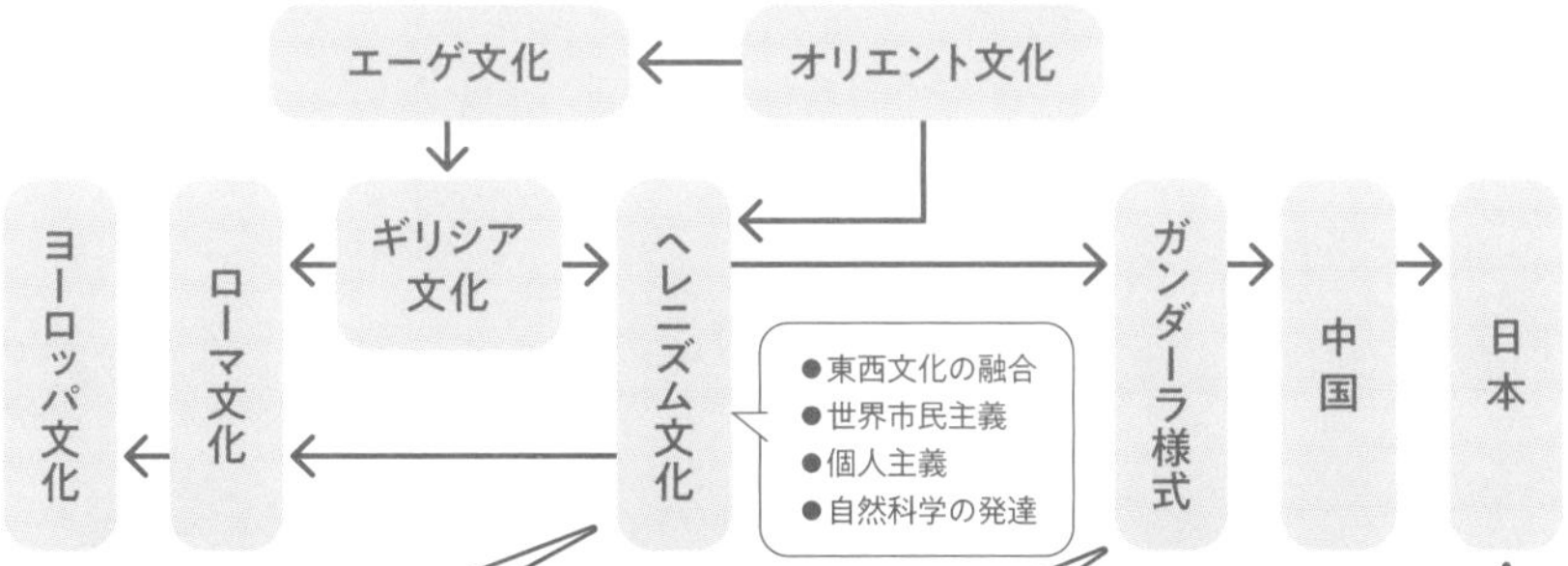
エーゲ文化
オリエント文化
ヨーロッパ文化
ローマ文化
ギリシア文化
ヘレニズム文化
ガンダーラ様式
中国
日本
●東西文化の融合
●世界市民主義
●個人主義
●自然科学の発達

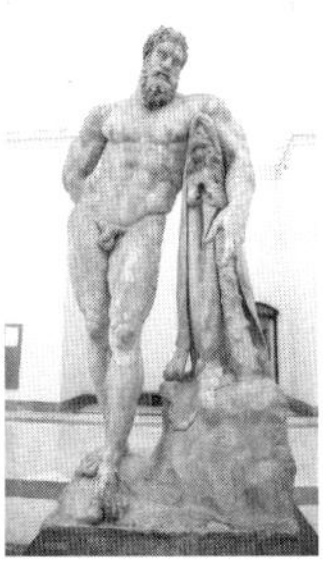
ヘラクレス

仏の守護者として描かれたヘラクレス（執金剛神）

執金剛神
東京国立博物館蔵／ColBase

しまいます。大王の死後は王子の後見人や、有力な武将によって権力争いが勃発します。この内乱によって大王の帝国はディアドコイ（後継者）によって分割されることになります。後継の国で最も長く続いたのがプトレマイオス朝エジプトで、約270年。西アジアでも中世の時代までギリシア語が使われているなど、その影響は一過性のものではありませんでした。

ヘレニズム文化は広大な地域に広がったこともあり、民族や国家の枠組みにとらわれない個人主義や**世界市民主義**（コスモポリタニズム）といった風潮も生まれました。また、仏像が芸術面においてその影響を大きく受けているのも有名です。はじめに仏像がつくられたガンダーラは、アレクサンドロス大王の征服地です。ヘレニズム文化は、のちにアレクサンドロス大王の領地を征服したローマ帝国にも継承され、現在の多くの国に影響を及ぼしました。

後世への影響

ギリシアからインドにまで広がった大帝国が初めて東西の境界をなくして、ヘレニズム文化圏という世界的な交流を育んだ！

世界市民主義　国家や言語、民族という枠組みの価値観にとらわれない考え方。ディオゲネスによって唱えられた。

ヨーロッパの原点となるローマ帝国が誕生！

ポエニ戦争

①紀元前264年～前241年／②前218年～前201年／③前149年～前146年

【ローマ】

紀元前753年にロムルスによって建国されたと伝わる。この頃は「共和政」で任期制の執政官２名が国の代表。

【カルタゴ】

中東のフェニキア人が北アフリカ（現在のチュニジア）につくった植民地。西地中海の制海権をおさえて繁栄する。

なぜ
対立した？

ローマとカルタゴが地中海の覇権を争った！

ポエニ戦争とは、古代ローマが地中海の強国であったカルタゴと戦った戦争です。この戦いの背景として、当時の地中海世界（地中海沿岸の国々による文化・経済圏）の状況を説明しておきます。アレクサンドロス大王の東方遠征（⬇P16）の後、後継者争いが起き、ギリシアは内乱で疲弊し、地中海世界での影響力が弱まっていきます。

その頃、徐々に力をつけつつあったのがローマです。紀元前509年に王を追放して、「**共和政**」に移行します。先進国であったギリシアをお手本としつつ、貴族や平民も参加する政治システムと、屈強な陸軍が特徴でした。もともとひとつの都市国家にすぎなかったローマですが、周辺民族との戦いを繰り返して勢力を拡大し、紀元前272年にはイタリア半島を統一して、地中海の一大国家となりました。

一方のカルタゴは小アジア（アナトリア半島、

共和政｜貴族や市民が政治に参加する仕組みがつくられ、任期制の執政官二人が選出され、国のトップを務める。

【カルタゴにローマが挑戦する経緯】

イタリアを統一したローマ、北アフリカからイベリア半島まで
地中海の覇権を握るカルタゴ、2つの大国がついに激突。

ローマ

イタリア半島を統一した。人口も増えてきたことだし、地中海のほかの地域にも進出していこう

カルタゴ

なんだと！　ぽっと出のローマ人ども。地中海の交易は我々が独占している。邪魔をしてやるぞ！

ローマ

カルタゴの船に交易の邪魔をされた。強い海軍をもっているようだし、これは我々にとって脅威だ

カルタゴ

シチリア島で戦争が起きただと。西部にはわれわれの拠点がある。よし、軍事介入だ

ローマ

シチリア島から救援要請がきている。よい口実になった。カルタゴよ、ローマの強さを見せてやる！

現在のトルコ）の**フェニキア人**が北アフリカに建設した都市で、貿易によって繁栄していました。当時のカルタゴは、イベリア（現スペイン・ポルトガルがある半島）の南部、サルデーニャ島、コルシカ島、シチリア島の西部などに拠点をもっていて、広範囲の貿易網を展開。他国の船には攻撃を加えるなど、支配力を強めていました。

こうした状況のなか、紀元前264年シチリア島にあった小さな国々が紛争を起こし、ローマ、カルタゴの両国に、それぞれ助けを求める要請が届きます。ローマはシチリアの穀倉地帯に目をつけており、また、シチリア島におけるカルタゴの勢力が、これ以上拡大することも見逃せませんでした。

ローマはシチリア東部に上陸するとギリシアの植民地だった都市シラクサを攻略し、強制的に同盟を結びます。こうして、シチリアの支配権をめぐってローマとカルタゴは対立します。この戦いは、さらに地中海の覇権をめぐる戦いに発展することになるのです。

地中海交易の利権は我らカルタゴのものだ。ぽっと出のローマには渡さん！

フェニキア人　現在のシリア発祥の民族。ローマでは「ポエニ」と呼ばれるため、戦争名もそれに由来する。

ローマとカルタゴの領土

第1次ポエニ戦争の敗北で、シチリアやサルディーニャ島を奪われたカルタゴ。
イベリア半島に拠点をつくり、陸路からイタリアに侵入したのが第2次ポエニ戦争だ。

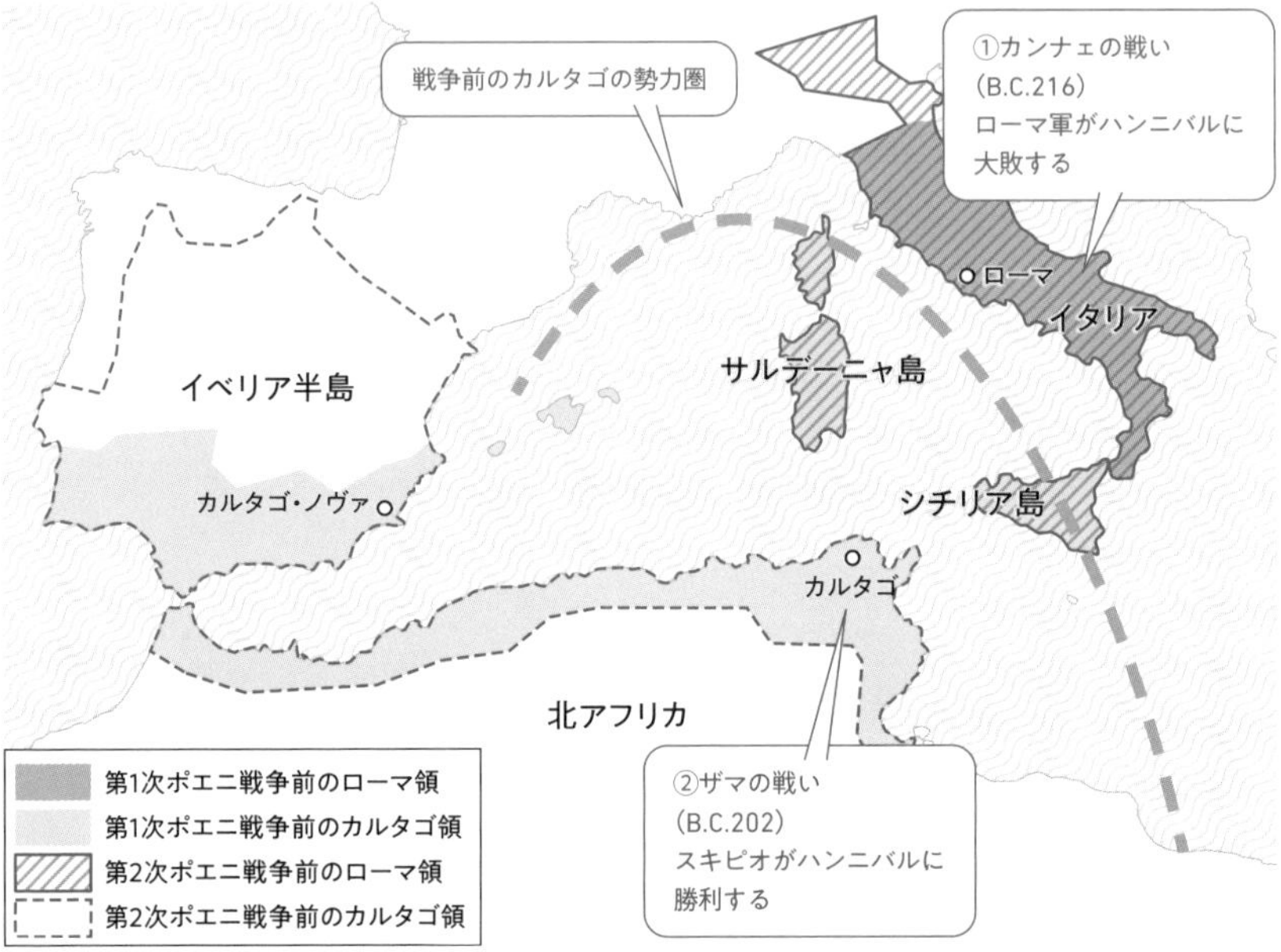

戦争前のカルタゴの勢力圏
①カンナェの戦い
(B.C.216)
ローマ軍がハンニバルに
大敗する
ローマ
イタリア
イベリア半島
サルデーニャ島
カルタゴ・ノヴァ
シチリア島
カルタゴ
北アフリカ
②ザマの戦い
(B.C.202)
スキピオがハンニバルに
勝利する
第1次ポエニ戦争前のローマ領
第1次ポエニ戦争前のカルタゴ領
第2次ポエニ戦争前のローマ領
第2次ポエニ戦争前のカルタゴ領

どう なった？

ローマが地中海を制してヨーロッパの基盤に！

ポエニ戦争は、約120年間に及び、その間に3度の対戦が行われました。第1回ポエニ戦争はおもに海での戦争で、海洋国家のカルタゴが優位でした。当時、ローマは海軍すらもっていなかったのです。しかし、優れた建設力をもつローマはすぐに艦隊を建造・編成し、統制のとれた軍隊によってカルタゴを破ります。そして、終戦条約により、カルタゴに海軍を破棄させるのです。

しかし、その22年後、リベンジを周到に準備していたカルタゴの将ハンニバルによって第2次ポエニ戦争が始まります。海軍を奪われたカルタゴは陸路で進軍し、難所であるアルプス山脈を越えてイタリア半島に侵入するという前代未聞の奇襲を行うなどしてローマに壊滅的打撃を与えます（上図①）。しかし、ローマの若き将スキピオは、ハンニバルと本国との連携がくずれた隙をつき、またしてもローマに勝利をもたらします（上図②）。

カルタゴは戦後、植民地放棄と多額の賠償金を

カトー | ローマの政治家。カルタゴのあまりに早い復興を目の当たりにして開戦を主張した。

ヨーロッパの源流になったローマ文化

地中海を制したローマは、100年の内乱の後、帝政となる。ローマ帝国の広大な支配地では、ローマ文化が根付いた。

文化	影響
ラテン語 ローマ字	ローマ崩壊後もヨーロッパの共通言語として使用された。
キリスト教	392年にローマの国教となったことにより、信仰が全土に広まった。
暦	太陰暦にかわり太陽暦（ユリウス暦）がつくられた。
法律	近代的大陸法制度の多くがローマ法の多大な影響を受けている。
土木・建築	街道、上下水道、浴場など多くの公共設備がつくられた。

コンスタンティヌス帝

ローマ皇帝(在位306〜337年)。キリスト教をはじめて公認した皇帝として知られる。また、自らもキリスト教徒となった。

課せられますが、政治家としても有能なハンニバルはこれを予想以上に早く返済。この早い復興をおそれたローマは、政治家**カトー**の「カルタゴ滅ぶべし」という演説のもと、第3回ポエニ戦争に突入。カルタゴは完膚なきまでに叩きのめされ、滅亡することになるのです。

　この戦争の勝利をきっかけにローマは地中海世界を制覇し、大帝国へと発展していきます。その領土は最大で、現在のフランス、スペイン、イギリス、トルコ、エジプトにまで広がります。以後、地中海世界では100年以上、**帝国**による安定した統治が続きます。「パクス・ロマーナ（ローマによる平和）」といわれる時代です。

　ローマは476年に滅亡しますが、さまざまな地域や民族に大きな影響をあたえました。とくにラテン語はヨーロッパの共通言語となり、キリスト教を国教としたため、現代のヨーロッパのほとんどの国がキリスト教圏となりました。

後世への影響

ローマが大帝国へと発展。以降、約500年以上もの間、ローマの文化は多くの国々で共通の文化になった！

帝国　皇帝が治める国。アウグストゥスが事実上の皇帝(独裁)となり、以降はローマ帝国と呼ばれる。

始皇帝による史上初の中国統一

秦の統一戦争

紀元前236年～紀元前221年

【楚《そ》・斉《せい》・燕《えん》・趙《ちょう》・魏《ぎ》・韓《かん》】

秦を含め「戦国七雄」と呼ばれる。周王の臣下でありながらそれぞれが「王」を自称するようになった。

【秦《しん》】

紀元前８世紀頃、周の時代に活躍した非子によって建国された。始皇帝により中国統一王朝となる。

なぜ
対立した？

周という国の権威が失墜し、7つの国が乱立！

古代中国では春秋・戦国時代と呼ばれる小国家の分裂状態が500年以上続いていました。戦争によってそれを統一し、中国史上最初の皇帝となったのが秦《しん》の始皇帝です。

古代中国の思想では、中国が世界の中心「天下」と考えられており、それ以外の周辺は文明をもたない**蛮族**の住む地域とされていました。また、王を「天子」と呼び、天から地上の支配を任されたとても尊い権威と位置付けています。この考え方は「中華思想」と呼ばれています。

春秋時代以前に中国大陸を束ねていたのは周《しゅう》という王朝で、周王は天子を名乗っていましたが、西の蛮族の攻撃を受け、都を捨てて逃げてしまいます。これにより、周王の権威は失墜してしまい、5つの国々が独立します。これを「五覇」と呼び、彼らが鎬《しのぎ》を削ったのが春秋時代（前770年～前403年）といわれる時代です。やがて五覇のひとつであった晋《しん》の国が3つに分裂して独立、秦《しん》・

蛮族　方角によって分けられ、東夷(とうい)西戎(せいじゅう)南蛮(なんばん)北狄(ほくてき)と呼ばれる。

戦国七雄の勢力

7つの国以外にも弱小ながら「魯《ろ》」「衛《えい》」「宋《そう》」などの国があった。

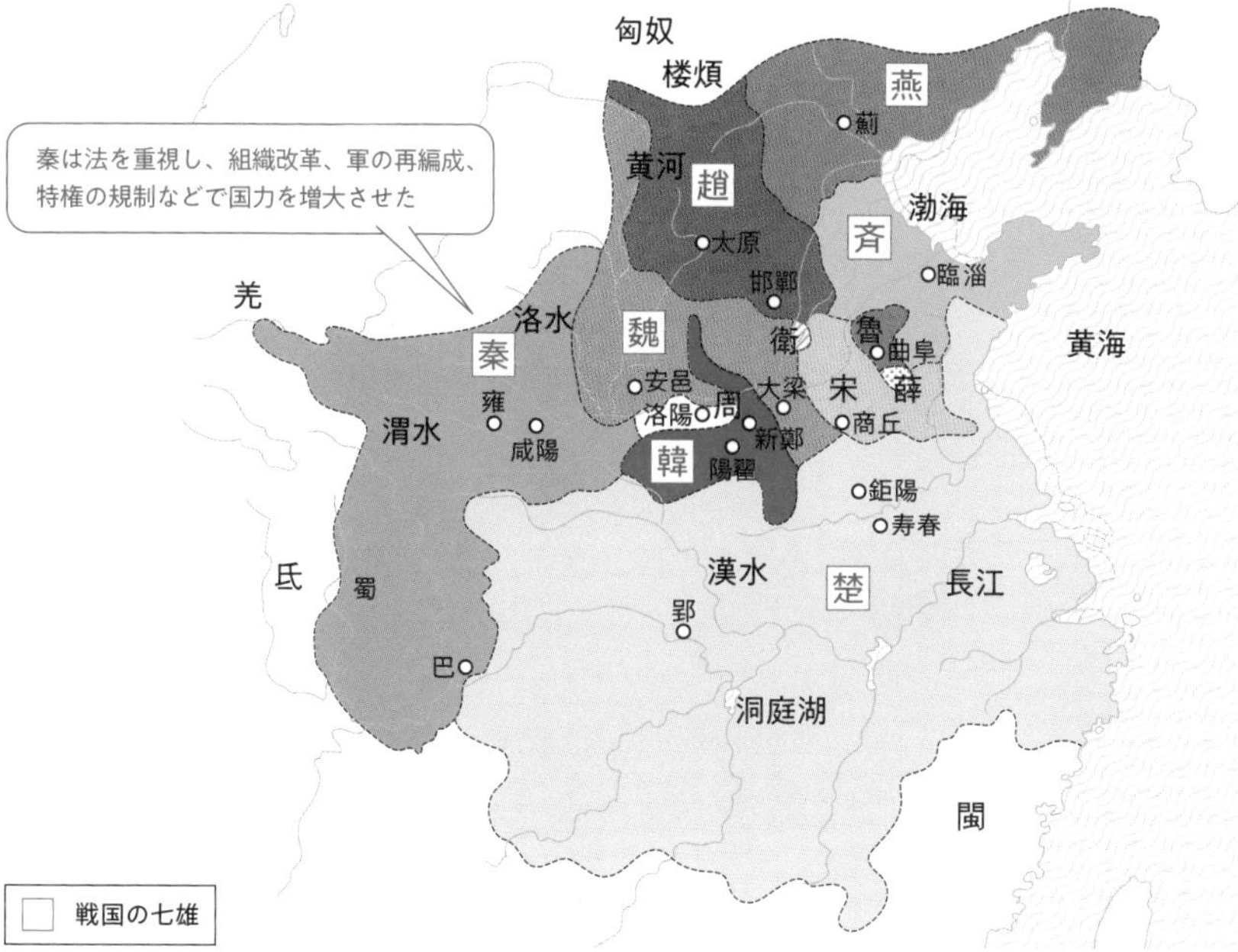
匈奴
楼煩
燕
薊
秦は法を重視し、組織改革、軍の再編成、特権の規制などで国力を増大させた
黄河
趙
渤海
斉
太原
臨淄
邯鄲
羌
洛水
魏
衛
魯
曲阜
黄海
秦
安邑
大梁
宋
薛
雍
洛陽
周
商丘
渭水
咸陽
新鄭
韓
陽翟
鉅陽
寿春
氐
蜀
漢水
楚
長江
郢
巴
洞庭湖
閩
戦国の七雄

楚《そ》・斉《せい》・燕《えん》・趙《ちょう》・魏《ぎ》・韓《かん》の計7か国が争う状態になります。これを「七雄《しちゆう》」と呼び、ここからの争乱を戦国時代（前403〜前221年）といいます。七雄は周の存在を無視し、それぞれが「王」を名乗り始めます。つまり正統な支配者である「天子」が同時に複数存在することになってしまったのです。秩序が乱れた世の中であったためか、この時代には「**諸子百家**《しょしひゃっか》」と呼ばれる思想家が次々と生まれます。「兵家」の孫子、「儒家」の孔子・孟子などは現代まで研究され、語り継がれています。

そのうちのひとつ「法家」は、法律によって国を治めるという考えをもっていました。七雄のひとつである秦では、法家の商鞅《しょうおう》が重用され、法を整備して国の改革を行いました。これがうまくいき、秦は七雄のなかでも強国の仲間入りをします。それからおよそ百年後、秦王となった嬴政《えいせい》（のちに始皇帝と呼ばれます）は、権力をもちすぎた家臣を排除し、ほかの6つの国を滅ぼして「天下統一」することを目標に掲げたのです。

天下が戦に苦しむのは、諸侯があるからだ。朕はそれを正そう。

諸子百家　「諸子」は孔子・老子・荘子などの人物。「百家」は儒家・道家・墨家・名家・法家などの学派を指す。

埋蔵品からわかる始皇帝の巨大権力

「秦始皇帝陵」は世界最大規模の陵墓。兵士や馬を模った人形が副葬されている「兵馬俑」はあまりにも広大で、いまだに全貌が明らかになっていない。

兵馬俑坑一号坑《へいばようこういちごうこう》

現在発見されている中でも最大のもの。6000体もの俑(死者といっしょに埋葬する人形)が並んでいる。

当時の軍隊の装備の様子がわかる貴重な遺物。始皇帝の御車の隊列を模したものといわれている

銅車馬《どうしゃば》

始皇帝陵で出土した銅製品。出土時には破壊されていたが、８年間をかけて修復された。

どう なった？

秦が中華統一し、中国の基礎を築く！

秦の中華統一戦争は15年に及びます。秦は七雄のなかでは西端に位置し、まず国境を接していない国と手を組み、隣接している国を攻撃するという方法をとりました。「遠交近攻《えんこうきんこう》」とよばれる戦略のセオリーでした。

まず隣接するなかでも趙に攻め込みながら、比較的小国である韓を滅ぼします。続いて趙も降伏させると、新たに国境を接した燕は秦に荊軻《けいか》という刺客を送りこみます。しかし、この秦王暗殺は未遂に終わり、その報復攻撃によって燕は壊滅。魏と楚も翌年に滅ぼされ、紀元前２２１年、最後に残った斉も降伏し、秦は５００年続いた春秋戦国時代を終わらせました。

秦王政は中華統一後に「皇帝」を名乗ります。これは天子としての「王」の権威が失墜したため、その代わりに神話的存在である「**三皇五帝**」からとった称号となります。このようにして秦王政は始まりの皇帝として「始皇帝」と呼ばれます。ま

三皇五帝 | 古代中国の伝説の８人の帝王。伏犠(ふっき)や黄帝(こうてい)などだが、メンバーには諸説ある。

【始皇帝の統一事業】

始皇帝が行った統一事業は、行政が円滑となり、経済を発展させ、
中央集権的な国家体制を確立する基礎となった。

文字	漢字は各国で独自発展していたが、「小篆（しょうてん）」という書体に統一される。
貨幣	戦国各国が発行・流通していたのは布貨、刀貨、円貨など。これを半両銭に統一した。
度量衡	正確な徴税を行うなどの目的で長さ（度）、体積（量）、重さ（衡）の基準を定めた。
車軌	全国的な道路網を整備する際、道路幅、車輪の幅を統一した。
暦	太陰太陽暦。秦で使われていた顓頊暦（せんぎょくれき）に統一された。

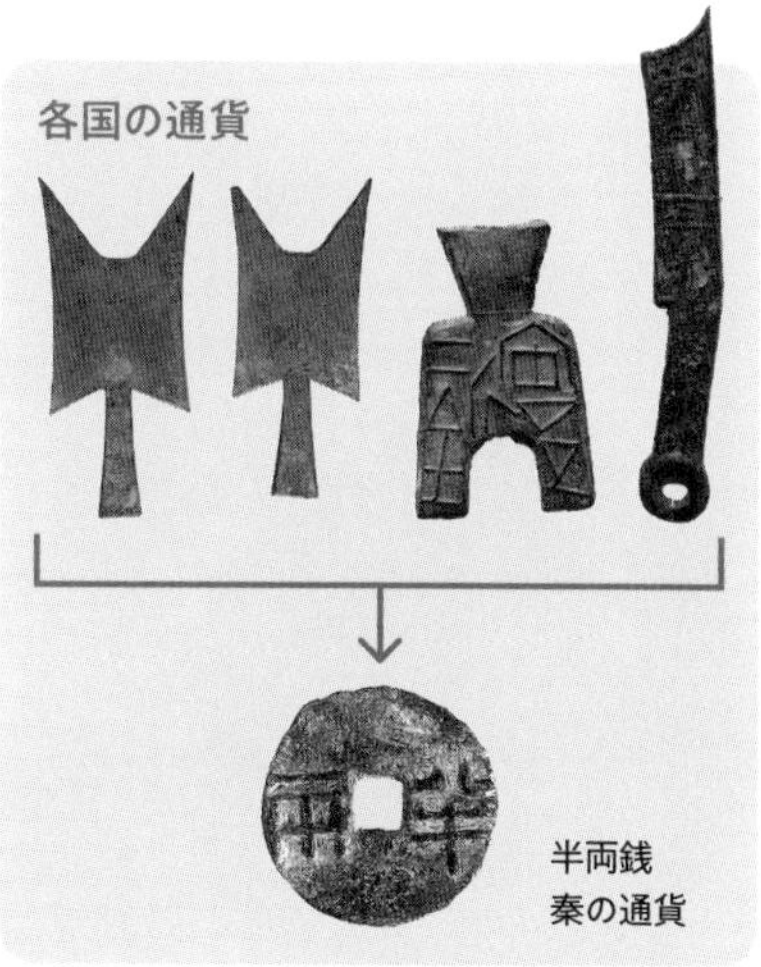

秦は銭を国がつくることにした。それまで各国が使っていた銭にはさまざまな形があったが、秦の銭は制作しやすい円形だった。

た、秦以降の中国歴代王朝のトップも皇帝を名乗り続けました。

　中国を統一した始皇帝は、次々と改革に着手します。これまでは、諸侯（領主）が自らの裁量で領地経営を行う「封建制」でしたが、独立性が高く反乱が起きやすいという欠点がありました。そこで、秦国内で重視されていた法律を全国的に広げ、行政単位を細かく分けて役人を派遣する「郡県制」に移行させます。つぎに文字を統一して、全国どこでも同じ書体が使われるようにしました。また、長さ、重さ、体積の単位、通貨も統一します。これらが統一されたことにより、中国国内では都市と地方との交易もスムーズに行われるようになり、商業が発展していきます。

　しかし、始皇帝の改革は性急すぎたため、王朝は一代で終わり、**楚漢戦争**の勝者である漢がその成果を引き継ぎました。現在、中国人のほとんどを占めるとされる漢民族は漢王朝の名前に由来します。

後世への影響

混乱する世の中で、儒教などの多くの思想が誕生し、始皇帝が実施したさまざまな改革は中国という国の基礎となった！

楚漢戦争　楚の項羽と漢の劉邦（高祖）によって天下が争われた。漢が勝利してふたたび中華統一を果たした。

イスラエル建国につながるきっかけの戦い！

ユダヤ戦争

①66〜70年／②131〜135年

【ローマ帝国】

地中海沿岸全域からギリシア、小アジアを含む大帝国として君臨した。紀元前27年より、皇帝が治める。

【ユダヤ属州】

紀元前１世紀より属州としてローマに支配されていたユダヤの国。総督が派遣されて統治を行った。

バル・コクバ
ユダヤの指導者
VS
ハドリアヌス
ローマ皇帝

なぜ対立した？

自分たちの神を冒涜したローマ人の支配を拒否

ユダヤ戦争は支配者であるローマ帝国と、その属州として支配下におかれていたユダヤ人との間に起きた反乱です。まずはユダヤ人とそれまでの歴史から説明します。ユダヤ人はユダヤ教という民族宗教をもつ人々です。アダムとイブの物語で有名な聖書を経典とし、当時はめずらしく「一神教」で、唯一の神以外を認めませんでした。また、ユダヤ人は神に選ばれた民族であるという「選民思想」というものをもっている宗教でした。

現在のイスラエル・パレスチナ付近に建国しましたが、紀元前6世紀頃、彼らの国の首都**イェルサレム**が新バビロニア王国によって侵略され、ユダヤ人たちはバビロン（現イラク）に強制移住させられるという事件が起きました。これを「バビロン捕囚」といいます。他民族から支配をうけても失われることのない、強いアイデンティティーと教義はこの頃につくられたといわれています。

アケメネス朝ペルシアが新バビロニアを滅ぼし

イェルサレム｜現在はユダヤ教、キリスト教、イスラーム教を含めた３つの宗教の聖地であり、イスラエルの首都。

【ユダヤ教の特徴】

砂漠の厳しい環境と支配され続けた歴史から、厳しい戒律が生まれた。

ユダヤ教	
成立	紀元前 13 世紀頃
聖地	イェルサレム
思想	選民思想 ユダヤ民族が神に選ばれた特別な存在という考え
聖典	聖書(タナハ)。「律法」「預言者」「諸書」から成る。キリスト教では「旧約聖書」と呼ぶ
戒律	モーセの十戒を含め、約 613 の戒律がある

ありし日の栄光を偲ぶ
嘆きの壁

ユダヤ戦争で破壊されたイェルサレム旧市街に残された壁。「嘆きの壁」というのはヨーロッパ人の命名といわれ、ユダヤ人は「西の壁」と呼んでいる。ユダヤ戦争に敗れ、イェルサレムへの立ち入りを禁止された後は、ここだけ立ち入ることが許されたため、ユダヤ教徒は神殿の破壊を嘆き悲しみ、祈りを捧げるようになった。

て新しい支配者になると、ユダヤ人はイェルサレムに帰還して、神殿を建て直すことが許されます。

その後、ユダヤ人の国はさまざまな王朝の支配をうけ、紀元前1世紀頃にはローマ帝国の支配下となりました。ローマ帝国は属州（イタリア半島以外の支配地域）の文化や宗教に関しては寛容な政策をとっていましたが、ユダヤ人の一神教は異質でした。ローマはさまざまな神が登場する**多神教**の国で、とくに皇帝も神格化される文化だったためユダヤ教とは相入れませんでした。

66年、ローマの総督（帝国から派遣された現地の統治者）の横暴に日々不満を募らせていたユダヤ人たちの反抗意識を決定づける事件が起きます。ローマの総督が資金調達のために、イェルサレム宮殿の宝物を略奪したのです。これによりユダヤ人が暴動を起します。ローマ帝国は首謀者を捕えて処刑することによって鎮圧に乗り出しましたが、かえって各地に反乱が拡大してしまいます。これを第1次ユダヤ戦争といいます。

神殿からわれらユダヤの宝物を盗み出すとはなんという横暴だ。許せん！

多神教 複数の神を信仰すること。ローマでは主神ユピテル、太陽神アポロ、月の神ディアーナなどさまざまな神が存在する。

第2次ユダヤ戦争のいきさつ

第２次ユダヤ戦争は第１次から約60年後に起きている。
ユダヤ属州はそれまで不満が燻り続けていた。

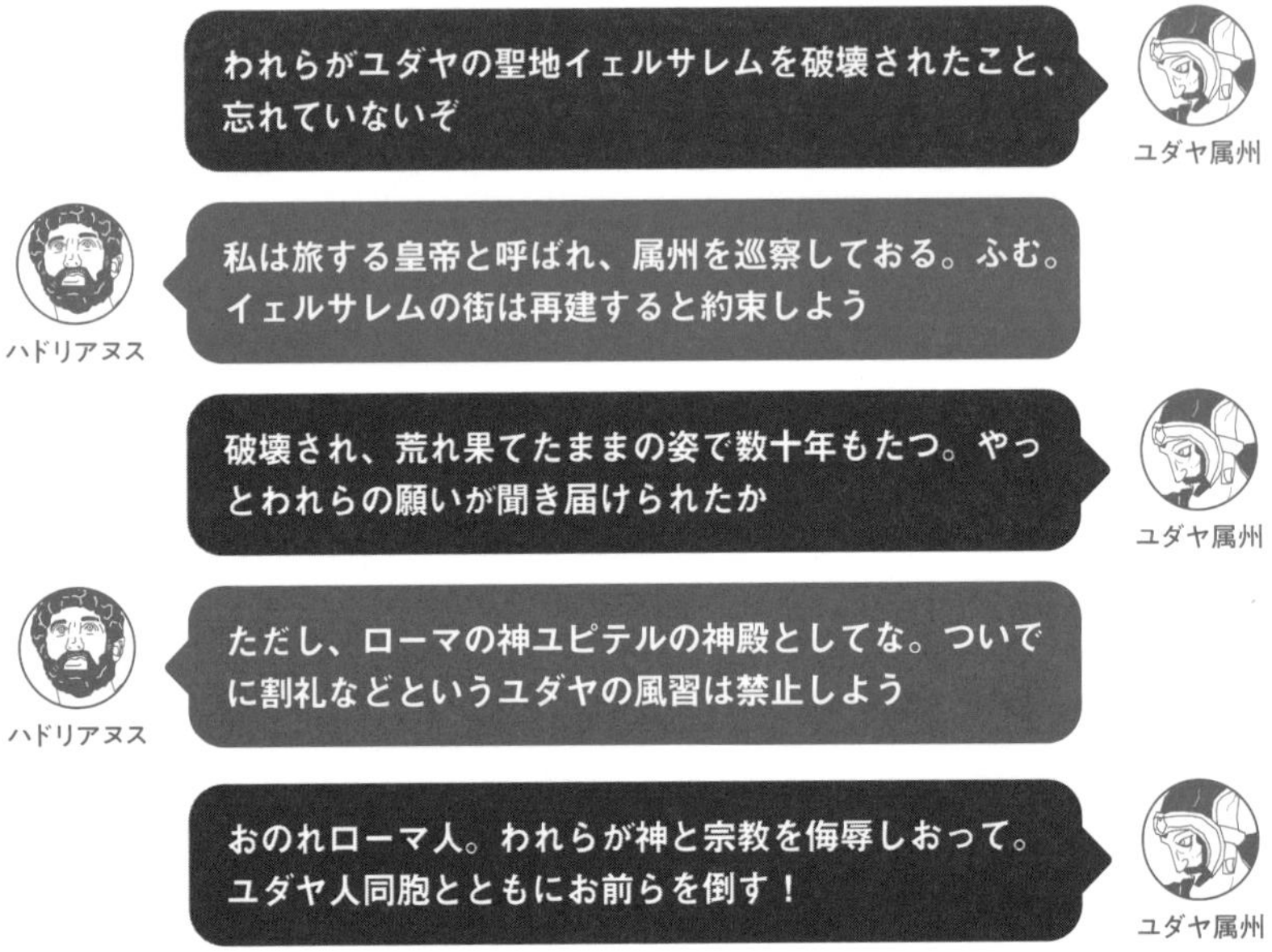
われらがユダヤの聖地イェルサレムを破壊されたこと、忘れていないぞ
ユダヤ属州
私は旅する皇帝と呼ばれ、属州を巡察しておる。ふむ。イェルサレムの街は再建すると約束しよう
ハドリアヌス
破壊され、荒れ果てたままの姿で数十年もたつ。やっとわれらの願いが聞き届けられたか
ユダヤ属州
ただし、ローマの神ユピテルの神殿としてな。ついでに割礼などというユダヤの風習は禁止しよう
ハドリアヌス
おのれローマ人。われらが神と宗教を侮辱しおって。ユダヤ人同胞とともにお前らを倒す！
ユダヤ属州

どうなった？

ユダヤ人は故郷を失い世界各地に離散した…

第１次ユダヤ戦争では、力に勝るローマ帝国が戦いを優位にすすめますが、残党が要塞に立て籠るなどしたため、7年をかけてようやく鎮圧されました。この時、イェルサレムの街は焼かれ、ユダヤの神殿は西の壁（別名「嘆きの壁」）のみを残して無惨に破壊されてしまいました。

その後もユダヤ人の独立願望は高まり続けます。約60年後、ローマ皇帝ハドリアヌスは破壊されたイェルサレムの再開発計画を立てます。ところが、再建される神殿はローマの神ユピテルのものとし、ユダヤ教色を排除するものだったのです。また、割礼などのユダヤのいくつかの風習を禁止する命令も出されました。１３２年、救世主を名乗るバル・コクバという男がユダヤのリーダーとして反乱を起こします。これを第2次ユダヤ戦争と呼びます。しかし、ユダヤ人はこの戦いにも敗れ、属州はシリア・パレスチナに改名され、イェルサレムへの立ち入りも禁止されてしまいます。

ディアスポラ｜もともとはギリシア人が植民地移住することだったが、パレスチナ以外にユダヤ人が離散することを指すことが多い。

【ユダヤ人離散の流れ】

ユダヤ人は古代から近代になるまでさまざまな迫害を受け続けてきた。

バビロン捕囚

紀元前586年、新バビロニア王国がイェルサレム攻略。
↓
ユダヤ人は大半がバビロンに強制移住させられる。
↓
アケメネス朝ペルシアが新バビロニアを滅ぼす。ユダヤ人は解放され、国を再建することを許される。

ローマ支配

6年、ローマ帝国の支配下に入る。
↓
第1次ユダヤ戦争でイェルサレムが破壊される。
↓
第2次ユダヤ戦争で、ユダヤ人のイェルサレム立ち入りが禁止に。
↓
世界各地にユダヤ人が離散する。

ヨーロッパでの迫害

中世、ヨーロッパで迫害されていたユダヤ人は黒死病(ペスト)流行の犯人として大量虐殺される。
↓
1500年頃、ドイツ、ポーランドではゲットーという隔離居住区に追いやられる。
↓
20世紀、ナチス・ドイツによるホロコースト(絶滅政策)が起こる。

シオニズム(ユダヤ国家再建運動)につながる…

こうしてユダヤ人は自ら統治する国を失って、各地に離散(**ディアスポラ**)することになったのです。その後、ヨーロッパではユダヤ人を文化的に異質なマイノリティとして、ゲットーと呼ばれる居住区域に押し込め、長年にわたって差別、迫害しました。キリスト教にとってもユダヤ人はイエスを認めず、その処刑に関わった民族として忌み嫌われていたのです。19世紀には反ユダヤ主義が最高潮に達し、第二次世界大戦中のナチス・ドイツによるユダヤ人政策では、ゲットーを殲滅、強制労働収容所に送り込むなど最悪の民族虐殺が行われました。こうした歴史のなかでユダヤ人たちの間では故郷に自分たちの国を復興しようという「**シオニズム**」が活発化し、ついにイスラエルが建国されます。しかし、それは同時にすでにそこにいたパレスチナ人(アラブ人)の難民を生み出し、アラブ諸国との対立という新たな悲劇を生み出してしまったのです。

後世への影響

自分たちの国を取り戻すという悲願は第二次世界対戦後に達成されるが、中東問題という新たな戦争の火種が生まれる…。

シオニズム | シオンとは地名で、パレスチナの古名。運動は19世紀以降、国民国家という考えが浸透してから。

キリスト教とイスラーム教の対立

ユダヤ教・キリスト教・イスラーム教は、中東に生まれた一神教という共通点があります。このうちユダヤ教は、「神に選ばれたユダヤ民族だけが救われる」と考える排他的な選民思想をもちます。それに対し、キリスト教とイスラーム教は民族を超えた信者の平等を唱えたため、世界宗教として広がっていきました。

1世紀のパレスチナで、イエスがユダヤ教を批判して始まったのがキリスト教です。キリスト教はヨーロッパ世界に広まりますが、中世には教会の東西分裂が起きます。西欧ではローマ教皇を頂点とするカトリック（ローマ教会）が、東欧ではビザンツ（東ローマ）皇帝を頂点とするギリシア正教会が信仰を集めることになりました。

一方、イスラーム教は7世紀にアラビア半島で預言者ムハンマドが神の啓示を受け生まれました。イスラーム教はジハード（聖戦）と呼ばれる征服活動で、急速に勢力を拡大します。とはいえ、同じ一神教を信じ

るユダヤ教徒やキリスト教徒は、イスラーム側から「啓典の民」と呼ばれ、税金を払えば信仰を維持できました。しかし、キリスト教とイスラーム教には相いれない点があります。キリスト教は、イエスを神の子とみなし、神性をもつと考えます。しかし、イスラーム教は神は唯一絶対で、ムハンマドもあくまで人間であるとします。

キリスト教はイスラーム教の拡大を脅威とみなし、「右手に剣、左手にコーラン」という好戦的なイメージが広がりました。11世紀末からは、イスラーム勢力に占領された聖地イェルサレムを奪還する十字軍の遠征（➡P42）が始まります。第1回十字軍のイェルサレム占領時には、多数のイスラーム教徒が虐殺されました。十字軍の遠征は失敗に終わりましたが、イスラームの側から見れば侵略であり、その遺恨は現代に至るまで続いています。

初めて十字軍を呼びかけた教皇ウルバヌス2世には、異教徒との戦いを通じて教皇の権威を高めたいという動機がありました。このように、キリスト教とイスラーム教の対立は信仰のためというより、政治的・経済的な要因が大きかったといえます。

西ヨーロッパがキリスト教圏を死守！

トゥール・ポワティエ間の戦い

732年

【フランク王国】

ゲルマン人の一派フランク族のクローヴィスによって481年頃に建国された。のちに広大な領土を支配する。

【ウマイヤ朝】

史上初のイスラーム王朝。アラブからシリア、北アフリカ、イベリア半島にまで領土を広げていた。

カール・マルテル
フランク王国宮宰

VS

ガーフィキー
ウマイヤ朝の指揮官

なぜ対立した？

ウマイヤ朝がフランク王国に侵攻！

トゥール・ポワティエ間の戦いは、キリスト教国であるフランク王国とイスラーム教国のウマイヤ朝が初めて衝突した戦いです。

ウマイヤ朝は史上初の世襲制のイスラーム王朝であり、最初のイスラーム帝国です。イスラーム教は預言者ムハンマドによって7世紀の初めに創始された一神教です。一方、フランク王国は、ゲルマン人の一派であるフランク人が西ローマ帝国滅亡後に興した国です。場所は現在のフランスあたりになります。

ウマイヤ朝はアラビアから北アフリカへと勢力を拡大していき、イベリア半島に上陸します。711年にはゲルマン人の一派である西ゴートの国を滅ぼし、半島の支配権を確立させました。そして10代カリフのヒシャーム・イブン・アブドゥルマリクの時代に、ガーフィキーを司令官として、フランク王国の領地に侵入します。732年、トゥールとポワティエの間で両勢力の戦いが始まりました。

ムハンマド｜イスラーム教を開宗した預言者。イスラーム教徒を率いて戦い、アラビア半島のほとんどを改宗させた。

【フランク王国とウマイヤ朝の領土】

ウマイヤ朝は北アフリカを制圧したのち、711年にイベリア半島に侵入。
720年にはピレネー山脈を越えて侵攻を開始した。
カール・マルテル率いるフランクの騎士は7日間戦い、イスラーム勢力を撃退した。

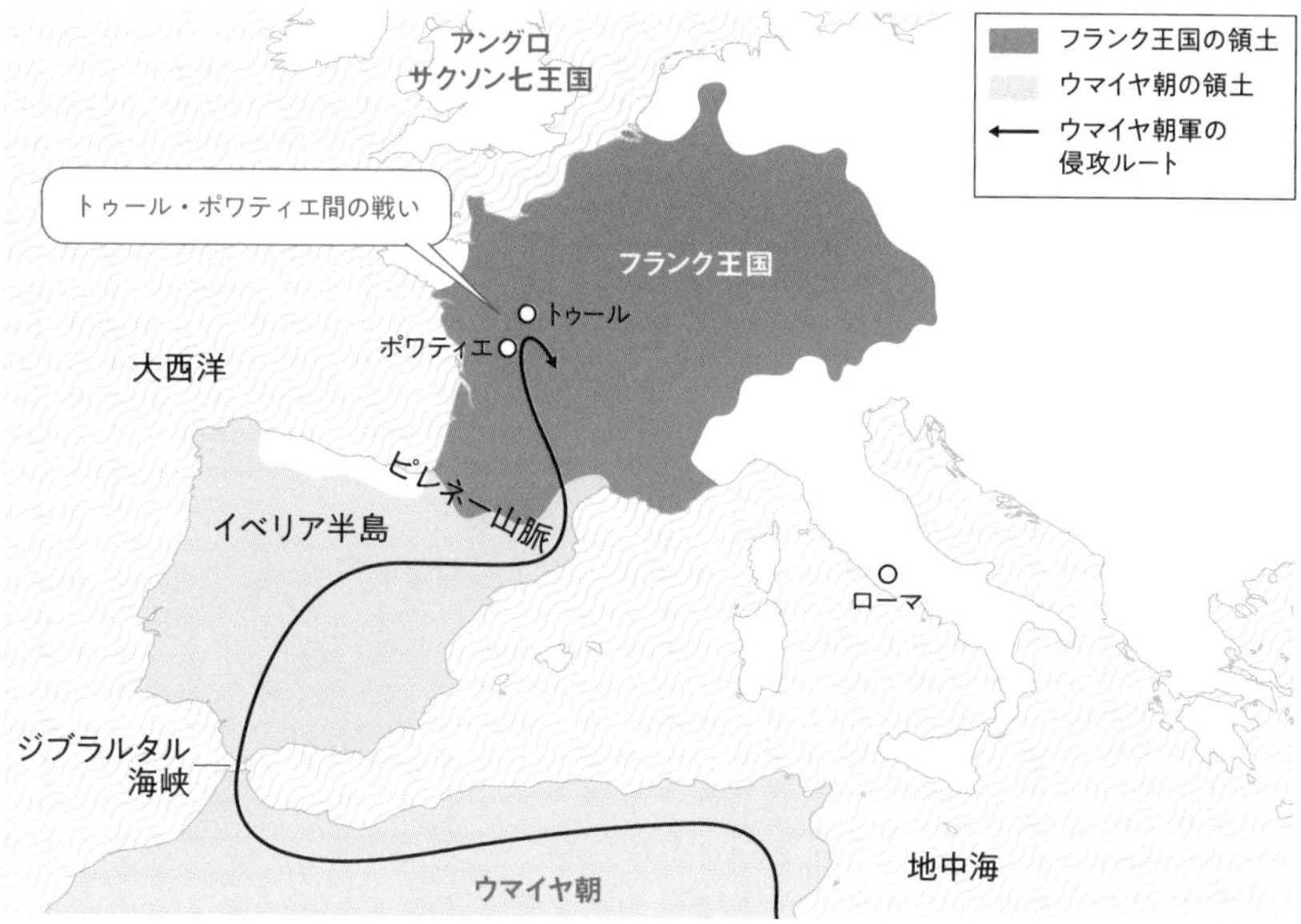
フランク王国の領土
ウマイヤ朝の領土
ウマイヤ朝軍の
侵攻ルート
アングロ
サクソン七王国
トゥール・ポワティエ間の戦い
フランク王国
トゥール
ポワティエ
大西洋
ピレネー山脈
イベリア半島
ローマ
ジブラルタル
海峡
地中海
ウマイヤ朝

どうなった？
フランク王国が勝ちカトリック勢力が広がる

フランク王国はこの戦いに勝利。指揮をとったのは宮宰カール・マルテルでした。この戦いはヨーロッパでのイスラーム勢力の拡大を防いだだけではなく、後世に影響をあたえました。

カール・マルテルはこの活躍によりフランク王国内での地位を高め、その子であるピピン3世が王位に就きます。この時、ローマ教皇に領地を寄付して教会と強く結びつきます。ピピン3世の息子は歴史上有名な**カール大帝**で、フランク王国を現在のフランス、ドイツ、イタリアを含む広大な領土を支配する大帝国にします。カール大帝はローマ教皇から戴冠され、皇帝として君臨。西ヨーロッパがカトリック（➡P43）勢力圏として確立されることになりました。

後世への影響

イスラーム勢力の拡大を阻止。フランク王国が西ヨーロッパにカトリックの勢力圏を築き、今日のキリスト教圏の基礎に！

カール大帝 巨大な帝国をつくるも、息子の代で3つに分割相続。それぞれフランス、ドイツ、イタリアの元になった。

中央アジアでのイスラーム教支配が定着する！

タラス河畔《かはん》の戦い

751年

【アッバース朝】

750年、ウマイヤ朝を打倒したアッバース家がカリフ（最高指導者）の地位を世襲することになった王朝。

【唐《とう》】

７世紀〜10世紀初めまで中国を支配した王朝。周辺諸地域にもその支配を及ぼした大帝国。

なぜ対立した？

西へ勢力を拡大する唐がアッバース朝と激突

タラス河畔の戦いは、イスラーム帝国であるアッバース朝と、中国の唐という東西２つの大帝国が衝突した戦いです。

アッバース朝はウマイヤ朝（➡P34）に勝利して樹立されたイスラーム帝国です。ウマイヤ朝はアラブ人のみを優遇したため、征服地の民がたびたび反乱を起こしていました。その教訓を活かし、アッバース朝はイスラーム教徒であれば民族に関係なく同等とし、ウマイヤ朝の失敗に学んで統治を行いました。

唐は618年に隋を滅ぼして建国された王朝で、のちにモンゴル帝国が成立するまで、中国史上、最も領土を拡張した王朝でした。

751年、両軍が激突したのは、アッバース朝では初代**カリフ**であるサッファーフ、唐は玄宗皇帝の時代です。場所は唐の支配下にあった中央アジアのタラス地方（現在のキルギス）。両軍とも数万の兵を擁する大軍でした。

カリフ｜イスラーム教の指導者、最高権威者。もともとはムハンマドの後継者を意味していた。

唐とアッバース朝の領土

唐の領土が最大だったのは、7世紀後半、第3代皇帝高宗の時代だった。
アッバース朝はタラス河畔の戦いの後に最大領土になる。
タラスは現在のキルギス共和国の土地。

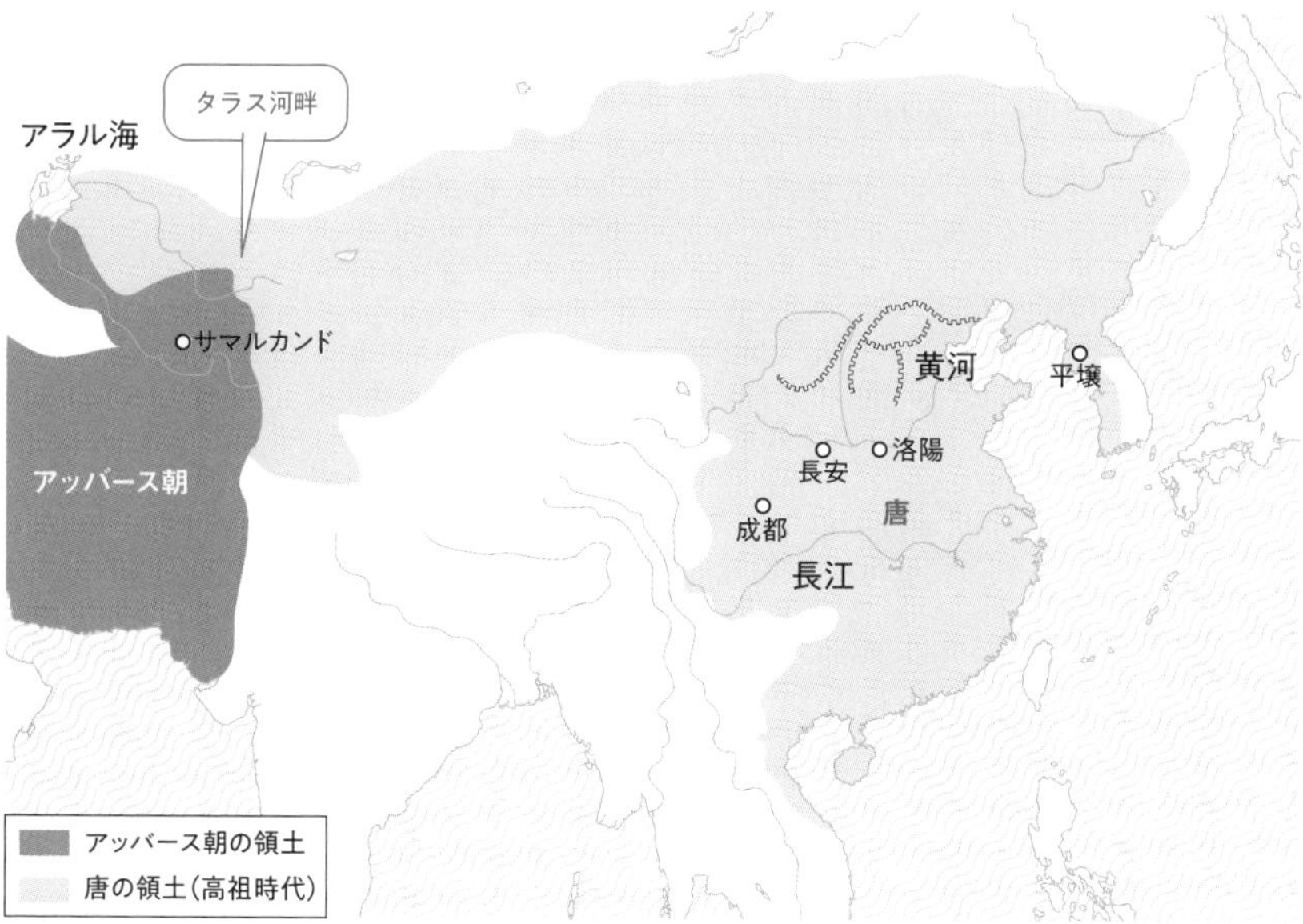

どうなった？

「紙」が西方に伝わり学問が発展！

戦いはアッバース朝の圧勝に終わり、中央アジアでの支配が確立し、現在にいたるまでイスラーム教徒の勢力圏となります。後世の影響としてさらに重要なのは、この戦いの捕虜によって、唐の「製紙法」が西側にもたらされたことです。西アジアやヨーロッパで使われていたパピルスや羊皮紙などは生産効率やコスト、保存性能などで欠点がありました。それらを解決した「紙」が伝来し、学問における大変化が起きたのです。

イスラームでは古代のギリシア哲学や自然科学などの書物が大量に翻訳され、研究されることになります。ヨーロッパではキリスト教の影響でこれらを学ぶ機会が失われ、衰退していましたが、逆輸入されるかたちで復興していきます。

後世への影響

イスラーム教の中央アジア支配が確定して現在にいたる。製紙法が伝わったことで、古代のギリシア文化・学問の復興につながる！

製紙法　105年、後漢の蔡倫(さいりん)によって発明・改良されたとされる紙の製法。唐軍の捕虜にその技術者がいたという。

700年以上続いた「国土回復運動」

レコンキスタ

718年～1492年

【イスラーム教諸国】

レコンキスタ当初の勢力はウマイヤ朝の上流階級がイベリア半島につくった後ウマイヤ朝。

【キリスト教諸国】

イベリア半島は最終的にアラゴン王国とカスティリャ王国の合併によって生まれたスペインが支配勢力になる。

アブド・アッラフマーン1世
後ウマイヤ朝初代アミール

VS

イサベル1世
カスティーリャ女王

なぜ対立した？

キリスト教徒によるイベリア半島再支配！

レコンキスタとはスペイン語で「Reconquista」、再び征服するという意味で、奪われた土地を取り戻すという「国土回復運動」を表しています。奪ったのはイスラーム教徒の国、奪われたのはキリスト教徒の国で、レコンキスタはキリスト教徒からみた言葉となります。

その舞台となったのは、現在のスペインとポルトガルのあるイベリア半島です。イベリア半島は、古くはローマ帝国（➡P20）の支配下にありました。ローマ帝国は392年にキリスト教を国教にしており、**西ローマ帝国**滅亡後、この土地を征服したゲルマン人の西ゴート王国もキリスト教に改宗したため、イベリア半島はキリスト教圏でした。ところが、ここにイスラーム教のウマイヤ朝が北アフリカから上陸し攻め込んできます。711年には西ゴート王国を滅ぼしてイベリア半島を制圧しました。さらにフランク王国領土までに迫りましたが、そこでは敗北しています（➡P34）。

西ローマ帝国　395年に分裂したローマ帝国のイタリアを含む西側。476年、傭兵隊長オドアケルの反乱によって滅亡。

レコンキスタ中の勢力の変遷

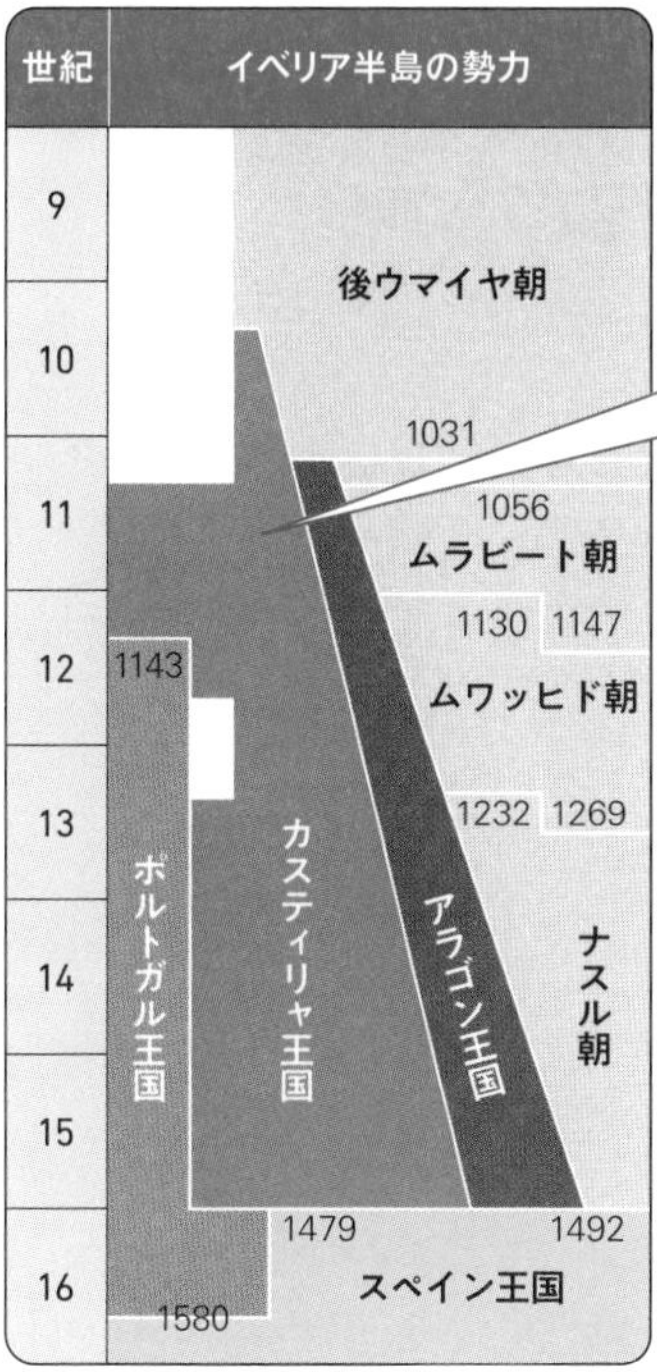
世紀
イベリア半島の勢力
9
10
11
12
13
14
15
16
後ウマイヤ朝
1031
1056
ムラビート朝
1130 1147
ムワッヒド朝
1143
1232 1269
ポルトガル王国
カスティリャ王国
アラゴン王国
ナスル朝
1479
1492
1580
スペイン王国

レコンキスタ伝説の英雄
エル・シッド

11世紀後半のカスティリャ王国の貴族。王宮内部の争いに巻き込まれて不遇ではあったものの、レコンキスタ戦争では英雄的活躍をしたことが伝えられ、生きているうちから伝説となる。その後『わがシッドの歌』という叙事詩にまとめられるが、史実と創作が入り混じっている。

1961年のチャールトン・ヘストン主演映画『エル・シッド』も有名だ！

レコンキスタの開始年は718年とされています。ウマイヤ朝の本国シリアでは内乱がおきて、アッバース朝が成立します（⬇P36）。ウマイヤ朝の支配層はイベリア半島に逃れて、アブド・アッラフマーン1世が即位します。これを「後ウマイヤ朝」といいます。

ひきつづきイスラーム教国が支配的なイベリア半島ですが、イスラーム王朝はキリスト教徒を「**啓典の民**」と呼んで、税を納めるなどを条件に信仰の自由は許されていました。これはイスラーム教もキリスト教もユダヤ教から派生した同じ一神教を信じ旧約聖書を経典としているためでした。

しかし、後ウマイヤ朝の内部ではアッバース朝を支持する者や、王位を争う貴族たちの存在によって統治が不安定に。反抗勢力と結びついたフランク王国の侵入を許してしまい、いくつかのキリスト教国が勃興します。さらに内乱により後ウマイヤ朝は分裂して、滅亡。ここからキリスト教徒の勢力回復が本格化します。

イスラーム教徒から、イベリア半島をキリスト教徒の手に取り戻すのです！

啓典の民｜イスラーム教徒からみて旧約・新訳聖書を経典とする民のこと。つまりユダヤ教徒、キリスト教徒を指す。

【スペイン帝国の系図】

スペイン王家はオーストリアのハプスブルク家との婚姻によって
スペイン・ハプスブルク家となり、西欧に大勢力圏を築いた。

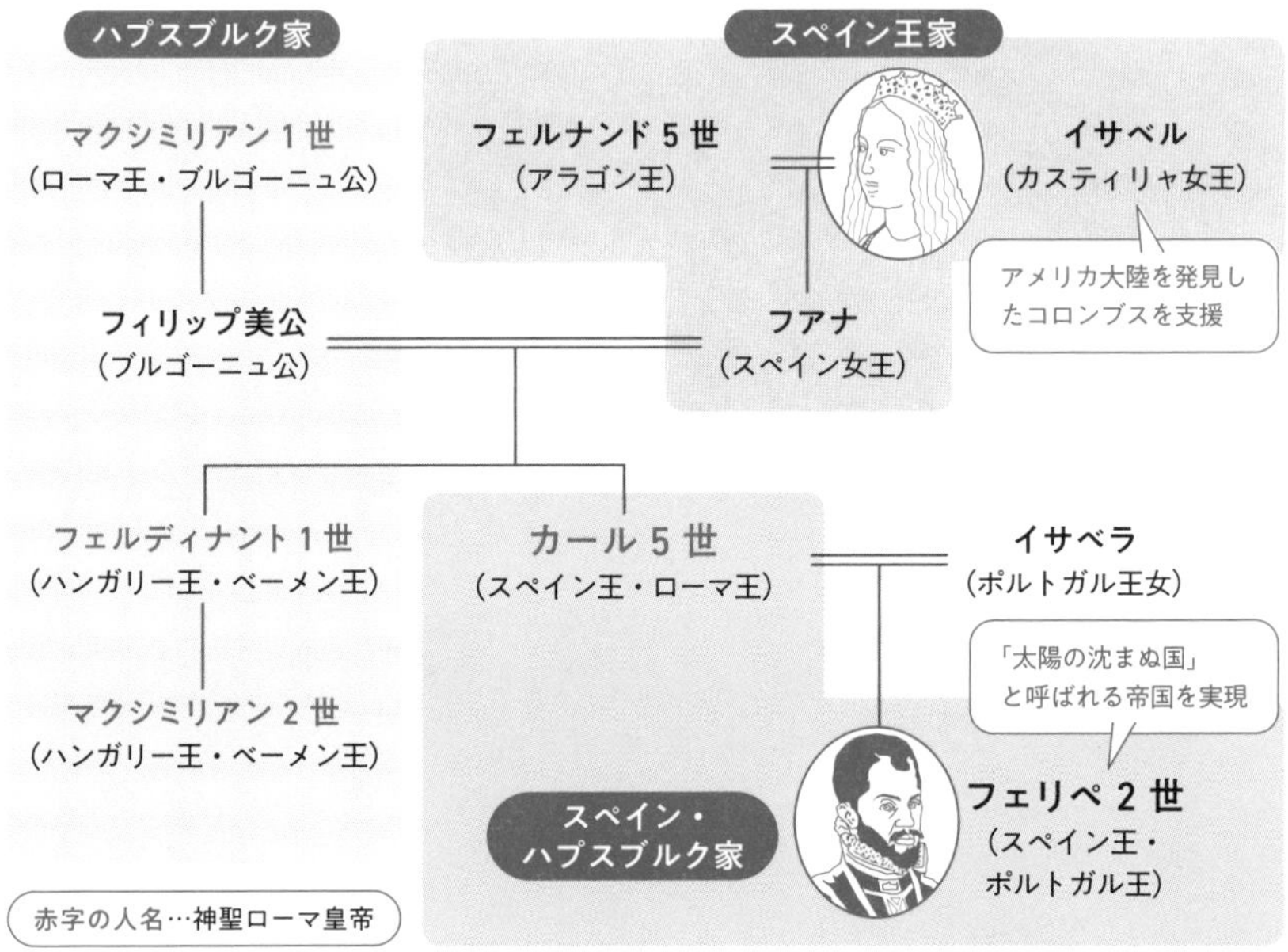

ハプスブルク家
スペイン王家
マクシミリアン1世
（ローマ王・ブルゴーニュ公）
フェルナンド5世
（アラゴン王）
イサベル
（カスティリャ女王）
アメリカ大陸を発見したコロンブスを支援
フィリップ美公
（ブルゴーニュ公）
フアナ
（スペイン女王）
フェルディナント1世
（ハンガリー王・ベーメン王）
カール5世
（スペイン王・ローマ王）
イサベラ
（ポルトガル王女）
「太陽の沈まぬ国」と呼ばれる帝国を実現
マクシミリアン2世
（ハンガリー王・ベーメン王）
スペイン・ハプスブルク家
フェリペ2世
（スペイン王・ポルトガル王）
赤字の人名…神聖ローマ皇帝

どうなった？

大航海時代の主役スペイン帝国が誕生！

後ウマイヤ朝が滅亡した1031年以降、イベリア半島のイスラーム勢力は大小十数か国に分裂しましたが未だ半島においては優勢でした。一方のキリスト教勢力はこの時点で北部にできたいくつかの国のみでした。

このの後、北アフリカに成立した別のイスラーム王朝がイベリア半島に進出すると、イスラームの分裂国を次々と併呑して南部を掌握します。しばらく両勢力は南北で拮抗していましたが、統一戦線によって対抗すべきだと考えたローマ教皇が、イベリア半島のキリスト教国やフランスなどに**十字軍**（➡P42）を呼びかけ、キリスト教連合が結成されました。この連合軍が戦いに勝利したことで、戦局はキリスト教勢力が優勢となります。

以降はキリスト教陣営の内部不一致などもあり、なかなか進展しませんでしたが、1492年に最後のイスラーム勢力を倒し、レコンキスタは達成されました。700年以上の歳月が流れていました。

十字軍｜イスラーム教徒からのイェルサレム奪還を目的としたキリスト教徒たちの軍事活動。レコンキスタにも適用された。

イスラーム王朝時代の名残り

スペインの世界遺産は世界で3番目に多い50。そのうち19がレコンキスタの時代に関わるもの。イスラーム教徒の建築様式とキリスト教建築様式が融合した「ムデハル様式」が特徴。

赤と白のレンガが特徴的な「円柱の森」。建設当時は約1000本あったという（その後の改修で856本に減少）

メスキータ

スペインに唯一現存するイスラーム時代のモスク。レコンキスタ完了後はカトリックの大聖堂に。「コルドバの聖マリア大聖堂」という固有名詞をもつが、スペイン語で「モスク」を意味する「メスキータ」と呼ばれている。

アルハンブラ宮殿

スペイン、グラナダ市にある宮殿。城砦としての機能もあり、王の住居としても使われた。

イスラーム建築の美しさは何といっても幾何学文様であしらわれた装飾である

レコンキスタの期間、キリスト教陣営ではいくつかの国ができては消えましたが、のちの時代に活躍する重要な国が生まれています。それは1143年に成立したポルトガル王国と、1479年にカスティリャ王女イサベル1世とアラゴン王子フェルナンドの婚姻により誕生したスペイン王国です。

　両国は大西洋に面しているという地理的要因や、イスラームやアジアから伝わった科学技術によって海洋進出していくことになります。いわゆる「大航海時代」の主役になりました。両国による積極的な海外進出により、海洋貿易だけでなく、キリスト教の伝播、アメリカ大陸における植民地獲得などが起こりました。

　また、スペインは婚姻政策によりハプスブルク家の系統となり、1519年、イサベルの孫カール5世がスペイン王と**神聖ローマ帝国**皇帝を兼任してスペイン帝国を築きます。以降、ヨーロッパの戦争はスペイン帝国を軸として行われます。

後世への影響

スペインとポルトガルという大航海時代の主役が誕生。スペインは神聖ローマ帝国を含むヨーロッパの大帝国となる！

神聖ローマ帝国　現在のドイツ、オーストリアなどに領地をもつ王侯貴族から皇帝が選ばれて封建的に支配する帝国。

ローマ教会の計画が失敗し、権威が失墜した

十字軍遠征

1096年～1270年

【キリスト教徒（カトリック）】

西欧のローマ教会の影響下にある国々のキリスト教徒が参加。王侯貴族だけでなく、民衆も参加している。

【イスラーム教諸国】

第１回十字軍の時に聖地イェルサレムを支配していたのはセルジューク朝というトルコ人のイスラーム教国。

リチャード1世
イギリス王
VS
サラディン
アイユーブ朝創始者

なぜ 対立した？

聖地イェルサレム奪還をローマ教会が呼びかけた

十字軍遠征はローマ教会と西欧諸国が、イスラーム教支配下にあった聖地イェルサレムを奪還する目的で起こされた軍事遠征です。国だけではなく、庶民のキリスト教徒も参加した宗教運動です。

まず聖地イェルサレムについての説明をしましょう。イェルサレムはもともとユダヤ教の聖地でした（⬇P28）が、救世主イエスが十字架にかけられて処刑された場所であり、預言者ムハンマドが天に昇ったとされる場所でもあり、現在に至るまでキリスト教、イスラーム教も含めた3つの宗教の聖地となっています。7世紀以降、イェルサレムを支配していたのはイスラーム教徒です。キリスト教徒にとって聖地の奪還は悲願だったのです。

11世紀末、イェルサレムの支配者はトルコ人のイスラーム王朝であるセルジューク朝でした。セルジューク朝はさらに、キリスト教である**東ローマ帝国**（ビザンツ帝国）の領地であるアナトリア半島を侵略します。東ローマ帝国はこの時、ロー

東ローマ帝国　395年に分裂したローマ帝国の東側。ギリシアやアナトリア半島が中心。帝都はコンスタンティノープル。

【カトリックと正教の違い】

当初は共存していた両教会だが、西ローマ帝国滅亡以降、カトリックが独自路線をとり、教会主導権を争うようになる。1054年にお互いが破門をして完全に決裂した。

カトリック（ローマ教会）		ギリシア正教（東方教会）
ローマ教皇が最高権力者 ※政治権力と宗教権力は分離	宗主権	**皇帝が最高権力者** ※教会トップはコンスタンティノープル総主教
ローマ（サン＝ピエトロ大聖堂） ※現ヴァチカン市国	総本山	**コンスタンティノープル** ※15世紀以降はモスクワ
聖像崇拝を布教に利用 正教側の聖像禁止令が教会の東西分裂を決定づけた	聖像崇拝	**聖像崇拝を禁止** 726年に皇帝レオン3世が聖像禁止令を発令。このためキリスト像マリア像などが破壊される運動が起こる
◯神について知性で学ぶ神学が発達（スコラ学） ◯祖先の罪や十字架を強調	教義ほか	◯生きていく中で身をもって神を感じる信仰体験を重視 ◯原始キリスト教の精神を尊重（罪よりも救いに重きを置くなど）

マ教皇に救援を要請しました。

ここで当時のキリスト教世界についても知っておく必要があります。キリスト教は、ローマ帝国が東西に分裂した際に教会も分かれ、考え方の違いが明確になるにつれて対立、1054年にはお互いが相手を破門して分裂が確定します。現在、西を**カトリック（ローマ教会）**、東をギリシア正教（東方教会）といいます。ローマ教会は世俗権力に強い影響力をもつようになっていました。その力を見込んでの東ローマ帝国の救援要請だったわけですが、ローマ教会にとっても好機でした。まず、ライバルの東方教会よりも優位に立つことができ、キリスト教徒の領土が拡大されればさらにローマ教会の権益につながると考えたからです。そして、1095年、「聖地イェルサレム奪還」を大義名分として十字軍運動を提唱しました。十字軍運動は教会、王侯貴族、商人、一般市民などそれぞれに思惑はありつつも、胸に十字架の印をつけ、「聖戦」という宗教的情熱をもって始まったのです。

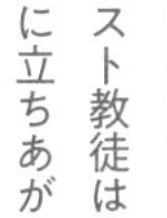
すべてのキリスト教徒は聖地イェルサレム奪還のために立ちあがるのだ！

カトリック（ローマ教会）｜現在もイタリアのローマにあるヴァチカン市国という都市国家を総本山としている。

【 十字軍の進路（1〜3回） 】

ゴドフロワ・ド・ブイヨンの率いる軍団はドイツから陸路ハンガリーを経由し、フランス軍の騎士たちはイタリアからアドリア海岸沿いに南下し、それぞれが一度コンスタンティノープルに向かっている。貧しい農民や下級騎士も勝手に集まって出発。これは「民衆十字軍」と呼ばれる。

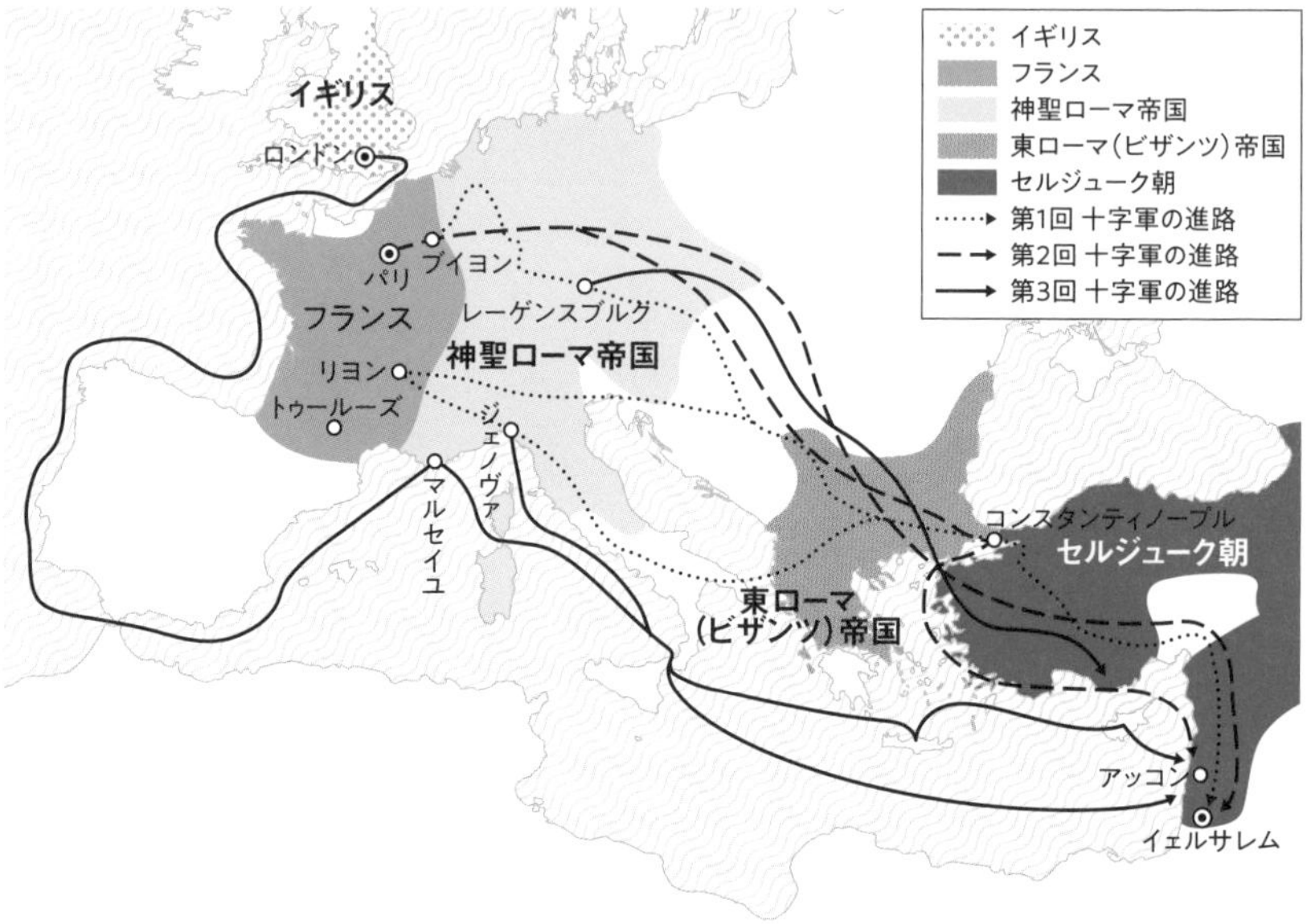
イギリス
フランス
神聖ローマ帝国
東ローマ（ビザンツ）帝国
セルジューク朝
第1回 十字軍の進路
第2回 十字軍の進路
第3回 十字軍の進路
イギリス
ロンドン
パリ
ブイヨン
フランス
レーゲンスブルグ
神聖ローマ帝国
リヨン
トゥールーズ
ジェノヴァ
マルセイユ
コンスタンティノープル
セルジューク朝
東ローマ
（ビザンツ）帝国
アッコン
イェルサレム

どう
なった？

遠征は失敗に終わり ローマ教会の権威が失墜

十字軍遠征は複数回（数え方によって7回から9回まで異なる）行われています。第1回は教皇の呼びかけに応じたキリスト教徒たちが熱狂的に集い、大軍を組織してイスラーム教徒と戦い、イェルサレム奪還に成功しました。しかも、シリア・パレスチナに十字軍によっていくつかの国がつくられたのです。これを**十字軍国家**といいます。

第2回はイェルサレムと十字軍国家の一部を奪われたために再結成したものです。イギリスのリチャード1世をはじめとする英仏独の王がそろって参戦して**アイユーブ朝**のサラディンと戦います。しかし、聖地奪還には失敗します。

ここから十字軍はイェルサレムではなく東ローマ帝国を襲撃するなど目的から逸脱したかたちで行われたり、十字軍をしぶった神聖ローマ帝国皇帝が破門されるなど当初の結束は失われたうえに戦果はほぼありませんでした。

結局、聖地イェルサレムはイスラーム教の支配下に

十字軍国家 | イェルサレム王国を頂点とした封建制のかたちでエデッサ伯国、アンティオキア公国などがあった。

十字軍の目的と結果

ローマ教皇ウルバヌス2世の提唱によりはじまった十字軍。しかし、一旦は聖地イェルサレムの奪還に成功したものの最終的にはイスラーム教国に奪われ、二度と取り戻せなかった。

	目的	結果
第1回 1096〜1099年	東方教会の要請を受け聖地イェルサレムの奪還を計画。	十字軍国家とよばれる国が樹立し、キリスト教徒が植民開始。イェルサレム奪還に成功する。
第2回 1147〜1148年	十字軍国家のひとつが奪われたことによる報復作戦。	ほとんど何の成果もなく帰還。十字軍と十字軍国家の間に思惑の違い、溝が生まれる。
第3回 1189〜1192年	聖地イェルサレムが奪われたため、再度奪還を目的に挙兵。	リチャード1世の活躍で多くの領地を奪還できたが、聖地イェルサレムの奪還には失敗した。
第4回 1202〜1204年	前回失敗した聖地イェルサレム奪還に再度挑戦。	途中、目的から逸脱して東ローマ帝国の皇位継承に加担する。コンスタンティノープルを占領し、ラテン帝国を建国。
第5回 1239〜1241年	前回不参加で破門になったフリードリヒ2世の名誉挽回。	戦うことなく交渉でイェルサレムを奪還。しかし、フリードリヒ2世は批判された。
第6回 1248〜1249年	聖地の十字軍が壊滅、略奪、虐殺が行われたため挙兵。	主導したルイ9世が捕虜になり大敗。大国フランスの敗北でヨーロッパの劣勢が明確になる。
第7回 1270年	ルイ9世が名誉挽回のために再度挙兵した。	ルイ9世死去後のエドワード1世の軍も敗北。これをきっかけに十字軍国家が次々と滅亡していく。

※十字軍の回数などは諸説あります。

おかれたまま、さまざまな混乱を残して1270年を最後に行われなくなりました。また、十字軍国家も1291年にはすべての国が消滅しています。

十字軍は当初の目的でいえば失敗でしたが、東西の交流を促したという側面もあります。とくにヨーロッパには東ローマ帝国のビザンツ文化、イスラーム文化、医学や数学などの学問が、交易面では香辛料やシルク（絹織物）などが伝わります。また修道会などが設立したいくつかの騎士団においては、病院や金融などが発展しました。

そして、さらに重要なのはローマ教会（カトリック）の立ち位置の変化です。当初、宗教権威によって世俗の権力を統合し支配下におこうと目論んでいましたが、十字軍遠征を通して神聖ローマ皇帝をはじめ、王や諸侯（王に次ぐ領主・貴族）との軋轢をうみました。そして一時は皇帝のもつ権力を上回ったローマ教会の絶大的な権威を失墜させることになったのです。

後世への影響

結局は聖地イェルサレムの奪還には失敗し、ローマ教会の権威は失墜してしまう。一方で王や諸侯の力が強まった！

アイユーブ朝 エジプト、シリア、イエメンを支配したイスラーム王朝。創始者はサラディン(サラーフ・アッディーン)。

東西交易が活発になるきっかけにも！

ワールシュタットの戦い

1241年

【ポーランドほか】

ポーランドは10世紀頃にポーランド人によって建国された。この戦いではドイツ騎士団に救援を要請した。

【モンゴル帝国】

13世紀初めに遊牧民のモンゴル人、チンギス・カンによって建国された。世界史上最大の帝国。

ヘンリク2世
ポーランド大公

VS

バトゥ
モンゴル帝国の武将

なぜ
対立した？

モンゴル帝国が東欧を侵略した！

ワールシュタットの戦いはモンゴル帝国と、ポーランド・ドイツ騎士団ほかの連合軍との戦いです。13世紀、アジアで急速に勢力を拡大させた遊牧民族のチンギス・カンが築いたのがモンゴル帝国です。チンギス・カンの時代には中国北部から中央アジア、イラン高原へと勢力を拡大、3代目のフビライの時代には中華統一を達成して「元《げん》」を建国します。

ワールシュタットの戦いは2代目オゴタイの時代の戦いです。モンゴル帝国は交易路の確保のために勢力を拡大しており、海路はペルシア湾、陸路はヨーロッパへと伸長していきました。ヨーロッパ遠征の総大将はバトゥ。チンギス・カンの孫にあたります。バトゥはキエフ公国（現在のウクライナ）を征服し、東欧ポーランドに到達します。

この脅威に対してポーランドのヘンリク2世はドイツ騎士団やテンプル騎士団などと連合軍を形成し、モンゴル軍を迎え撃つことになりました。

騎士団｜ローマ教会（カトリック）の修道会の一形態で、王権力から独立した軍事集団。十字軍などで活躍した。

モンゴル帝国の最大版図とハン国

チンギス＝ハンによってつくられた遊牧民の帝国。
13世紀後半にはユーラシア大陸東西をつなぐ世界史上最大の領土となった。

約240年、ロシアはモンゴルに支配される(タタールのくびき)
1279年、元が中国統一
ワールシュタットの戦い
モスクワ
ポーランド
キプチャク・ハン国
(ジョチ・ウルス)
神聖ローマ帝国
キエフ
ハンガリー王国
東ローマ帝国
チャガタイ・ハン国
(チャガタイ・ウルス)
サマルカンド
元(大元ウルス)
バグダード
イル・ハン国
(フレグ・ウルス)
1258年、バグダードの戦いでアッバース朝を滅ぼす

どうなった？
ロシアなどがモンゴルの支配下になる

この戦いでヘンリク2世は戦死、機動力のある騎馬が中心のモンゴル軍は連合軍を混乱に陥らせ、敗走する兵も容赦なく追撃、虐殺されたといいます。モンゴル軍はさらにオーストリアのウィーンにまで迫りますが、オゴタイが急死したことにより、撤退します。この出来事はヨーロッパのキリスト教圏にすさまじい恐怖心を植え付けました。

バトゥはこの後、**キプチャク・ハン国**という国家を形成し、のちにロシア、ウクライナの元となるモスクワやキエフといった地域を長く支配します。

一方、交易路の安全を確保し、宿舎・食料・替え馬を備えた駅を整備します。これを「駅伝制」といい、商人の長距離交易の振興に貢献しました。

後世への影響

現在のロシア・ウクライナの地域がモンゴル帝国の支配下に。また、「駅伝制」が整備されて東西交易が栄えた！

キプチャク・ハン国　ジョチ・ウルスともいう。ウルスは「国家」を意味する。モンゴル帝国は大小複数のウルスから成り立つ。

英仏のこじれた関係が長期抗争に発展

百年戦争

1339年〜1453年

【イギリス】

歴史的にはイングランドとするのが正確。本書ではわかりやすくするため、便宜上イギリスと表記する。

エドワード黒太子《こくたいし》

イギリスの皇太子

VS

【フランス】

フランク王国が３分割されたうち西フランクを起源とする。フランスの名もフランクが語源である。

ジャンヌ・ダルク

フランスの聖女

なぜ対立した？

イギリスとフランスの主従関係がこじれる…

百年戦争は、イギリスとフランスとの間にある主従関係と領土問題を原因とし、その後の両国のライバル関係を象徴する戦争です。

この対立を説明するには、まず両国の古い歴史にまで遡る必要があります。11世紀、イギリス国王が世継ぎのないまま逝去すると、王に縁のあった者たちで後継者争いが勃発します。この時、ノルウェーやデンマークとの戦いを制して、最終的な勝者としてイギリス王となったのが**ウィリアム1世**です。しかし、彼はもともとがフランス王の臣下ノルマンディー公爵だった人物です。つまりイギリス王でありながらフランス王の臣下であり、この時点でイギリスの国王はフランスのノルマンディー地方の領主でもあったのです。

その約90年後、イギリス王となったヘンリ2世は、父からアンジューを、結婚によってアキテーヌを相続します。いずれも大陸にあるフランス領土です。こうしてイギリス王は、最盛期にはフランスの西

ウィリアム1世　フランス北部のノルマンディーの領主だった。イギリスの王位継承争いに勝利し、「征服王」と呼ばれる。

英仏の領土の変遷

**一時はイギリス王の領土がフランスよりも巨大になったこともあるが、
フランスは大陸領地をすべて取り戻すべく何度もイギリスと戦っている。
英仏の因縁のライバル関係はこの後も長きにわたって続く。**

14世紀　百年戦争開戦前

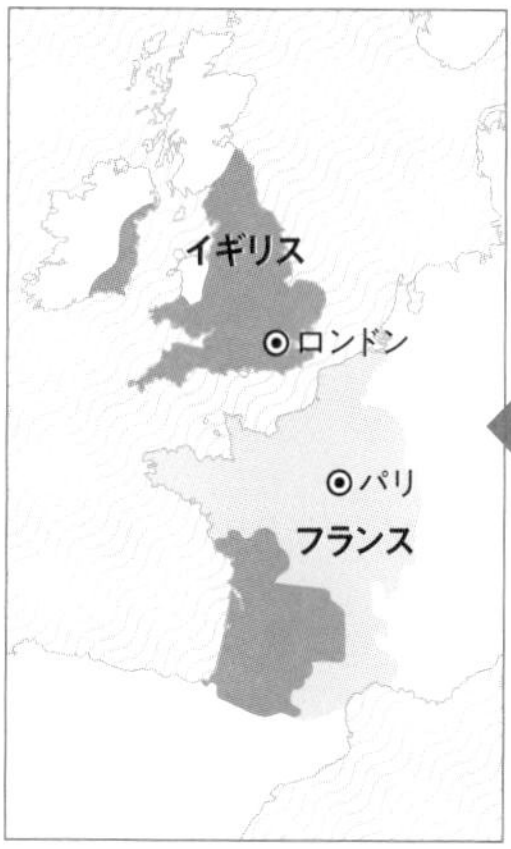

百年戦争前までにはフランスがいくつかの領土を取り返していたが、まだ大陸にはイギリス領が残っていた。

12世紀　アンジュー帝国

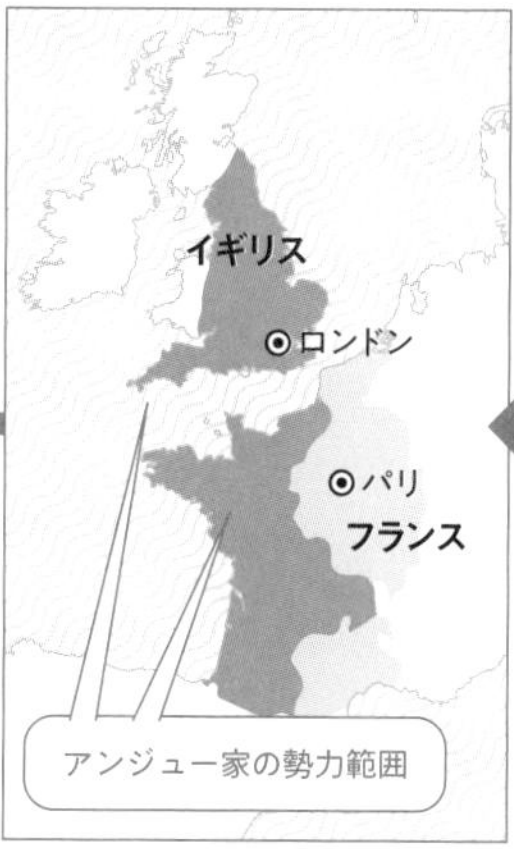

フランスのアンジューとアキテーヌが相続によってイギリス王ヘンリー２世のものになった。これを「アンジュー帝国」という。

11世紀　ノルマン・コンクェスト

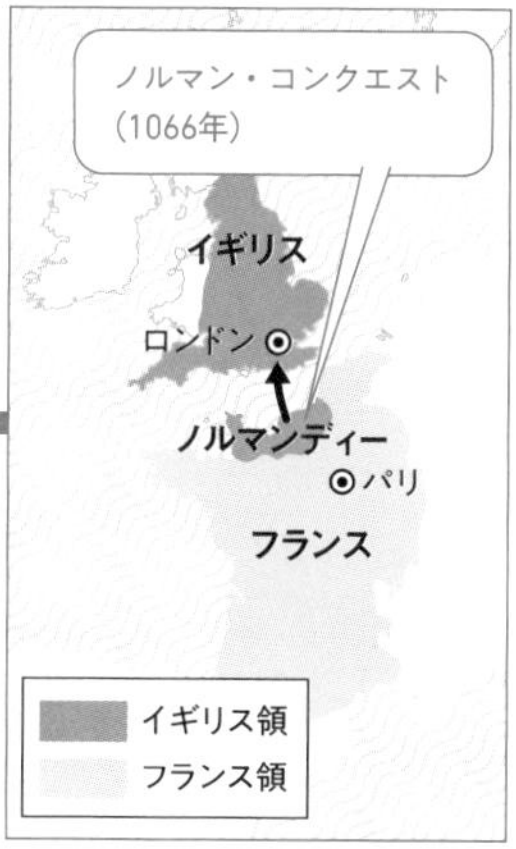

フランスのノルマンディーの領主であるウィリアム１世がイングランド王相続争いに勝利。「ノルマン・コンクェスト」という。

半分をも支配する巨大国家の君主となったのです。臣下であるはずのイギリス王が本国よりも巨大な領土をもったことに危機感をおぼえたフランス王は、策略と武力によって多くのフランスの領土を奪い返します。その結果、和平条約が結ばれて両者の関係は一旦落ち着きを取り戻します。

それでも大陸におけるイギリスの領地は残っており、フランスは完全統一を諦めていませんでした。一方でイギリスも失った大陸側の領地を取り返したいと考えます。両者の思惑はくすぶり続けました。

そして、フランスでは王位を継承する直系男子が途絶えてしまいます。そのため傍流のフィリップ6世が即位します。これに異議を唱えたのはイギリス王エドワード3世でした。前フランス王は彼の伯父（母の兄）でした。しかし、フランスは法律を改正し、**女系**の継承権を無効にします。エドワード3世はこれを不服として臣従を撤回、フランスに宣戦布告しました。

もうフランス王の家臣でいることはできない。関係解消して宣戦布告するぞ！

女系　女親（母方）の血統に王位継承権があること。フランスは認めていないが、イギリスには女系も女王もいる。

【黒死病の大流行】

ペスト菌による感染症である黒死病が大流行。人類史上最悪のパンデミックとなり、ヨーロッパ全人口の4分の1～3分の1が死亡したと推定されている。

…赤字　死者数
1349年頃
1350年頃
中国で発生し、東西貿易で伝播
ロンドン…10万人
1348年頃
パリ…5万人
アヴィニョン
…6万人
マルセイユ…7万人
セビリア
ウィーン
ヴェネツィア…10万人
フィレンツェ…6万人
ローマ
1347年頃
コンスタンティノープル

人口激減による社会の影響

農民の反乱	社会不安と農奴のしめつけから ジャックリーの乱（1358年フランス） ワット・タイラーの乱（1381年イギリス）
ユダヤ人虐殺	ユダヤ人が井戸に毒を撒いたというデマが広がる
近代小説	ペストを題材に描かれた『デカメロン』（1353年イタリア）

数多くの作品がつくられた

死の舞踏

当時流行した芸術モチーフ。身分や貧富の差に関係なくある日突然死ぬという死生観を表現している。教皇、皇帝、王、子どもなどが行列で墓場に向かうものなど、絵画、壁画、版画、彫刻などさまざまなものに描かれた。

どう なった？

イギリスが敗北 大陸の領土をすべて失う

百年戦争はその名の通りイギリスがフランス遠征をはじめた1337年から、フランスが国土をすべて奪い返した1453年までの116年間の長期にわたりますが、戦闘自体は断続的でした。とくにこの間、ヨーロッパでは黒死病（ペスト）が大流行し、最終的には人口の3割という大勢の人が亡くなっています。このこともあって和平交渉が模索されましたが、結局まとまることなく戦争は継続されます。

前半戦はイギリスが優勢でした。皇太子であるエドワード黒太子が率いるイギリス軍は快進撃をみせ、フランス王を捕縛、その身代金として多くの領土を手に入れます。この敗戦によって財政的にも困窮し、絶体絶命となったフランスに、突如として現れたのがジャンヌ・ダルクという少女です。彼女の活躍で息を吹き返したフランス軍の大逆襲がはじまり、ついに最後の領土ボルドーを取り返します。イギリス軍は撤退し、戦争は終結しました。

ジャンヌ・ダルク｜フランスの片田舎で神のお告げ（天啓）を受けて、軍の窮地に駆けつけた少女。イギリスで魔女裁判にかけられて処刑。

イギリスは薔薇戦争を経て絶対王政へ

百年戦争での敗北が決定的だったイギリスは、1455年、
ヨーク家とランカスター家による権力闘争である「薔薇戦争」に突入していく。

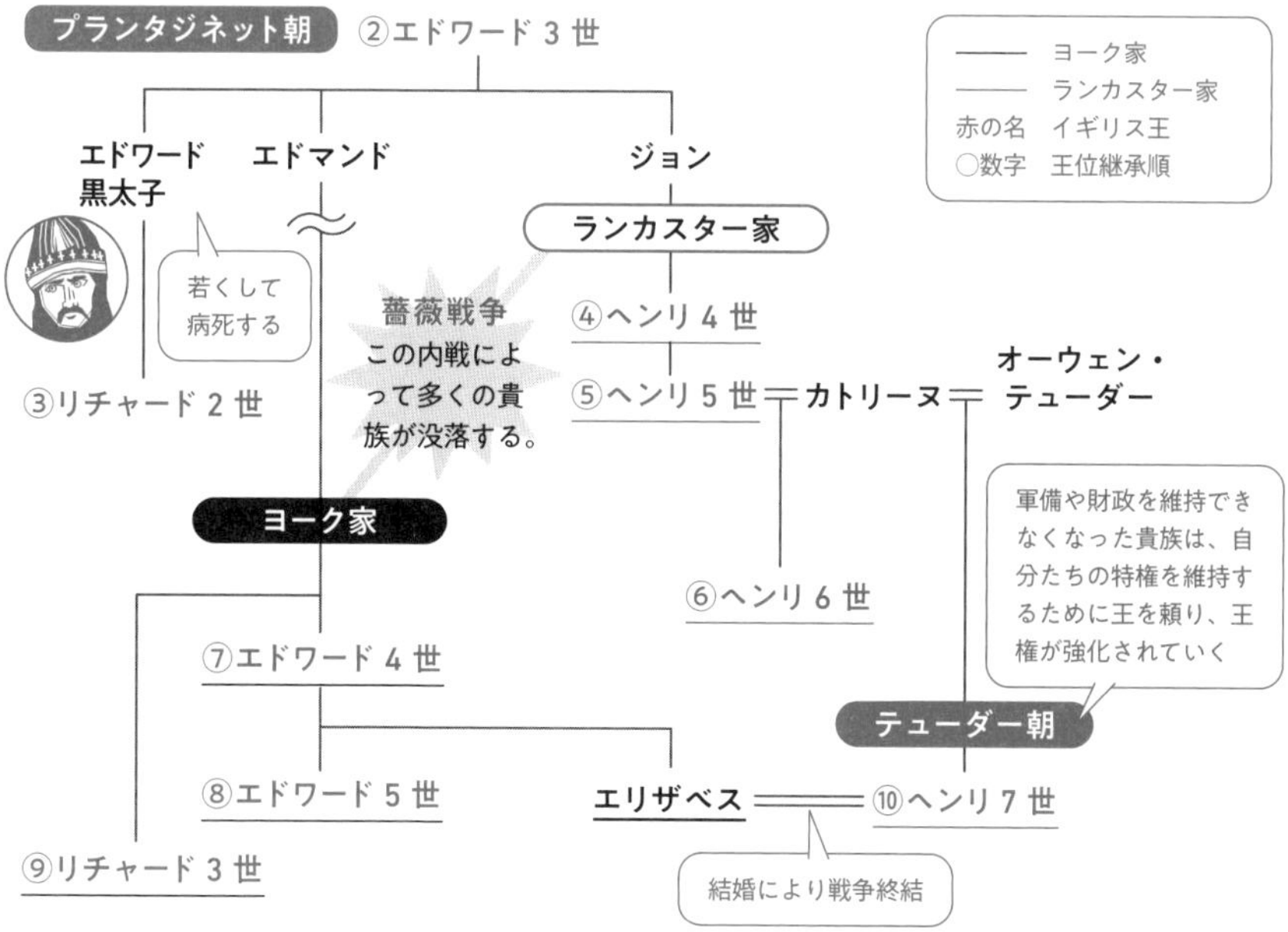
プランタジネット朝
②エドワード3世
エドワード黒太子
エドマンド
ジョン
若くして病死する
ランカスター家
④ヘンリ4世
薔薇戦争
この内戦によって多くの貴族が没落する。
③リチャード2世
⑤ヘンリ5世
カトリーヌ
オーウェン・テューダー
ヨーク家
軍備や財政を維持できなくなった貴族は、自分たちの特権を維持するために王を頼り、王権が強化されていく
⑥ヘンリ6世
⑦エドワード4世
テューダー朝
⑧エドワード5世
エリザベス
⑩ヘンリ7世
⑨リチャード3世
結婚により戦争終結
ヨーク家
ランカスター家
赤の名 イギリス王
○数字 王位継承順

この戦争によりイギリスは大陸の領土をほぼすべて失い、英仏の国境が現在にいたるまで確定します。また、長期にわたる戦争や疫病によって戦争に参加していた貴族たちが衰退していきます。この時代、戦争は貴族だけが行うものでした。

イギリスでは百年戦争中にエドワード黒太子が若くして病死したことや、戦争での敗北が決定的になったことで国内が混乱、「薔薇戦争」という王位をめぐる内乱が勃発します。テューダー朝が成立して、戦争は終結しますが、貴族たちの多くが没落していきます。これをきっかけに王と貴族の臣従関係で成り立っていた「**封建制**」は崩壊し、王に権力が集中する「絶対王政」の時代へと移行します。フランスも同じく封建制でしたが、奇跡の勝利によってフランス王への帰属意識が強く芽生え、さらに王は神聖な存在であるという考えも広まり、こちらも絶対王政の時代に突入することになります。

後世への影響

英仏の関係はさらに悪化…。国境が確定して現在にいたる。両国とも封建制が衰退して絶対王政の時代に突入していく！

封建制 土地経営と身分制度による社会。領主である貴族は王に対して軍事力の提供などをする義務がある。

2000年に及ぶローマの歴史が幕を閉じる！

コンスタンティノープル陥落

1453年

【東ローマ帝国】

西ローマ帝国が滅んだ後も独自に発展を続けた。旧地名から「ビザンツ帝国」とも呼ばれる。

【オスマン帝国】

13世紀末に建国されたトルコ人の王朝。17世紀には北アフリカ、バルカン半島、東地中海沿岸一体に大帝国を築いた。

なぜ対立した？

最大の東西交易拠点をオスマン帝国が狙う

コンスタンティノープルは黒海とエーゲ海をつなぐボスフォラス海峡沿岸に位置する大都市です。３３０年、ギリシアの植民都市だった場所にローマ皇帝コンスタンティヌスによって建設されたので、その名に因んでいます。ローマ帝国が東西に分裂したのちに東ローマ帝国の首都として長年栄え、キリスト教圏の都市では当時の最大規模の人口を誇っていました。

コンスタンティノープルの目の前に位置するボスフォラス海峡は、黒海からエーゲ海、そして地中海をつなぐ非常に重要な海洋ルートでした。イスラーム教圏やアジアとの窓口でもあり、古くから交易が盛んで、世界の富が集まる大商業都市でした。

しかし、かつて巨大版図を築いた東ローマ帝国は中世末期には弱体化します。領土はコンスタンティノープルを含めてわずかな規模になっていました。これをねらったのが、隣国のオスマン帝国です。

ボスフォラス海峡 | 北の黒海と南のエーゲ海をつなぐ海峡。エーゲ海側のダーダネルス海峡と合わせてダーダネルス・ボスフォラス海峡とも呼ばれる。

【コンスタンティノープル】

395年、ローマ帝国が東西に分裂し、東ローマの首都として繁栄した。中世ヨーロッパ最大の都市として人材や文化、交易品が集まった。

330年、コンスタンティヌス帝国によって建設された。元はギリシアの植民都市であった
金角湾。ボスフォラス海峡から大陸に突き出している。海峡への出入り口になる良港がある
金角湾
エーゲ海・地中海
ボスフォラス海峡
黒海
城壁が張りめぐらされ、海上からの侵攻に対しては鉄壁だった

どうなった？

ローマ帝国が終焉「中世」に幕が下りる！

コンスタンティノープルは難攻不落の要害で、イスラーム教勢力の攻撃を何度も跳ね返してきました。しかし、1453年、オスマン帝国のメフメト2世は新兵器などを用い遂に攻略します。東ローマの皇帝コンスタンティノス11世がローマ帝国の最後の皇帝となりました。この出来事によってヨーロッパの中世が終わったという節目ともみなされています。

以降、コンスタンティノープルはオスマン帝国の首都となり、現在は「イスタンブル」と改名されています。また、東ローマ帝国の衰亡は、ギリシアの文化芸術を担う人々が西ヨーロッパに流出するきっかけとなり、当時、盛り上がりをみせていた**ルネサンス**にも影響を与えました。

後世への影響

約2000年続いたローマの歴史が幕を閉じる。東ローマ滅亡はギリシア文化が西欧に流出する形でルネサンスと関わり深い。

ルネサンス　14〜16世紀にヨーロッパで起きた文化・芸術運動。ギリシア・ローマの古典再興がその中心にあった。

古代・中世の

戦争の主役

古来、戦争は貴族の特権だった

古代ギリシアでは市民は資産によって1、2階級が貴族、3、4階級が平民とされていました。都市防衛は市民の義務でしたが、装備を自前で調達する必要があり、戦争の主役は財力のある貴族階級でした。彼らは戦争の際には馬に乗っていたため、騎士階級とも呼ばれています。軍事貢献と政治への影響力は密接に関係しており、そのどちらも担う少数の貴族による政治が行われていました。

古代ローマでも同様に徴兵義務がありました。当初、貧しい平民は十分な装備を用意できませんでしたが、その後、資産のない市民の増加が社会問題になり、貴族が私費で装備を配給し、給与を支払う志願制のかたちとなりました。今でいう職業軍人に近い形態ですが、あくまでも貴族個人に雇われているという点が特徴です。ローマ帝国時代も貴族が個々に軍隊を維持しており、そのなかでも最も多くの兵をもつのは皇帝でした。

中世ヨーロッパの封建制でも、王を含む貴族たちが戦争の主体でした。彼らは自らの裁量で領地を経営し、軍隊を保有。封建領主の王に対して、戦時における軍事力の提供が貴族の責務だったのです。しかし、中世末期には大規模かつ長期の戦争が立て続けに起こり、貴族は衰退していきます。

「薔薇戦争」を描いた絵画。国内をランカスター家とヨーク家に二分した戦い。これによってイギリスは貴族が没落する(→P51)。

PART 2

近世

大航海時代を迎え、ヨーロッパの大国が
アジアやアフリカに植民地をつくるようになり、
その奪い合いが起こります。
また宗教改革など、古い社会制度に変化が起き、
思想の違いによる新たな対立が生まれます。

カトリックとプロテスタントの対立

中世の西欧において、カトリック（ローマ教会）は大きな権力をもち、教会や教皇の権威を否定する者は異端として厳しい弾圧を受けました。しかし、中世末期には聖職者の腐敗や堕落に対して批判が起き、ウィクリフやフスといった宗教改革の先駆者も登場します。

統一国家の形成が遅れたドイツでは、カトリック（ローマ教会）による抑圧が深刻でした。１５１７年、教会による贖宥状（免罪符）の販売をルターが批判したことで、ドイツにおける宗教改革が始まります。カトリックを統治に利用している神聖ローマ皇帝はルター派を弾圧しますが、ルターをかくまったザクセン選帝侯など、ルター派を支持するドイツ諸侯もいました。ルター派の信仰は「プロテスタント（抗議する者）」と呼ばれ、ドイツからヨーロッパ北部へ広がっていきます。

スイスでは、チューリヒのツヴィングリが宗教改革のさきがけとなりました。さらにジュネーヴではカルヴァンが登場し、厳格な禁欲主義に

もとづく神権政治を行いました。プロテスタントの一派であるカルヴァン派は勤勉さを美徳とし、商工業者に受け入れられ、オランダやフランス、イギリスなどに広まりました。フランスではユグノー、イギリスではピューリタン（清教徒）などと呼ばれました。彼らは支配層と対立し、ユグノー戦争、オランダ独立戦争、ピューリタン革命などを引き起こします。

イギリスでは、国王ヘンリ8世が離婚問題からローマ教皇と対立し、カトリックから分離した英国国教会を成立させました。英国における宗教改革は「上からの改革」であり、教義ではカルヴァン派の影響を受けつつも、儀礼面などでカトリックの要素を残しています。

宗教改革にはカトリック側も危機感をもち、内部改革の動きが生まれました（対抗宗教改革）。イグナティウス・ロヨラらが設立したイエズス会は、世界各地への布教活動を行います。アジア各地で布教したフランシスコ・ザビエルは日本にもキリスト教を伝えました。

ルターやカルヴァンは、聖書から神の教えを直接受け取ることを唱え、教皇や司祭の権威を否定しました。宗教改革は旧来の秩序を大きく揺るがし、ヨーロッパ世界に大きな変動をもたらしたのです。

現在のメキシコが生まれるきっかけ！

メキシコ征服

1519年～1522年

【スペイン】

レコンキスタ達成の過程で成立。神聖ローマ皇帝を世襲するハプスブルク家との政略結婚で大勢力を築く。

コルテス
コンキスタドール（征服者）

VS

【アステカ王国】

14世紀頃、中央メキシコに建国されたアステカ人の国。首都はテノチティトラン（現メキシコシティ）。

モクテスマ2世
アステカの王

なぜ対立した？

アメリカ大陸を「発見」したスペインが行った征服戦争

メキシコ征服はスペインのコルテスがアステカ王国を侵略して植民地とした出来事です。レコンキスタ（⬇P38）の過程で誕生したスペインは、国内が安定しており、経済活動に積極的になっていました。この頃、アジアから伝わった香辛料が交易品として人気がありました。羅針盤などの最新の海洋技術が普及しはじめ、長距離航海が可能になったこともあり、スペインは海洋貿易に乗り出します。この時、ポルトガルは東回り、スペインは西回りで新しく発見した土地を征服する優先権をもつという条約を結んでいました。スペインは大西洋からインドを目指しますがこれは偶然にも**アメリカ大陸への到達**につながります。

　スペインは他国に先を越されないようカリブ海の島々を征服します。こうした征服活動はスペイン王国から認可された人々によって行われました。彼らのことは「コンキスタドール（征服者）」と呼ばれます。

アメリカ大陸への到達｜1492年、クリストファー・コロンブスによってヨーロッパ諸国がアメリカ大陸の存在を知った。

アステカ王国とマヤ文明

アステカ王国は地方に重税を課しており、対立していた民はスペインに味方した。そのため、首都テノチティトランでの戦いは壮絶を極めたとされる。

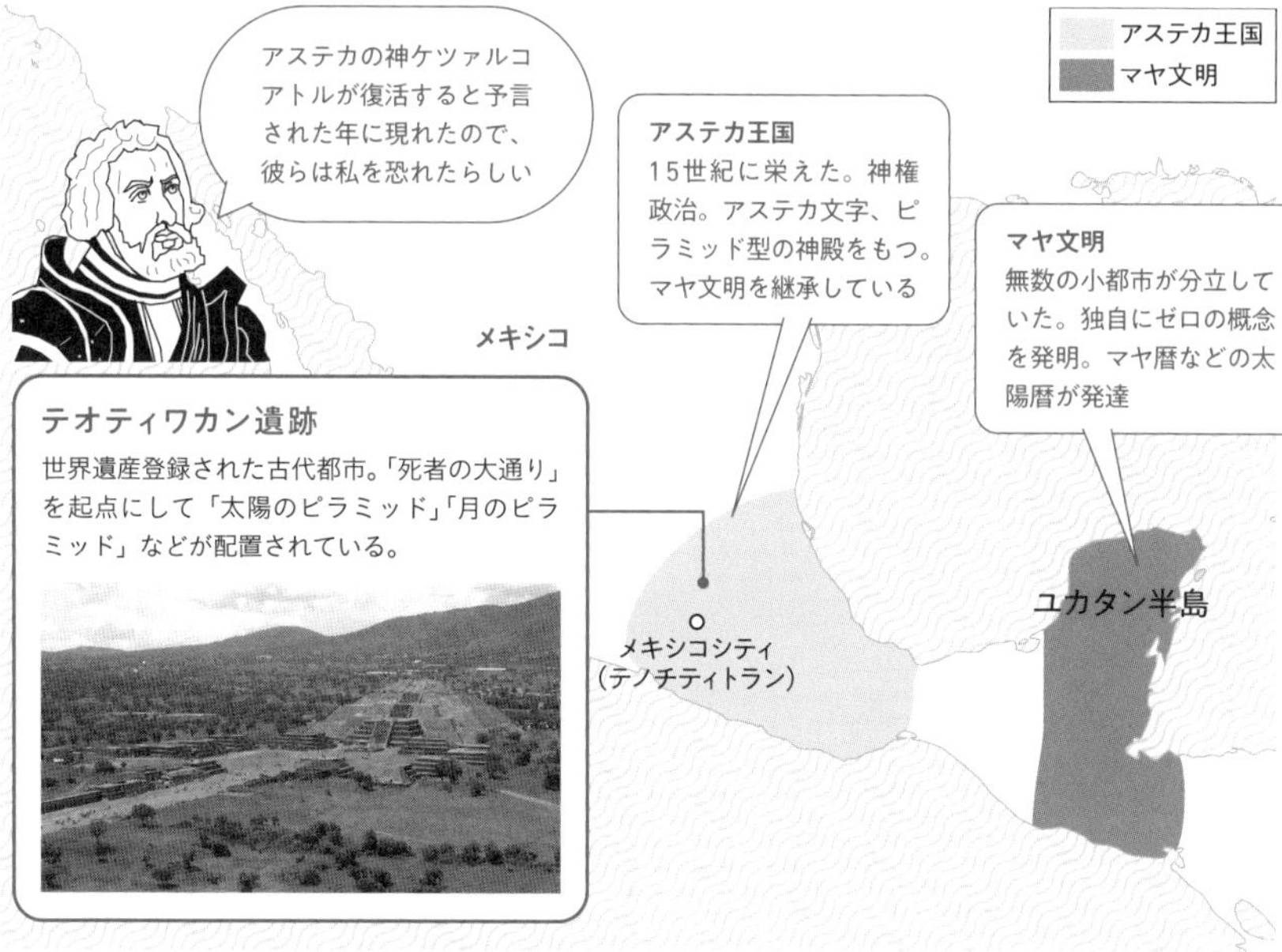
アステカ王国
マヤ文明
アステカの神ケツァルコアトルが復活すると予言された年に現れたので、彼らは私を恐れたらしい
アステカ王国
15世紀に栄えた。神権政治。アステカ文字、ピラミッド型の神殿をもつ。マヤ文明を継承している
マヤ文明
無数の小都市が分立していた。独自にゼロの概念を発明。マヤ暦などの太陽暦が発達
メキシコ
テオティワカン遺跡
世界遺産登録された古代都市。「死者の大通り」を起点にして「太陽のピラミッド」「月のピラミッド」などが配置されている。
メキシコシティ
(テノチティトラン)
ユカタン半島

どうなった？

のちに征服者の子孫がメキシコを建国

1519年、中米のアステカ王国を侵略したのがスペインのコルテスです。コルテスはアメリカ大陸で略奪や弾圧を繰り返していましたが、当初、アステカの王モクテスマ2世からは歓迎されていました。しかし、なりゆきから部下がアステカ人を虐殺、暴動が起こった挙げ句、モクテスマ2世が殺されてしまいます。コルテスは、アステカの首都を包囲・陥落させました。

その後、中米はスペインの植民地となります。その支配はおよそ300年も続きます。先住民は大農場や鉱山で過酷な労働を強いられました。1821年に独立して**メキシコ**が建国されますが、実権を握っていたのはコンキスタドールたちの子孫でした。

後世への影響

アメリカ先住民の多くが疫病によって死ぬか征服者に虐殺された。中米がスペイン勢力下となり、のちに独立してメキシコとなる。

メキシコ | 1808年にナポレオンのスペイン征服をきっかけに、スペインからの独立戦争が開始され、1821年に独立を果たした。

エル・ドラドの黄金伝説を求めたスペインの侵略

ペルー征服

1531年～1533年

【スペイン】

レコンキスタの過程で成立。神聖ローマ皇帝を世襲するハプスブルク家との政略結婚で大勢力を築く。

【インカ帝国】

南米ペルーを中心にボリビア、エクアドルに広がるケチュア族の国。文字をもたない文明だった。

ピサロ
コンキスタドール（征服者）

VS

アタワルパ
インカの王

なぜ対立した？

南米にあるという黄金郷の伝説が一因だった！

ペルー征服はスペインのピサロがインカ帝国を侵略して植民地をつくった出来事です。すでにアステカ（⬇P58）を滅ぼして植民地としていたスペインは南米にも触手を伸ばします。当時、南米といえばアマゾンの奥深くに「エル・ドラド」という黄金郷が存在するという伝説がスペイン人の間で広まっていました。

スペインの探検家ピサロもエル・ドラドを目指して南米に向かったひとりでした。現地のインディオにアンデスにとても豊かな国があるという情報を得たピサロは、それこそが伝説の黄金郷であると確信し、スペイン本国に征服の許可をとりつけます。それはアンデス山脈のクスコに首都をもち、太平洋沿岸に南北の長大な領地をもつインカという大帝国でした。この時、インカ帝国はわずか数年で人口が激減していました。それはヨーロッパ人が新大陸にもたらした天然痘によるものだったとされています。

インディオ | 当時の先住民の呼称。インド人という意味だが、アメリカ大陸をインドであると勘違いしたことからそう呼ばれた。

【インカ帝国の概要】

インカ帝国は15世紀頃に成立し、アンデス山脈を中心に栄えた。

皇帝アタワルパの処刑

アタワルパは裁判にかけられたうえ、火あぶりの刑とされた。だが、インカではミイラの風習があり、火あぶりを拒否して絞首刑となった。

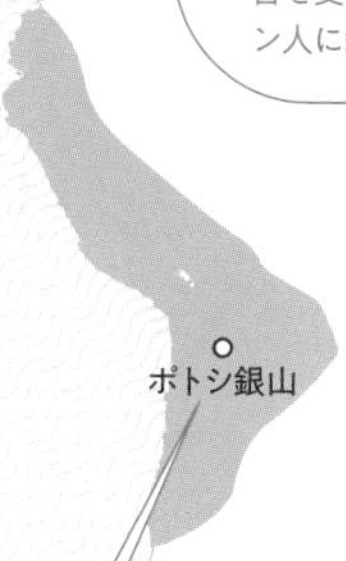

私はその後、アタワルパを無実の罪で処刑したとされ、死刑宣告を受けた。そして同じスペイン人に殺されてしまった

マチュ・ピチュ遺跡

世界遺産。アンデス山脈に属しており、標高は2,430m。さらに約1,000m高い場所にインカ帝国の首都クスコがあった。

インカ帝国

15世紀に栄えた。高度な石造建築技術をもつ。道路網、灌漑施設、鉱山事業なども公営で行われた

どうなった？

現地の富がスペインを大帝国に押し上げる

ピサロは会見に応じたインカ帝国皇帝アタワルパを人質にとり、金銀の身代金を要求。しかし、身代金の受け取り後も解放せずに、アタワルパを処刑してしまいます。スペインは傀儡《かいらい》の皇帝を擁立して事実上の支配を行います。傀儡皇帝は反乱を起こしますが失敗、インカ帝国は滅亡します。ピサロは新たに首都リマを建設します。なお、インカはピサロたちスペイン人には誤解により「ペルー」の名前で呼ばれていました。

先住民はキリスト教徒に改宗され労働力にされました。とくにポトシ銀山が発見されると鉱山労働者として利用されます。これにより大量の銀を手に入れたスペインは「**太陽の沈まぬ国**」と呼ばれるヨーロッパの覇権国家に上り詰めます。

後世への影響

インカ帝国は滅亡し、スペイン植民地ペルーが成立。現地の銀がスペイン銀貨としてヨーロッパに大量に流通することになる。

太陽の沈まぬ国　中南米に多くの植民地を手に入れたため、常にどこかの領地では太陽が出ていることを指して呼ばれた。

カトリック対プロテスタントの構図を決定づける！

ユグノー戦争

1562年〜1598年

【カトリック】

ローマ教皇を頂点とするキリスト教の組織。歴史的に西欧の皇帝や王、貴族たちと強く結びついている。

【ユグノー】

プロテスタント（新教）のうちカルヴァン主義者のこと。フランスではユグノーと呼ばれるが、もとは蔑称だった。

VS
ギーズ公
カトリック同盟のリーダー
アンリ4世
フランス王（ブルボン朝初代）

なぜ対立した？

宗教改革によって旧教と新教に国内が分裂

ユグノー戦争は、宗教改革によって広まったプロテスタント（新教）の一派であるユグノーと、ローマ・カトリック派によるフランスの内戦です。まず、当時のヨーロッパを席巻した宗教改革について説明します。1517年、ローマ教皇がドイツで発売した贖宥状《しょくゆうじょう》について神学者のルターが抗議しました。贖宥状とは簡単にいうと、お金さえ払えば罪が許されるというものでした。これについてルターは、罪を赦すことができるのは神だけであると批判します。ローマ・カトリック教会は宗教的権威として、聖書の解釈や運用を独占する立場にあり、信者は教会に従うという構図でした。教会を批判したルターは追放されてしまいますが、聖書をドイツ語に翻訳し、当時の発明技術であった**活版印刷術**を用いて、民衆に広めたのです。

このようにして教会から離脱し、聖書中心主義を掲げるキリスト教徒を「プロテスタント」（抗議するという意）、あるいは「新教」と呼びます。

活版印刷術｜凸版の文字を並べて転写する方法。1445年頃、ドイツのグーテンベルクによって発明された。大量印刷が可能になった。

ルターの宗教改革

1517年、ルターが「贖宥状販売」を契機にカトリック教会の批判を始めたところから各国に新教が拡大していった。

宗教改革の中心人物

マルティン・ルター

ドイツの神学者。聖書の「信仰によってのみ人は義とされる」という言葉に感動し、信仰と教会の乖離に疑問を抱いていた心が救われたという。

大事なのは教会じゃなくて信仰だ！

教皇レオ10世が「贖宥状」を販売。

↓

ルターによる教会批判(「九十五ヶ条の論題」)。

↓

ルターは異端認定されて追放。
ザクセン選帝侯に保護される。

↓

ルターがドイツ語訳『聖書』、
『キリスト教者の自由』を完成
活版印刷術によって普及する。

↓

新しい宗教観が庶民に浸透

ルターの考えは瞬く間にドイツに広がり、各地で宗教的な対立、内乱が起きるほどになります。1555年にルター派を容認（ローマ教会は一貫して「異端」としています）する条約が結ばれて以降は、スウェーデンなど北欧諸国はプロテスタントを国教に定めます。

新教からはカルヴァンという人物も現れます。すべてのことはあらかじめ神によって決められているという「**予定説**」を唱えます。この考えはカトリックでは卑しい行為と否定されていた「営利活動」、つまりお金儲けを推奨したため、商工業者の間にまたたくまに広がりました。カルヴァン主義は各地に広まり、新教のなかでも改革派と位置付けられ、フランスでは「ユグノー」と呼ばれました。カルヴァンは弾圧から逃れるためにスイスのジュネーヴで活動していましたが、フランス出身であり、ユグノーは早い時期からフランスで増加していきました。王は増加し続けるユグノーに危機感を覚え、弾圧します。

ローマ教会は腐敗している。いまこそ聖書に立ち返るべきだ！

予定説｜神に与えられた労働によって儲けることを推奨したため、商工業者が支持。資本主義が生まれたとされる。

サンバルテルミの虐殺

1572年、新旧融和を祝うためにパリに集まったユグノーがカトリック信者に虐殺された事件。5日間にわたり無秩序な襲撃が行われ、死者は1万人を超える。

私（ギーズ公アンリ）は、カトリーヌ・ド・メディシスと共謀してユグノーを襲撃したのだ
私（ブルボン家のアンリ）は、この時のユグノーの新郎だったんだ

どうなった？

新教は認められるがカトリックには遺恨を残す

この対立は民衆だけでなく、フランス貴族も二分しました。カトリック（旧教）の代表はギーズ公、ユグノー（新教）の代表はコンデ公という貴族でした。フランス王家は実権を握っていたカトリーヌ・ド・メディシスが、自分の娘をユグノーと婚姻させることにします。しかし、これは策略でした。祝賀のためにパリに集まったユグノーたちはギーズ公によって虐殺されてしまいます（サンバルテルミの虐殺）。これによって、両者の対立は決定的になり、戦争が勃発します。

戦いはイギリスやスペインなどから新旧両派に支援があるなど国際問題に発展。宮廷はスペイン帝国を恐れて「**カトリック同盟**」を結んで結束します。この同盟で国王を凌ぐほどの実力をもったギーズ公は、国王に暗殺されてしまいます。さらに今度はギーズ公支持者により国王が暗殺されるという事態に発展します。王には実子がなく、後継候補はコンデ公の跡を継いでユグノーのリーダ

カトリック同盟｜ギーズ公が指導者となり、カトリック派によって組織された。国王に対してカトリックを保護するように強く要求する。

カトリックと新教の違い

プロテスタントは「抗議する」という意味。
新教は聖書を大切にして、カトリック教会の支配から解放した。

	宗派（おもな国）	特　徴
旧教	カトリック（イタリア・スペインなど）	●教皇至上主義 ●洗礼など儀式重視 ●政教一致
新教（プロテスタント）	ルター派（ドイツ・北欧など）	●聖書主義 ●福音信仰による救済 ●政教分離
	カルヴァン派（フランス・オランダなど）	●聖書主義・予定説 ●厳しい禁欲 ●商工業者から強い支持
その他	イギリス国教会（イギリスのみ）	●カトリックの儀式と新教の教義の融合 ●政教一致

教会が決めたことに従って信仰せよ！

イエスの教えがいちばん大事だ！

がんばって働き、儲けることはいいことだ！

国王が宗教の上でも最高権力者だ！

ーとなっていたブルボン家のアンリでした。

ユグノーであるブルボン家のアンリは、アンリ4世として即位しました。しかし、カトリック同盟はこれを認めず、国内は二分されたままでした。それに目をつけた**ハプスブルク家**のスペイン王は、自分の娘を即位させようと圧力をかけてきます。この事態にカトリック同盟もアンリ4世を認めざるを得なくなり、王とその側近のカトリック改宗を条件とします。王はそれを受け入れつつ、ユグノーに対して信教の自由を認める勅令を出します。

ついにフランスを二分にする戦争は集結することになりました。新旧両派の対立は解決したわけではなく、この後も長くくすぶり続けますが、アンリ4世は対立ではなく懐柔することで政治的混乱を回避し、王国の再建に努めました。一方で、カトリック派の権力者としてヨーロッパ最大の勢力をほこるハプスブルク家とプロテスタントとの対立はますます深まっていきます。

後世への影響

ユグノーのアンリ4世がカトリックに改宗して新教を認める！　ハプスブルク家は危機を感じて新教弾圧を強めることに…。

ハプスブルク家　オーストリアの太公家。婚姻により領土を拡張、神聖ローマ帝国の皇帝の座を独占するようになる。

宗教対立が独立戦争に発展し「オランダ」が生まれる！

オランダ独立戦争（八十年戦争）

1568年～1609年

【スペイン】

絶対君主フェリペ２世の時代には海外に多くの植民地を獲得した帝国。「太陽の沈まぬ国」と呼ばれた。

【ネーデルラント北部諸州】

1477年に婚姻政策によりハプスブルク家の領地となる。北部は商工業が盛んだった。

なぜ対立した？

ハプスブルク家の弾圧が新教徒たちの独立運動へ

オランダ独立戦争は、スペイン・ハプスブルク家（スペイン帝国）と、その所領であったネーデルラント北部（現オランダ）のプロテスタントとの間に起きた宗教的対立であり、結果的に独立戦争に発展した戦いです。

ハプスブルク家はスイス出身の一族で、オーストリア大公となってからは、婚姻政策により勢力を拡大しました。**神聖ローマ帝国皇帝**の座を15世紀以降、事実上独占し、中世から近世までヨーロッパに絶大な権力をもっていました。レコンキスタ（⬇P38）の過程で誕生したスペイン王室とも婚姻関係を結び、**カール5世**の代からスペイン・ハプスブルク家が権威をふるうようになりました。

そんななか、ネーデルラントもスペイン王家の領地となっていました。ネーデルラントは毛織物工業が発達し、商工業によって栄えていました。また、商工業者が多いため、「利益の追求は神の使命である」としたカルヴァン主義（⬇P63）がと

神聖ローマ帝国皇帝　本来、ドイツ諸国やオーストリア、ボヘミアなどの王公から選挙で選ばれていたが、ハプスブルク家が独占。

ネーデルラント蜂起の経緯

ネーデルラントはフランドル地方の毛織物工業を中心に、
商工業が盛んなためカルヴァン主義が多かった。

ネーデルラント

神が定めた天職でお金を稼ぐ。商工業者が多いネーデルラントではカルヴァン主義が合っている

スペイン

カトリックを否定することは、教皇や皇帝の権威を否定するも同然。ただちにカトリックに改宗せよ！

ネーデルラント

スペイン王の搾取や強権政治にはみな不満を募らせていたんだ。これ以上、いいなりにはなれない！

スペイン

反抗するゴイセン(カルヴァン主義者の蔑称)どもを叩き潰せ！ 異端審問をして弾圧しろ！

ネーデルラント

われわれネーデルラント北部7州は対スペイン同盟を結んだ。独立を勝ち取るまで戦うぞ！

ても多くいました。一方、その利益は本国スペインに吸い上げられる構造で、ネーデルラントの住民は不満を抱えていました。

　プロテスタントによる反乱や争いが頻発するようになると、**カール5世**は和平によって新教を容認する政策を打ち出します。しかしこの和平案は、各地の領主が領内の宗派をカトリックとプロテスタントのどちらかから選ぶだけのものであり、個人による「信教の自由」はありませんでした。そして、カール5世の跡を継いだフェリペ2世はネーデルラントに対して重い税を課します。さらに、プロテスタントに対してカトリックへの改宗を強制し、異端審問（カトリック以外の宗教・宗派を裁判にかけて処刑すること）を行うなど厳しい弾圧を行います。この背景には、フランスのユグノー戦争（⬇P62）も関係していました。

　経済的搾取と宗教弾圧を同時に受けていた北部ネーデルラントの住民は、1568年、スペインに対して独立戦争を開始します。

稼ぎを奪われ、異端審問で弾圧するスペインのやり方にはもうついていけない！

カール5世　スペイン王家とハプスブルク家の血を引く。スペイン王、ドイツ王、神聖ローマ帝国皇帝などを兼任。

【南北ネーデルラントの違い】

北部と南部ではおおきく事情が異なる部分があり、足並みはそろわなかった。

南北ネーデルラントの違い		
地域	北部７州（現オランダ）	南部10州（現ベルギー）
民族	ゲルマン系	ラテン系
宗教	新教（カルヴァン主義）	旧教（カトリック）
産業	造船業 貿易業 農業	毛織物業 牧畜業

私は北部7州が結んだユトレヒト同盟により初代オランダ総督となった

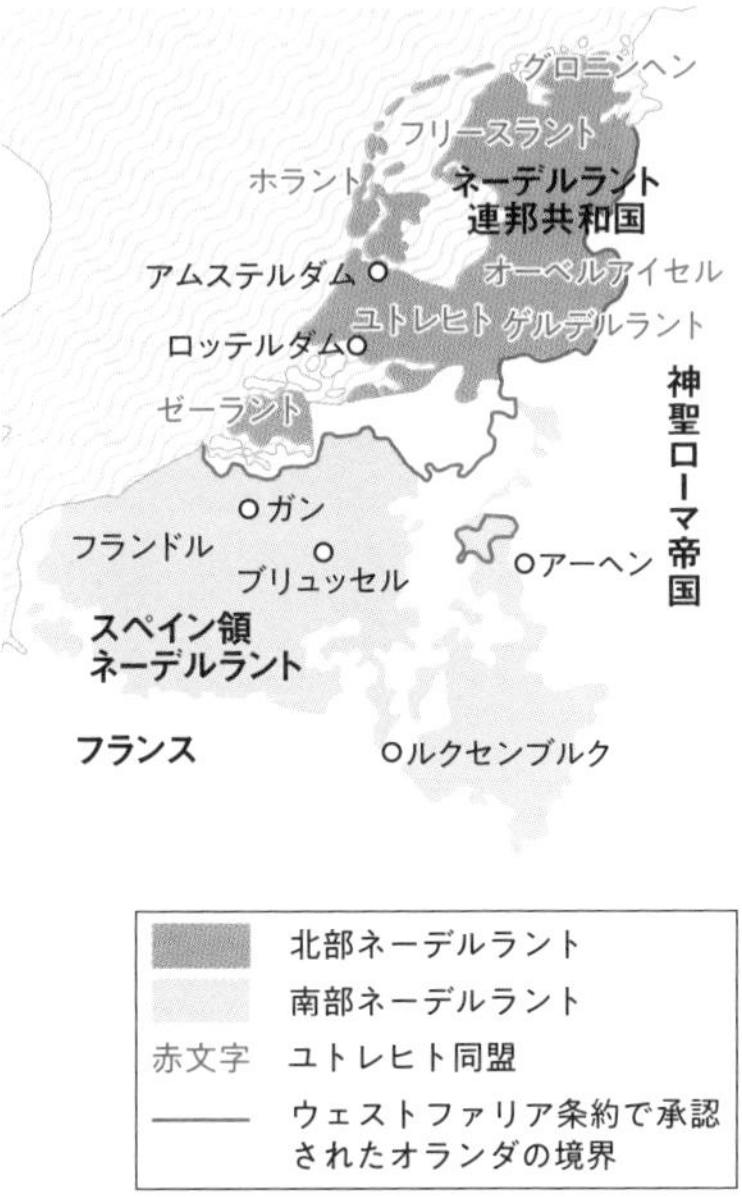
グロニンヘン
フリースラント
ホラント
ネーデルラント連邦共和国
アムステルダム
オーベルアイセル
ユトレヒト
ゲルデルラント
ロッテルダム
ゼーラント
神聖ローマ帝国
ガン
フランドル
ブリュッセル
アーヘン
スペイン領ネーデルラント
フランス
ルクセンブルク
北部ネーデルラント
南部ネーデルラント
赤文字　ユトレヒト同盟
ウェストファリア条約で承認されたオランダの境界

どう なった？

ヨーロッパは主権国家の時代へ移行！

ネーデルラントの新教徒たちのリーダーとなったのはオラニエ公ウィレムという人物でした。もともとネーデルラントの総督でしたが、カトリックによるプロテスタント弾圧に反対して亡命していました。このオラニエ公ウィレムが帰国したところから独立運動が本格化します。

1581年、ネーデルラントは北部の7州がネーデルラント連邦共和国として独立を宣言します。日本では中心となった州の名前から「**オランダ**」と呼ばれます（以下、オランダと呼びます）。ただし、カトリックが多かった南部の州は足並みを揃えることができず独立に参加せずに降伏します。これがのちのベルギーになります。

しかし、この独立は国際的に承認されておらず、オラニエ公ウィレムも暗殺されるなど戦いは長期化していきます。オランダはスペインと海洋貿易の覇権を争っていたイギリスに保護を求めます。これに応えたイギリスはスペインの無敵艦隊を破

オランダ｜英語では「ネザーランド」だが、日本では独立の中心となった「ホラント州」が由来の「オランダ」で呼ばれる。

【オランダのアジア貿易】

スペインと争っていたオランダは貿易制限を受け、独自のアジア航路を開拓。
世界初の株式会社「東インド会社」を設立して、海洋帝国へと変わる。

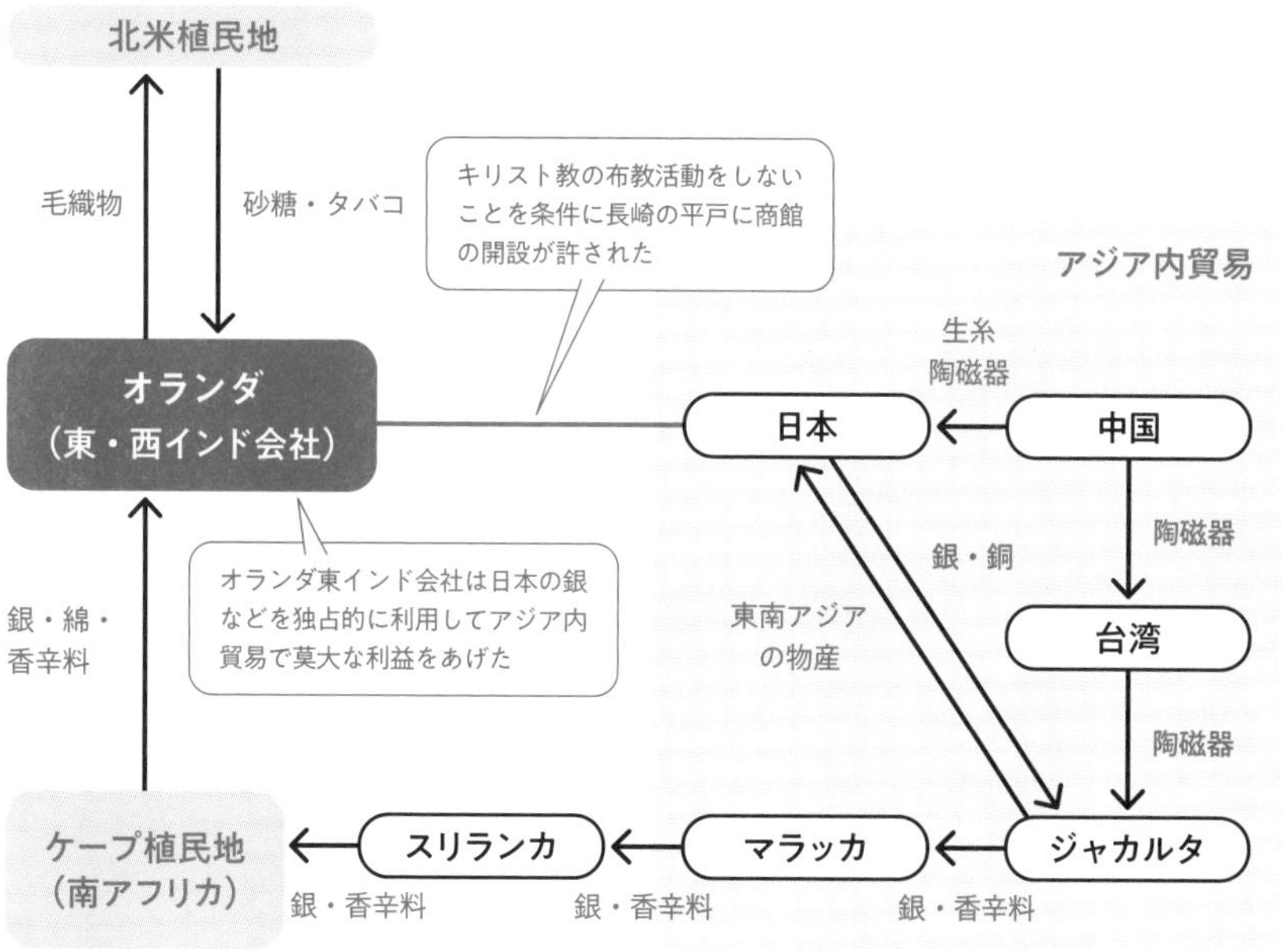
北米植民地
毛織物
砂糖・タバコ
キリスト教の布教活動をしないことを条件に長崎の平戸に商館の開設が許された
アジア内貿易
生糸
陶磁器
オランダ
（東・西インド会社）
日本
中国
陶磁器
銀・銅
東南アジアの物産
台湾
陶磁器
オランダ東インド会社は日本の銀などを独占的に利用してアジア内貿易で莫大な利益をあげた
銀・綿・香辛料
ケープ植民地
（南アフリカ）
スリランカ
マラッカ
ジャカルタ
銀・香辛料
銀・香辛料
銀・香辛料

る大勝利を収めます。度重なる戦争を経験し、イギリスに敗戦したことなどでスペインは財政が困窮し、弱体化していきます。このことで１６０９年にオランダとの間に休戦協定が結ばれます。これが事実上のオランダ独立となりますが、国際的な承認は最後の宗教戦争である三十年戦争（⬇P70）の戦後処理として締結された１６４８年のウェストファリア条約によります。そのためにこの戦争は「八十年戦争」とも呼ばれます。

　この戦争は、オランダが独立したことだけでなく、スペイン・ハプスブルク家の凋落、スペインを破ったイギリスが新たに海洋国家の覇権を握ったことも重要です。また、オランダもアジアや新大陸の富を獲得するためにオランダ**東インド会社・西インド会社**を設立してこれに続きます。そして、スペイン（スペインと合併していたポルトガルも含む）の植民地を次々と襲撃・略奪するなどの海賊行為を繰り返していきます。

後世への影響

イギリスがスペインを破って新たな海洋覇権国家となる。オランダも海洋交易が盛んになり、スペイン帝国の凋落が始まる。

インド会社　オランダの貿易会社。アメリカ大陸は「西インド」。アジアは「東インド」と呼ばれた。現在のインドの意ではない。

ヨーロッパ各国が参戦した最大の宗教戦争！

三十年戦争

1618年～1648年

【神聖ローマ帝国】

ドイツの領主(貴族)を中心とした帝国。15世紀半ば頃からハプスブルク家が皇帝位を世襲している。

フェルディナンド2世
神聖ローマ皇帝

VS

【新教徒諸国】

スウェーデン、オランダ、フランス、イギリス、ドイツなどの新教派(ザクセン、プロイセンなど)。

グスタフ・アドルフ
スウェーデン王

なぜ対立した？

ドイツで起きたプロテスタントの反乱が拡大！

三十年戦争は、ドイツを舞台に、カトリック（旧教）を強制する神聖ローマ帝国と、プロテスタント（新教）の国々との間で行われた戦争です。

すでにユグノー戦争（➡P62）、オランダ独立戦争（➡P66）などの宗教戦争を経験していたヨーロッパは新教国家と旧教国家、信教の自由を認める国などさまざまでした。この頃、ドイツにはまだ統一された国はなく、大小さまざまな領主たちが神聖ローマ帝国の支配下に入っていました。神聖ローマ帝国はハプスブルク家（➡P72）が皇帝の座を独占していました。

宗教改革が起きて以来、神聖ローマ帝国内では、領主が宗教を選択して、領民はそれに従います。結局は一方の宗派を強制される人たちが出てきてしまいます。こうして新旧両派は長らく緊張状態が続いていました。1618年、旧教の強硬派であるフェルディナント2世がベーメン（現チェコ）の王に即位すると、領民にカトリック改宗を強制、これ

ベーメン｜神聖ローマ帝国の一部。ボヘミアともいう。現在のチェコ。使者が窓から投げ落とされた事件が起きたのは首都のプラハ。

【三十年戦争の経過】

イギリスとフランスは、ハプスブルク家と敵対していたためプロテスタントを援助した。

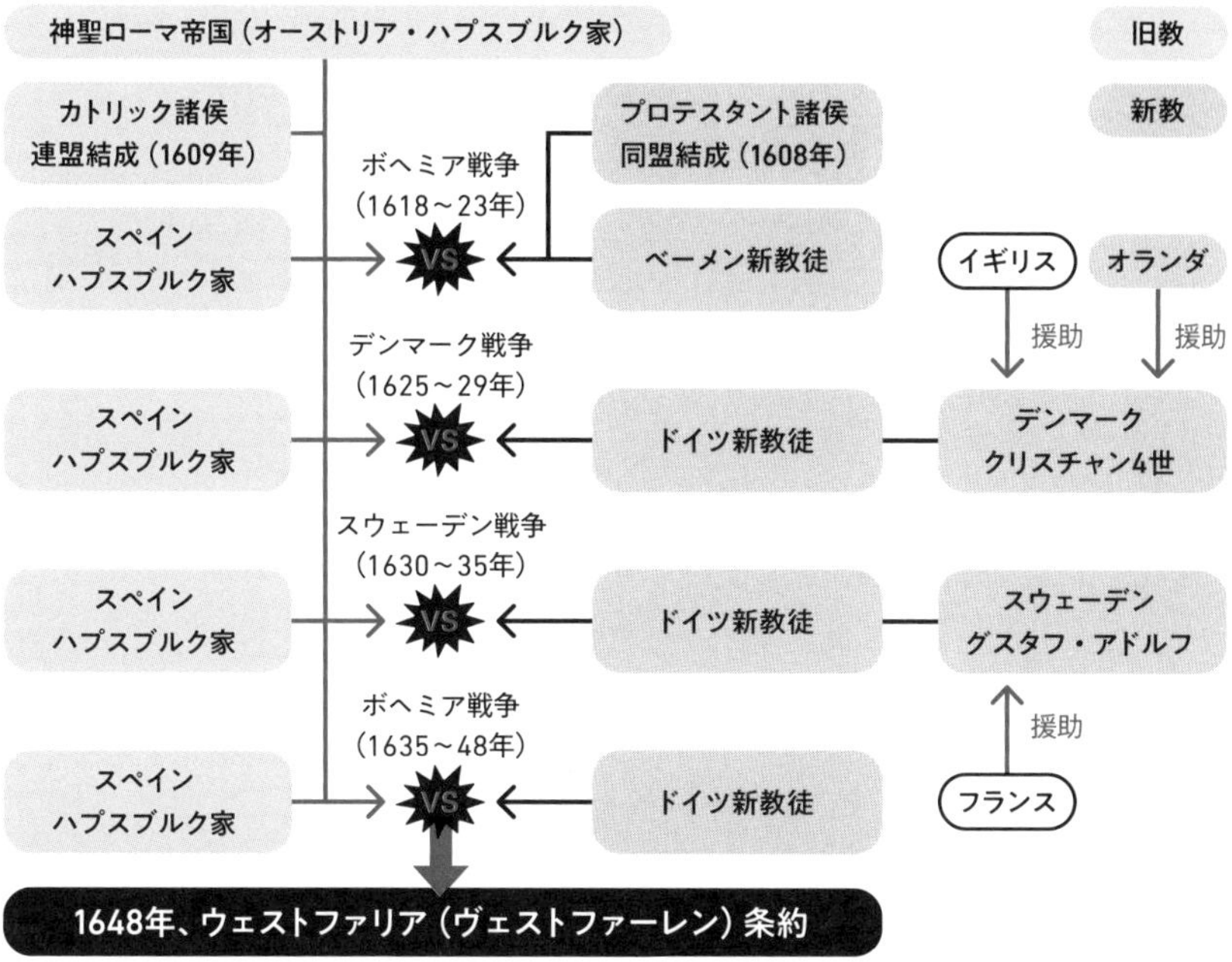
神聖ローマ帝国（オーストリア・ハプスブルク家）
旧教
新教
カトリック諸侯
連盟結成（1609年）
プロテスタント諸侯
同盟結成（1608年）
ボヘミア戦争
（1618～23年）
スペイン
ハプスブルク家
VS
ベーメン新教徒
イギリス
オランダ
援助
援助
デンマーク戦争
（1625～29年）
スペイン
ハプスブルク家
VS
ドイツ新教徒
デンマーク
クリスチャン4世
スウェーデン戦争
（1630～35年）
スペイン
ハプスブルク家
VS
ドイツ新教徒
スウェーデン
グスタフ・アドルフ
援助
ボヘミア戦争
（1635～48年）
スペイン
ハプスブルク家
VS
ドイツ新教徒
フランス
1648年、ウェストファリア（ヴェストファーレン）条約

に抗議した新教徒が王の使者を窓から投げ捨てる事件が起きます。さらに新教連合が結成され、別のベーメン王を新たに自分たちで擁立します。

このベーメンでの反乱を契機に三十年戦争が勃発します。フェルディナント2世は神聖ローマ帝国の皇帝に即位。同じくハプスブルク家の王朝であるスペインがベーメンの鎮圧に加勢します。一方、スペインとの独立戦争の最中だったオランダは新教徒側を支援。この戦いで勝利したのは旧教徒連合でした。戦後処理として、ベーメンがハプスブルク家の領地に編入されます。帝国の拡大に脅威を感じた新教徒国のイギリス、オランダ、デンマーク、スウェーデンは同盟を結びます。

イギリスとオランダから援助を受けたデンマークはプロテスタントの保護を名目にドイツ北部に侵攻しますが神聖ローマ帝国軍**ヴァレンシュタイン**の活躍により敗北。神聖ローマ帝国は新教徒に対して旧教会領の返還や没収を命じますが、かえって諸勢力から反感を買います。

プロテスタント勢力が拡大していくのをなんとか阻止しなければ！

ヴァレンシュタイン　ボヘミアの傭兵隊長。三十年戦争で活躍して帝国元帥、公爵にまで上りつめる。味方によって暗殺される。

ハプスブルク家と神聖ローマ帝国

15世紀以降、ハプスブルク家＝神聖ローマ帝国は強大な権勢を誇った。

近世ヨーロッパの最大勢力

神聖ローマ帝国

現在のドイツの範囲に近いエリアの領主たちからトップとなる皇帝が選ばれる。オーストリアのハプスブルク家が皇帝の座を独占していたが、婚姻によってスペイン王家もハプスブルク家の血筋となる。カール５世はスペインのハプスブルク家ではじめて神聖ローマ帝国皇帝となった。

戦争は他家に任せておけ。ハプスブルク家は結婚で勢力を拡大していくのだ！

マクシミリアン1世

(1493～1519年)神聖ローマ帝国皇帝。オーストリア大公。婚姻政策によってハプスブルク家に隆盛をもたらした。

スウェーデン
デンマーク
イギリス
ネーデルラント
ポーランド
神聖ローマ帝国
オーストリア
スイス
フランス
ハンガリー
ジェノヴァ
オスマン帝国
ポルトガル
スペイン
ナポリ
ハプスブルク家の領土
スペイン系
オーストリア系
神聖ローマ帝国（ドイツ）の境界

ふたつのハプスブルク家

オーストリア・ハプスブルク家はスイス出身だったが、オーストリア大公として出世していった。オーストリアはもともと神聖ローマ帝国内の領地だ。スペイン・ハプスブルク家は神聖ローマ帝国内にネーデルラントなど領地を保有し、南イタリアのナポリ王国の王も兼任していた。

どう なった？

神聖ローマ帝国が解体 ドイツ諸国が独立！

神聖ローマ帝国が強大化することを恐れたのは新教国だけではありませんでした。王家は旧教で新教も認めていたフランスもそのひとつです。フランスは直接戦いに参加せず、新教同盟国のスウェーデンを援助することにします。

この時のスウェーデンは**バルト海**域に覇権をもつ大帝国であり、皇帝の北方進出を警戒していました。スウェーデン国王グスタフ・アドルフは自ら遠征に参加。快進撃を続け、ベーメンにまで到達します。ここで帝国は前回の戦いでデンマーク軍を破ったヴァレンシュタイン将軍を再投入します。名将ヴァレンシュタインは見事グスタフ・アドルフを討ち取るなど戦果をあげますが、帝国が勝利するまでには至りませんでした。

ハプスブルク家の排除を目論むフランスは、新教を陰ながら支援することでその目的を果たそうとしていましたが、戦争の終盤になって直接参戦することを決めます。しかし、両陣営とも決定打

バルト海｜沿岸には現在スウェーデン、フィンランド、ロシア、ポーランド、ドイツ、デンマークなどが位置する。

ウェストファリア条約

条約によって新教が認められ、宗教戦争が終結。
神聖ローマ帝国が事実上解体されるなど、ヨーロッパの秩序が刷新された。
ウェストファリアはドイツの北西部に位置する場所。

条約締結の図。三十年戦争に参戦しなかった国も含め、ヨーロッパのほとんどの国は何らかの形で会議に参加した。ただし、国内が革命の最中だったイギリス、正教のロシア、イスラーム教のオスマン帝国は不参加。

条約のおもな内容

- 新教徒の信仰が認められて、宗教戦争が終結する。
- ドイツの約 300 の領主が独立し、それぞれが主権をもつ国家になる。
- オランダの独立が承認される。
- スイスの独立が承認される。

がなく、平和条約が締結されて終戦しました。

平和条約である「ウェストファリア条約」は神聖ローマ帝国が事実上解体されるという、この後のヨーロッパにおいて極めて重要となる条約でした。皇帝が領主の上に君臨する体制を解消し、ドイツ領邦君主がそれぞれ統治する権利をもって独立したのです。すでに独立を求めて戦っていたオランダも正式に独立します（➡P66）。また、各国の緩衝地帯であったスイスの独立も承認されます。このウェストファリア条約は国際法が定められた最初の条約ともいわれています。

戦場となったドイツは、なんと人口が3分の2に減少。農村は荒れ、財政は困窮していきます。条約によって大小さまざまにあった国が主権をもつようになったものの、大国に対抗するために勢力を再編する必要がありました。その主役になるのは**プロイセン公国**。のちに統一を果たしてドイツ帝国を形成することになります。

後世への影響

神聖ローマ帝国が事実上崩壊する。オランダ、スイス、ドイツ諸国が独立し、それぞれが主権をもつ国家になった。

プロイセン公国　ドイツ騎士団の領地がもととなって成立。騎士団総長がそのまま公爵となった。のちに王国に昇格。

立憲君主制や議会政治など現代に近い政治の形が誕生！

イギリス革命

ピューリタン革命1640年～1660年／名誉革命1688年～1689年

【イギリス国王】

チャールズ１世は「王権神授説」を信奉していたため、国民や議会に対してとても強硬な態度をとっていた。

チャールズ1世
イギリス国王

【イギリス議会】

1265年、シモン・ド・モンフォールが召集したのがはじまり。以降は戦費承認のために開催された。

クロムウェル
ピューリタンの指導者

VS

なぜ対立した？

権力をもちすぎた国王に新教派と議会が反発！

イギリス革命は、イギリス国内で起きた宗教改革を背景にした「ピューリタン革命」と「名誉革命」というふたつの革命を含む出来事です。

革命前までのイギリスの状況を簡単に説明します。百年戦争（➡P48）、薔薇戦争と続いた大きな戦争により、古くからある名門貴族が没落していきました。一方で国王は、貨幣の統一、直属の裁判所の設置などで政治経済を掌握します。貴族領主を牽制するために地方の地主たちと強く結びつき、中央集権体制をつくりあげました。さらに、宗教的な権威であるローマ教会からも離脱して、イギリス国教会を設立します。これにより、国王は宗教上のトップにもなり、教会関係の収入も王室のものとなりました。王の権力は神から与えられたものであるという「王権神授説」という思想が、こういった政治の正当化に利用されました。これがイギリスにおける「絶対王政」です。

国王の力が絶大となる一方で王と議会の対立が

ピューリタン　プロテスタント（新教）のひとつであるカルヴァン主義者のイギリスでの呼び名。「清教徒」とも呼ばれる。

王と議会は激しく対立

「王権神授説」を信仰するイギリス国王チャールズ１世は、
議会の提案をことごとく無視していた。

チャールズ1世

王権は神により与えられたもの、王の決定には何人も反抗することはできない。ただちに議会は解散せよ

イギリス議会

そんな勝手は許されない。議会の同意なしの課税や理由を示さずに逮捕をしないことを約束してください！

チャールズ1世

スコットランドに敗戦して賠償金が必要になった。議会を招集してやるから課税を認めよ

イギリス議会

議会が再開されたのならばチャンスだ。われわれ議会派は絶対王政を否定し、改革を要求する！

チャールズ1世

この抗議書はなんだ。お前たちはスコットランドに内通した謀反人だな。議会派は逮捕する！

深まります。イギリスでは13世紀頃に、国王が軍事費を徴収する際には、貴族と聖職者による議会の承認を得なければならないと取り決められたのをはじまりとして、**王権の制限**とともに議会制度が発達。新たな法律をつくる際には下院（騎士・地主）が請願、上院（貴族）が審議、国王が決定という形式になっていました。17世紀、イギリス議会のメンバーにはピューリタン（カルヴァン主義）が多くいました。イギリス国教会は組織がかわってもローマ教会のやり方を引き継いでおり、必然的に新教とは対立。国王はピューリタンを逮捕、弾圧しました。さらに、国王チャールズ１世が軍事費を調達するために勝手に課税をしようとしたために、議会は反発します。あらためて議会の承認なしに課税しないこと、理由を示さないで人民を逮捕しないことを請願しましたが、国王はこれを無視して議会を解散させます。そんななか、１６３９年にスコットランドで宗教弾圧に対しての不満が爆発、反乱が起こります。

法律と議会を軽んじ、戦費の徴収や新教の弾圧を続ける国王など不要だ！

王権の制限　1215年制定の「マグナ・カルタ」による。各階級の権利を定めたもので、のちの憲法の基礎となる。

【 イギリスの議会政治 】

13世紀の身分制議会に始まり、14世紀には上院（貴族）と下院（騎士・市民代表）の二院制が成立。革命後は政党が形成された。

ソードライン

イギリス議会は「貴族院」と「庶民院」の二院がある。写真は庶民院本会議場。左右には剣２本ぶんの間隔でソードラインが引かれており、議員は用もなく線から出てはいけない規則になっている。演説は中央で行われるが、線から出なければ剣が届かない。

カトリック教徒と結婚した皇族も
王位継承権から除外されていたが、
2013年の法改正で廃止されたぞ！

権利の章典のおもな内容
（1689 年成立）

- 国王が法律を無視したり、執行しなかったりすることを禁止する。
- 議会の同意なしに国王が使用するために税金を課すことを禁止する。
- 議会議員の選挙は自由でなければならない。
- 議会では言論の自由を守り、討論内容などを議会の外で非難したりしてはならない。
- カトリック教徒は王位継承から除外する。

どうなった？

憲法が制定され「立憲君主制」が生まれる

チャールズ1世はスコットランドに敗北し、賠償金を支払うために議会を招集します。しかし、国王派と議会派に分裂して内乱に発展します。議会派リーダーのクロムウェルは、戦いに勝利すると国王を処刑し、共和政を宣言します。議会派にはピューリタンが大勢いたため「ピューリタン革命」といいます。**共和政**ではさまざまな社会思想と派閥が生まれますが、クロムウェルは意見の違う派閥を武力で粛清して議会を解散してしまいます。事実上の独裁者となったクロムウェルの死後、多くの国民は共和政を嫌って、オランダに亡命していた皇太子が呼び戻されることとなります。そして1660年に、イギリス国教会と議会も復活し、国王ジェームズ2世もそれらを尊重することを約束して即位します。

ところが、国王はしばらくすると、カトリック及び絶対王政を復活させようと企みます。この動きに対して議会は団結し、1688年、国王ジェ

共和政　選挙で選ばれた代表者が国家元首になる政治制度。個人が世襲（血筋によって相続すること）する君主制に対して使われる。

イギリス革命のなかで生まれた思想

イギリス革命やその後のイギリスの政治体制に影響を与えた思想がこの時代に生まれている。
代表的なのは哲学者であり政治思想家のロック、ホッブズのふたりだ。

個人の自由と権利を重視した
ジョン・ロック

ロックの著作『統治二論』は、市民の権利と立憲君主制の理論について書かれており、イギリス革命に大きな影響を与えた。

どんな人間の知識も、
その人の経験を
超えることはできない！

社会契約説を提唱した
トマス・ホッブズ

ホッブズの代表作は『リヴァイアサン』。人間の合意によって社会は成り立っているとする「社会契約説」は権力が神聖なものであるという考えと対立した。

人間は利己的な生物なので
戦争するのが当たり前！

ームズ2世を追放します。そしてオランダからチャールズ1世の外孫で、プロテスタントであるオラニエ公を招き、ウィリアム3世として即位させました。無血で行われたことから「名誉革命」と呼ばれます。

議会はその後「権利の章典」という法律を公布します。そこにはカトリック教徒には王位継承権がないこと、議会での言論の自由などさまざまなことが定められますが、最も画期的だったのは、国王も法律に従わなければならないことを定めたことでした。これは憲法のもとに君主の権利を制限する「**立憲君主制**」と呼ばれる政治体制の最初のものであり、現在、日本をはじめ、オランダ、スペインなど多くの国で採用されています。また、名誉革命の際、政策の利害関係が一致する人たちが政党をつくりました。これがのちに多数の議員を占める政党が内閣をつくるという、イギリスの政党政治のはじまりとされます。

後世への影響

ふたつの革命によって宗教的対立は収束に向かい、立憲君主制、政党政治などの現在に近いかたちの政治体制が生まれる！

立憲君主制　君主の権力が憲法によって制限されている政治体制。現在、立憲君主国にはイギリス、日本、オランダ、スペインなどがある。

ロシアが大国となるきっかけとなった戦争！

北方戦争

1700年〜1721年

【スウェーデン】

スウェーデン王グスタフ・アドルフの活躍により北欧の覇権を握った。通称「バルト帝国」。

【ロシア】

モンゴル人の支配から脱却したモスクワ公国が周辺国を併合。領土拡大の過程でロシアと名乗るようになった。

なぜ 対立した？

スウェーデンの一人勝ちを阻止するためだった

北方戦争は、スウェーデンと反スウェーデン同盟とが北欧の覇権を争った戦争です。

スウェーデンは中世、デンマークから独立後に、三十年戦争（➡P70）を戦ったグスタフ・アドルフがデンマーク、ポーランド、ロシアなどとの戦いに勝利して築いた、現在のフィンランド、**バルト三国**を含む大帝国です。この国はバルト海沿岸のほとんどを支配するかたちになり、「バルト帝国」とも呼ばれます。古来よりバルト海の**制海権**は北方の国々にとっては交易、運輸、軍事などにおいてとても重要であり、スウェーデンに支配を独占されるのは脅威でした。

そうしたことから共通の利害関係にあるデンマーク＝ノルウェー、ポーランド、ロシアなどの北方諸国は反スウェーデン同盟（北方同盟）を結んでバルト海の覇権を奪い返そうと画策します。1700年、デンマークの攻撃によって戦いが始まりました。

バルト三国 ヨーロッパ北東部にあるバルト海沿岸の３つ国、エストニア、ラトビア、リトアニア指す。

バルト海を支配していたスウェーデン

戦前のスウェーデンは図のようにバルト海沿岸に最も多くの領地をもっていた。
しかし、戦争によって多くの領地を失った。

戦前のスウェーデンの領地
戦後のスウェーデンの領地
ロシアが戦争で獲得した領地
フィンランド
ノルウェー
スウェーデン
ストックホルム
ペテルブルク
バルト海
エストニア
ロシア
北海
デンマーク
オランダ
このスウェーデンの領地も戦争でプロイセンなどの国に奪われた
ベルリン
プロイセン
ポーランド

カール12世の死

流れ弾に当たり戦死。暗殺説が根強い。若くして名を馳せたが、その死も早かった。以降のスウェーデンは弱体化する。

軍事的天才だった私の死でスウェーデン軍は弱体化。しかも独身だったために、後継者争いで国内が混乱してしまった…

どうなった？

北欧の勢力図が変わりロシア帝国が台頭する！

スウェーデン王カール12世は艦隊を率いて早々にデンマークを撃退。その後も快進撃を続け、ポーランドを撃破して支配下におき、残るはロシアのピョートル1世のみとなりました。しかし、カール12世はこの決戦で敗北してしまい、劣勢に陥ると、この状況を好機とみた中立国からも次々と宣戦布告されてしまいます。

この戦争により北欧の勢力図が再編されました。最終的に敗れたスウェーデンはほとんどの海外領土を失います。一方、その領土の多くを奪ったロシアはスウェーデンと入れ替わるようにバルト海の覇権を手に入れ、北方における最強国家となりました。ピョートル1世は皇帝に即位し、ロシア帝国はその後世界史の主役のひとつとなります。

後世への影響

スウェーデンがバルト海の覇権を失う。かわってロシアが大国となり、帝国主義時代のヨーロッパ列強の仲間入りを果たす！

制海権 ある国が海洋上で他国より支配的な地位にあること。軍事的、政治的、経済的に優位性がうまれる。

漁夫の利を得たイギリスの躍進につながる！

スペイン継承戦争

1701年～1713年

【オーストリア（ハプスブルク家）】

ハプスブルク家はオーストリアに本拠地をもち、神聖ローマ帝国の皇帝を代々世襲してきた家柄。

カール大公
ハプスブルク家の貴公子

VS

【フランス（ブルボン家）】

ブルボン家はフランスの貴族。1589年にブルボン家のアンリが王になったことからブルボン王朝がひらかれた。

ルイ14世
フランス王

なぜ対立した？

スペインを手に入れるため2つの家が対決！

スペイン継承戦争は、スペイン王の座をめぐってフランスのブルボン家とオーストリアのハプスブルク家間で起こりましたが、両陣営に参加した国々は独自の目的をもっていました。

ことのはじまりはスペイン王カルロス2世に後継者がいなかったことが原因です。この時、王位継承を主張した人物は複数いました。有力だったのはフランス・ブルボン家のフィリップと、オーストリア・ハプスブルク家のカール大公のふたりです。いずれもスペイン王家との血縁関係にありました。結局、フランス王ルイ14世の孫であるフィリップが、「フェリペ5世」としてスペインを継承することが決まります。

フランスとスペインが連合王国になれば強大な勢力となります。ルイ14世はそれを見越して、フェリペ5世のフランス王位継承権も残したままにします。巨大勢力の誕生を恐れた諸外国が反発するのは当然のことでした。

ブルボン家｜フランス王家。スペイン継承戦争でスペイン王家もブルボン家になる。フランス革命によって途絶える。

【スペイン王の後継者】

スペイン王の後継者は複数いたが、カルロス2世はフィリップを指名した。

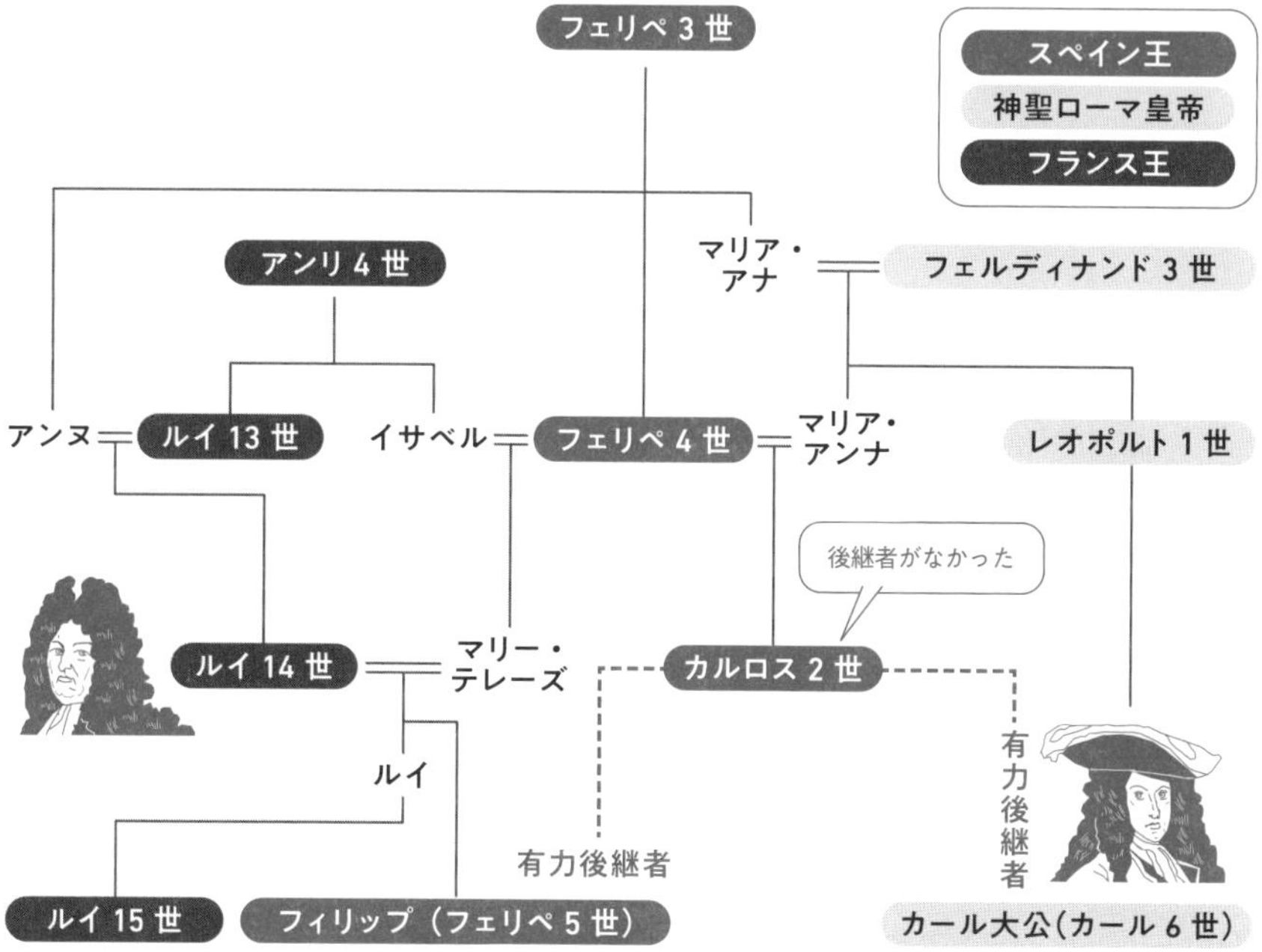
スペイン王
神聖ローマ皇帝
フランス王
フェリペ3世
アンリ4世
マリア・アナ
フェルディナンド3世
アンヌ
ルイ13世
イサベル
フェリペ4世
マリア・アンナ
レオポルト1世
後継者がなかった
ルイ14世
マリー・テレーズ
カルロス2世
有力後継者
ルイ
有力後継者
ルイ15世
フィリップ（フェリペ5世）
カール大公(カール6世)

どうなった？

戦争が長期化しイギリスが漁夫の利を獲得

諸外国は対フランス同盟を結びます。スペイン王位の継承を要求するカール大公をはじめ、イギリス、オランダ、デンマークなどです。この戦争は12年という長期に及び、植民地においても英仏の間で**植民地戦争**が展開されるなど規模が拡大。孤立したフランスは徐々に旗色が悪くなります。また、戦争中にカール大公がオーストリアを継承してカール6世となったため、フェリペ5世と同様の立場となってしまいました。そこで、イギリスがフランスと和平交渉を行い終戦します。結果、フェリペ5世の王位は認められますが、フランスとスペインは永久に同じ王が務めることを禁止、またフランスの海外領土の一部はイギリスの領地に組み込まれることになります。

後世への影響

フランスが度重なる戦争で衰退していき、イギリスが最も多くの利益を得て植民地帝国の基礎をつくる！

植民地戦争　植民地をめぐる戦い。この時スペイン植民地のフランス継承にイギリスが反発して「アン女王戦争」が起きる。

イギリスの北米支配にもつながる！

七年戦争

1756年～1763年

【プロイセン・イギリスほか】

プロイセン王国はベルリンを首都におくドイツの強国。その礎をつくったフリードリヒ2世は「大王」と呼ばれる。

【オーストリア・フランスほか】

ハプスブルク家を相続したマリア・テレジアは、神聖ローマ皇帝になった夫のフランツと共同統治者となった。

なぜ対立した？

オーストリアによる領土奪還作戦

七年戦争は、オーストリアがプロイセン王国に奪われた領土を奪還するための戦争でしたが、ヨーロッパの大国を巻き込みました。

この戦争の発端はオーストリアの継承問題にありました。オーストリアのハプスブルク家当主にして神聖ローマ皇帝カール6世には男子がなく、娘のマリア・テレジアが後を継げるように法改正し、帝国の諸侯もそれに同意しました。しかし、カール6世が死去するとその約束は平然と無視され、バイエルン公が勝手に皇帝を名乗るなど波乱がおきます。また、プロイセン王国がオーストリアに軍事侵攻し、商工業が盛んで経済的に重要地域であるシュレジエンを奪います。この争いに、ハプスブルク家を弱らせたいフランス、フランスとライバルであるイギリスなどが両陣営に参戦します。これをオーストリア継承戦争と呼びますが、各国を巻き込んだ大戦争となってしまい、終戦までに7年の歳月を要することになります。

プロイセン王国｜ドイツ北部の国。首都はベルリン。小さな領地が集まっていたため飛地が多く、統合のために相続と侵略が繰り返される。

マリア・テレジアの復讐

石炭の産地として重要なシュレジエンをプロイセンがオーストリアから奪ったのがきっかけだった。

マリア・テレジア

私のオーストリア・ハプスブルク家継承のどさくさにまぎれてシュレジエンを奪った恨みは忘れません！

フリードリヒ2世

シュレジエンはあなたの家督継承を認める代償として要求したものだ。返すわけにはいかない

マリア・テレジア

プロイセンに復讐するためだったら、なんでもやる。そう、宿敵ブルボン家とだって手を組むことにするわ！

フリードリヒ2世

ばかな、周囲国すべてがオーストリア陣営についた。状況が悪い、ここは先手必勝で仕掛ける！

マリア・テレジア

仕掛けてきたわね。フランスにも出陣要請よ！ シュレジエンを奪還したうえでプロイセンを叩き潰します！

結局、オーストリアはプロイセンにシュレジエンは奪われてしまいます。フリードリヒ2世は小国だったプロイセンを強国にのしあげ、学問や芸術の発展にも貢献し、悪しき風習を排除して自由を尊ぶ啓蒙活動を行う開明的な君主として知られていました。その、フリードリヒ2世への復讐心に燃えるマリア・テレジアは、1756年に歴史的に犬猿の仲であったフランスのブルボン家と同盟を結びます。領土が隣接しているフランスと争っていたオーストリアは、その敵であるイギリスと手を結ぶことが多かったので、この同盟は歴史的大転換とも言われます。イギリスは遠く離れており戦力としては計算できなかったため、フランスと組むことは長年の恨みを捨てて実利をとったことになります。マリア・テレジアはさらにロシア、スペイン、スウェーデンにもはたらきかけ、外堀を埋めていきます。フランスと敵対しているイギリスが唯一プロイセンを支持しますが、実際にはプロイセンは孤立状態となります。

長年、最大の敵といわれたフランスとの同盟は「外交革命」と呼ばれているいるわ

シュレジエン 現在のポーランドとチェコの国境付近の地域。石炭や鉄などの鉱物資源が豊富で、穀倉地帯であるため、争奪の対象だった。

【七年戦争の構図】

この戦争はヨーロッパの大国が両陣営に分かれて戦っただけではなく、英仏による植民地紛争という側面もあった。

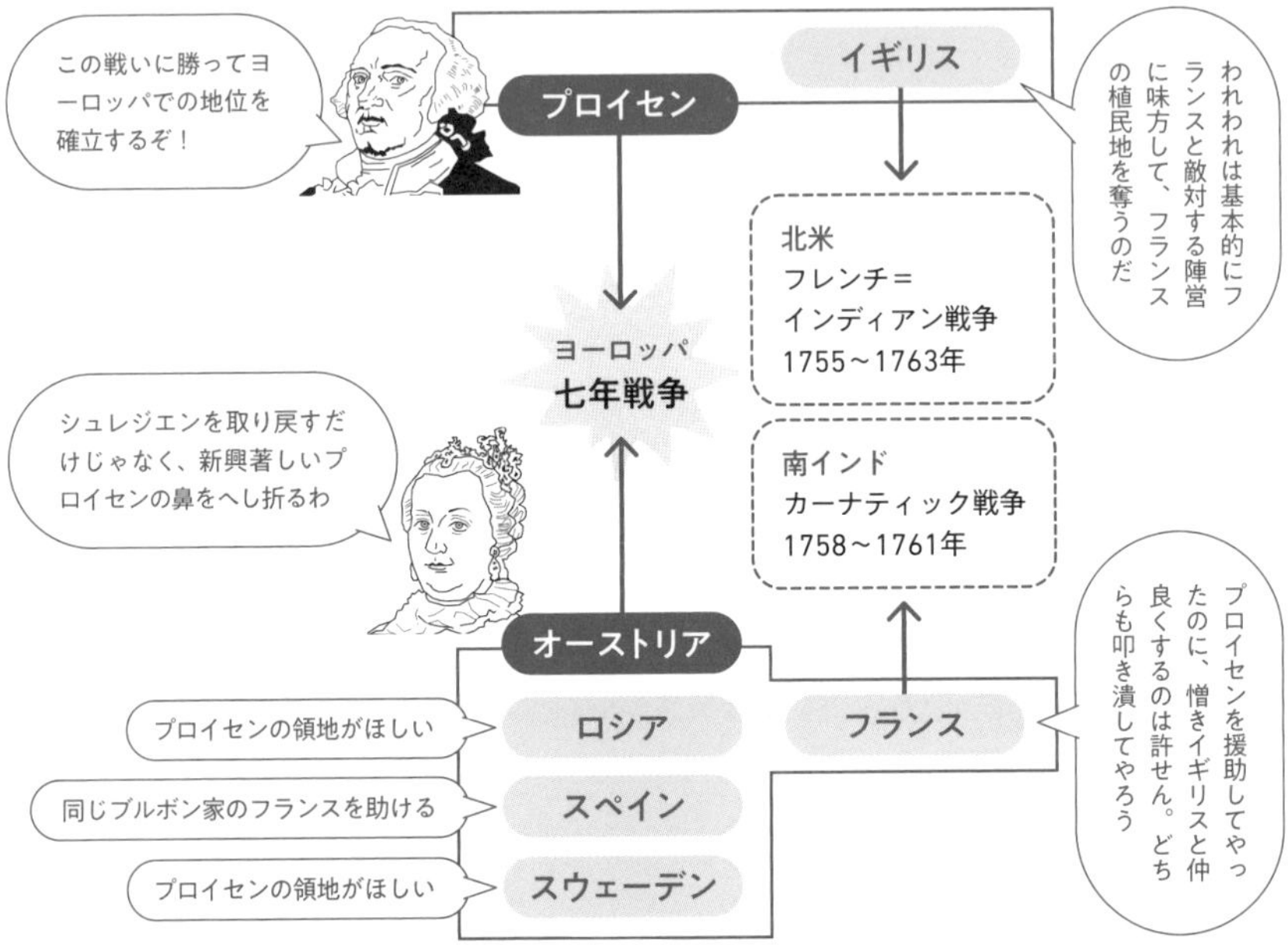
この戦いに勝ってヨーロッパでの地位を確立するぞ！
プロイセン
イギリス
われわれは基本的にフランスと敵対する陣営に味方して、フランスの植民地を奪うのだ
北米
フレンチ＝インディアン戦争
1755～1763年
ヨーロッパ
七年戦争
シュレジエンを取り戻すだけじゃなく、新興著しいプロイセンの鼻をへし折るわ
南インド
カーナティック戦争
1758～1761年
プロイセンを援助してやったのに、憎きイギリスと仲良くするのは許せん。どちらも叩き潰してやろう
オーストリア
プロイセンの領地がほしい
ロシア
フランス
同じブルボン家のフランスを助ける
スペイン
プロイセンの領地がほしい
スウェーデン

どう なった？

この戦争で最も「得」をしたのはイギリス

プロイセンはこのピンチに形成逆転をねらって進撃します。先制は成功して序盤は勝利を続けていましたが、フランスが本格的に参戦してくると、すぐに劣勢に立たされてしまいます。さらにロシアとの戦いでも苦戦を強いられます。頼みのイギリスは軍事費の支援はあるものの、フランスの海外植民地を奪取することを最優先に、フランス、スペインと海戦を行うなど、プロイセンを直接助けることはありませんでした。

　プロイセン軍はなんとかもち堪えていましたが、兵は残りわずか、首都ベルリンが包囲される寸前まで追い込まれていました。しかし、そんななかで、ある奇跡がおきます。ロシアの皇帝が亡くなり、後継者**ピョートル3世**が即位すると、ロシアはただちにプロイセンと和睦します。それどころか奪った領土をことごとく返還、さらにはスウェーデンとの和平まで仲介します。なぜこのようなことが起きたかというと、ピョートル3世がフリ

ピョートル3世｜過度にプロイセンに肩入れして国益を損なったためにクーデタが起き、在位はわずか半年だった。

植民地と世界貿易

七年戦争の終戦条約である「パリ条約」(1763年)で、イギリスはフランス・スペインから領土を獲得して最も多くの利を得た。

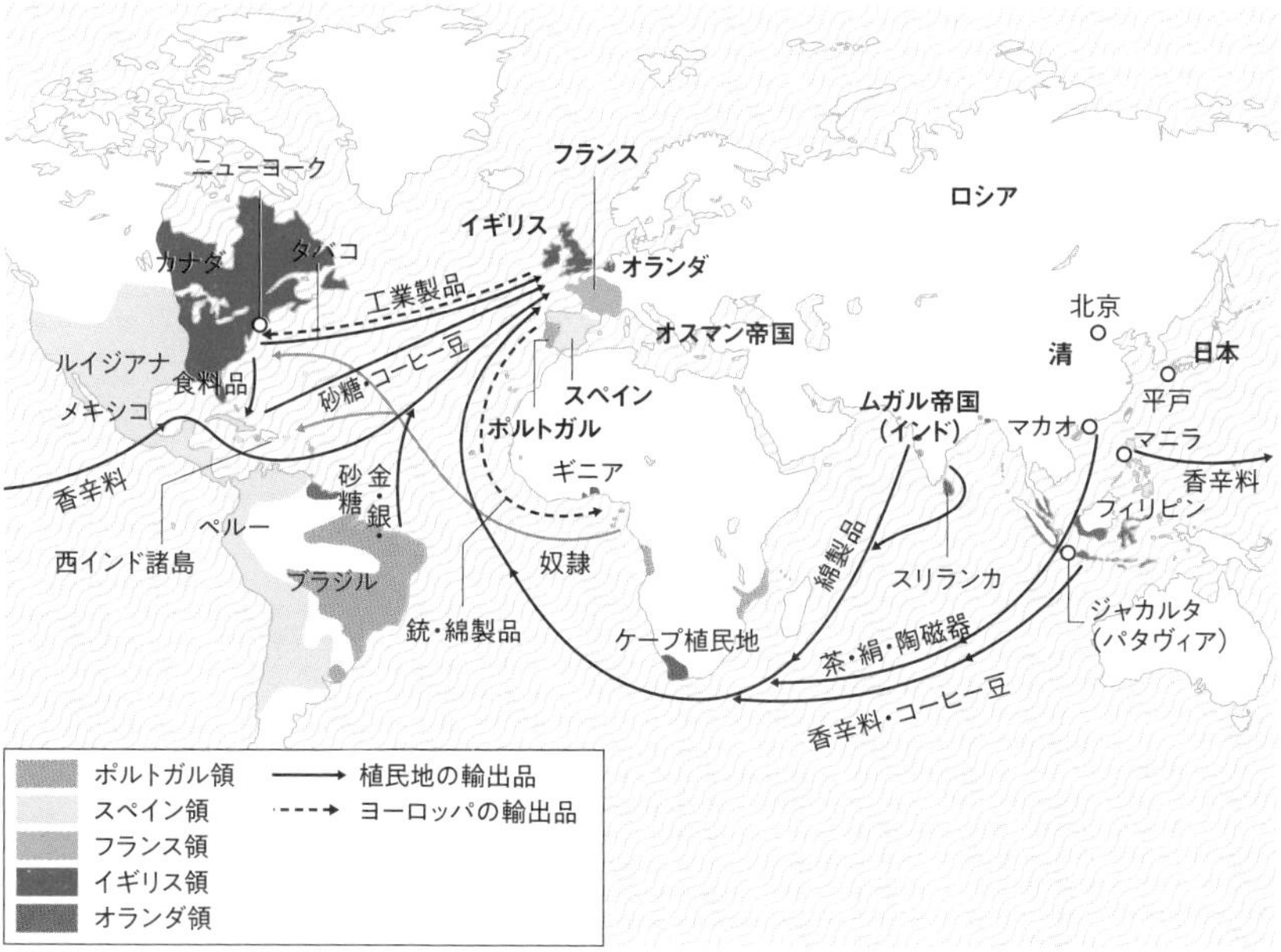
ニューヨーク
フランス
ロシア
イギリス
カナダ
タバコ
オランダ
工業製品
北京
オスマン帝国
日本
清
ルイジアナ
食料品
砂糖・コーヒー豆
スペイン
平戸
メキシコ
ムガル帝国
(インド)
マカオ
ポルトガル
マニラ
香辛料
ギニア
香辛料
砂糖
金・銀
フィリピン
ペルー
綿製品
西インド諸島
奴隷
スリランカ
ブラジル
ジャカルタ
(バタヴィア)
銃・綿製品
ケープ植民地
茶・絹・陶磁器
香辛料・コーヒー豆
ポルトガル領
スペイン領
フランス領
イギリス領
オランダ領
植民地の輸出品
ヨーロッパの輸出品

ードリヒ2世の崇拝者だったからです。

これで形成は逆転、オーストリアには余力がなく和平が結ばれます。この結果、プロイセンはシュレジエンを保持、オーストリアに勝利したことでのちにドイツ統一の主役にまで上り詰めます。マリア・テレジアは娘の**マリー・アントワネット**を嫁がせるなどして、オーストリアとフランスとの関係を強化します。そのフランスは北米大陸で行われていたイギリスとの戦いに敗れてしまい、多額の戦費をかけながら植民地を失って深刻な財政難に陥ります。逆にイギリスはカナダ、ドミニカ、フロリダなどを獲得、インドにおいてもフランスを倒し、イギリス東インド会社が覇権を握ることになりました。ヨーロッパにおいてはのちにドイツ帝国の中核となるプロイセンが台頭した戦いでしたが、英仏によるアメリカ大陸、アジアを舞台にした植民地戦争とも連動して行われたため、「18世紀の世界大戦」とも位置付けられています。

後世への影響

プロイセンが勝利したことによってドイツ帝国誕生の布石となる。またイギリスによる北米支配が確立した!

マリー・アントワネット | フランス王ルイ16世の王妃。フランス革命(➡P90)でギロチン処刑されたことで有名。

市民が主権をもつ共和政国家「アメリカ合衆国」が誕生！

アメリカ独立戦争

1775年～1783年

【イギリス】

この時の王はジョージ３世。植民地に対して強硬で、アメリカ人からは暴君と認識されている。

【アメリカ】

最初に独立したのは13州。現在の星条旗は50の星が描かれているが、独立当初の星の数は13であった。

ワシントン
アメリカ軍総司令官
VS
ウィリアム・ハウ
イギリス軍司令官

なぜ対立した？

イギリスの勝手な増税に植民地が怒り爆発！

北米のイギリス植民地が、本国の冷遇に耐えかねて起こした反乱がアメリカ独立戦争です。

七年戦争（➡P82）の際に行われたイギリスとフランスの植民地戦争の結果、北米はほとんどイギリスの領地となりました。インドなどアジアにおいても覇権を握ったイギリスは大帝国となった一方、莫大な戦費が財政を圧迫していました。これを解消しようと、アメリカ大陸の植民地に新たな課税をします。それは1765年に制定された「印紙法」と呼ばれるもので、証券、酒類の販売許可証、パンフレット、新聞、大学の卒業証書まで、印紙を購入して貼付を義務付けるものでした。

アメリカ植民地は「代表なくして課税なし」といって反発します。アメリカ植民地は代表がイギリス議会に参加しているわけではなく、いわば勝手に決められており、不当であるということです。さらに1773年、船の積荷である茶箱が大量に海に投棄されるという「ボストン茶会事件」が起

イギリス東インド会社　ロンドンの商人たちがつくった組織。イギリス王から許可をもらってアジアでの貿易を独占した。

ボストン茶会事件の経緯

スペイン継承戦争や七年戦争を背景に植民地は増えたものの
イギリスの戦費は膨らみ続けていた。

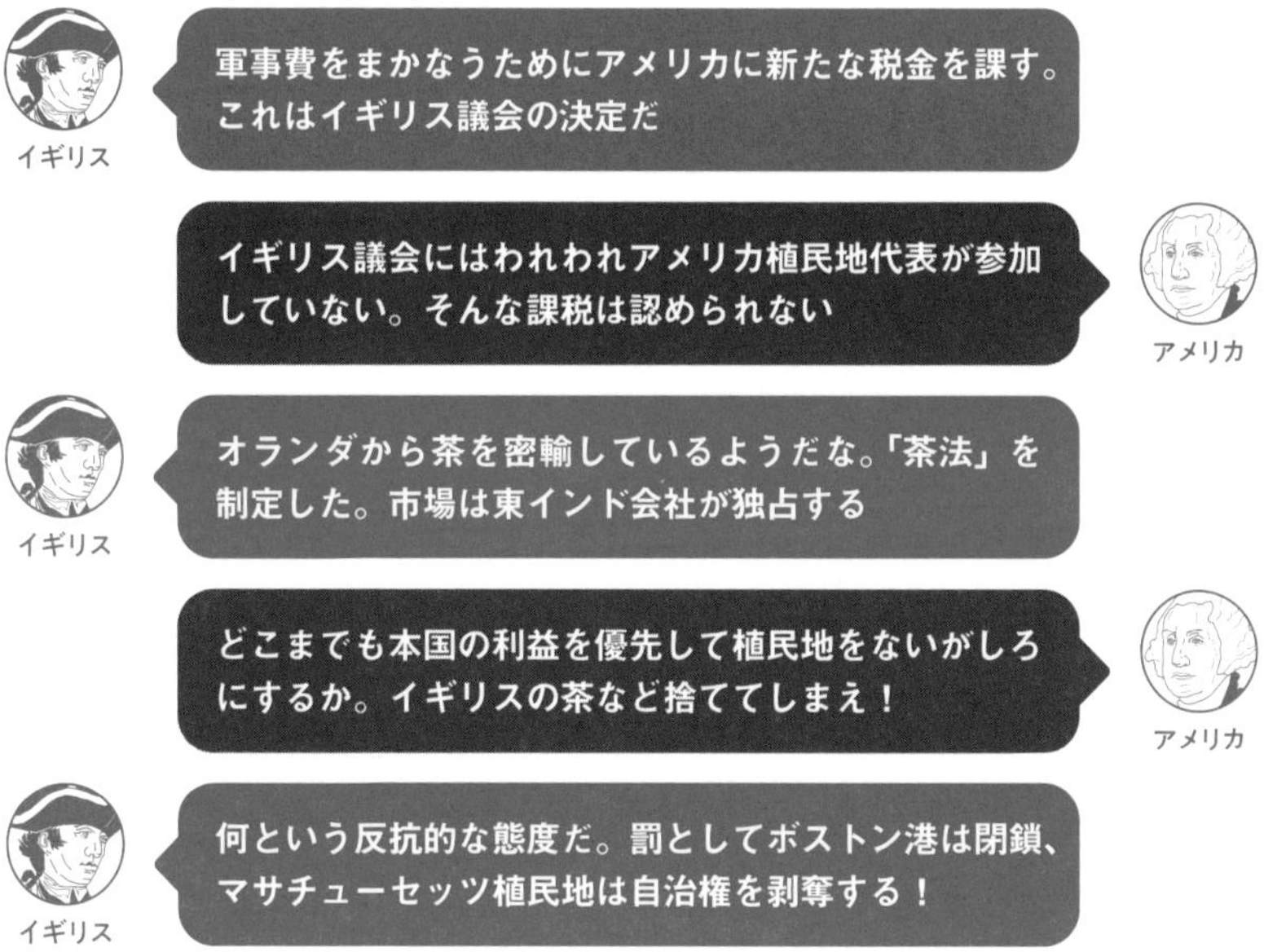
イギリス
軍事費をまかなうためにアメリカに新たな税金を課す。これはイギリス議会の決定だ
アメリカ
イギリス議会にはわれわれアメリカ植民地代表が参加していない。そんな課税は認められない
イギリス
オランダから茶を密輸しているようだな。「茶法」を制定した。市場は東インド会社が独占する
アメリカ
どこまでも本国の利益を優先して植民地をないがしろにするか。イギリスの茶など捨ててしまえ！
イギリス
何という反抗的な態度だ。罰としてボストン港は閉鎖、マサチューセッツ植民地は自治権を剥奪する！

きます。これもイギリス議会が定めた「茶法」に対する抗議で、その内容は**イギリス東インド会社**にアメリカでの中国茶の独占販売権と関税免除という特権を与えるものでした。本国を優遇し、植民地には負担を強い続けるやり方に、植民地の怒りは頂点に達していました。しかも事件後、イギリス本国は罰としてボストン港を閉鎖、植民地の自治権を剥奪しました。

　この一件から、北米13の植民地では、自治意識が高まり、それぞれの代表者があつまって「**大陸会議**」を開催します。ここでは茶法や自治権拡大が撤回されない限り、イギリス製品のボイコットとイギリスへの輸出停止を決定しました。これはイギリス本国に衝撃と経済的な打撃を与え、議会はアメリカ植民地に歩み寄る動きをみせましたが、時すでに遅し。1775年、レキシントンでイギリス軍とアメリカ植民地が戦闘状態に入ります。こののち第二回大陸会議がひらかれて、大陸軍が発足され、アメリカ独立戦争が勃発します。

片田舎のアメリカなんぞに負けるはずがない！　独立など絶対に許さん！

大陸会議　1774年、ジョージアを除く植民地12州の代表がフィラデルフィアに集まり、同盟が結成された。

【 最初に独立したアメリカ13州 】

東海岸の13州が独立。なお、独立戦争前の1763年にアパラチア山脈以西は先住民の土地として植民が禁止されていた。

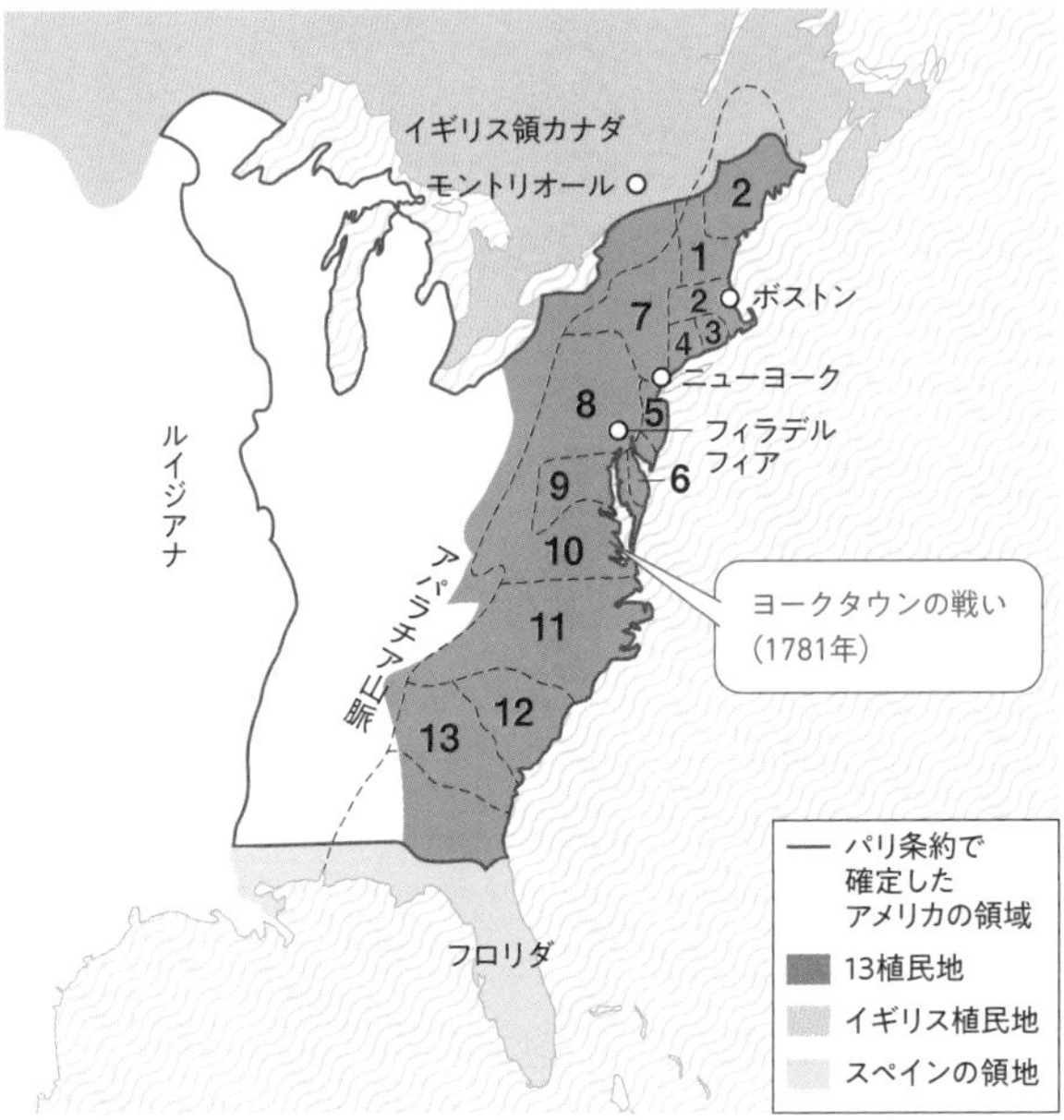

独立 13 州

1 ニューハンプシャー
2 マサチューセッツ
3 ロードアイランド
4 コネティカット
5 ニュージャージー
6 デラウェア
7 ニューヨーク
8 ペンシルヴェニア
9 メリーランド
10 ヴァージニア
11 ノースカロライナ
12 サウスカロライナ
13 ジョージア

どう なった？

市民階級が主権をもつ初の共和政国家が誕生！

イギリス軍はウィリアム・ハウ将軍がボストンに立てこもり、大陸軍がこれを包囲していました。大陸軍の総司令官に任命されたのはジョージ・ワシントンでした。1776年7月4日、大陸会議はアメリカ**独立宣言**を採択します。戦闘の舞台はニューヨークやフィラデルフィアなどに移り、激戦が繰り広げられます。この時、大陸軍の軍事物資はほとんどがフランスから輸入したものでした。1778年になると、アメリカはフランスと同盟を結びます。また、スペイン、オランダもイギリスの力を削ぐ目的でアメリカを援助します。

独立戦争はヨークタウンでアメリカ・フランス連合が陸海の戦闘で勝利し、イギリス軍が降伏します。これをもってパリ条約が結ばれ、イギリスはアメリカの独立を正式に認めました。こののち、アメリカ合衆国憲法が制定され、新憲法によってワシントンが初代アメリカ大統領に選出されます。

独立宣言 | のちに第3代大統領となるジェファソンが起草した。独立の正当性を訴え、結束をうながす目的があった。

【アメリカ50州の成立】

アメリカは独立後、およそ80年をかけて現在の50州となった。

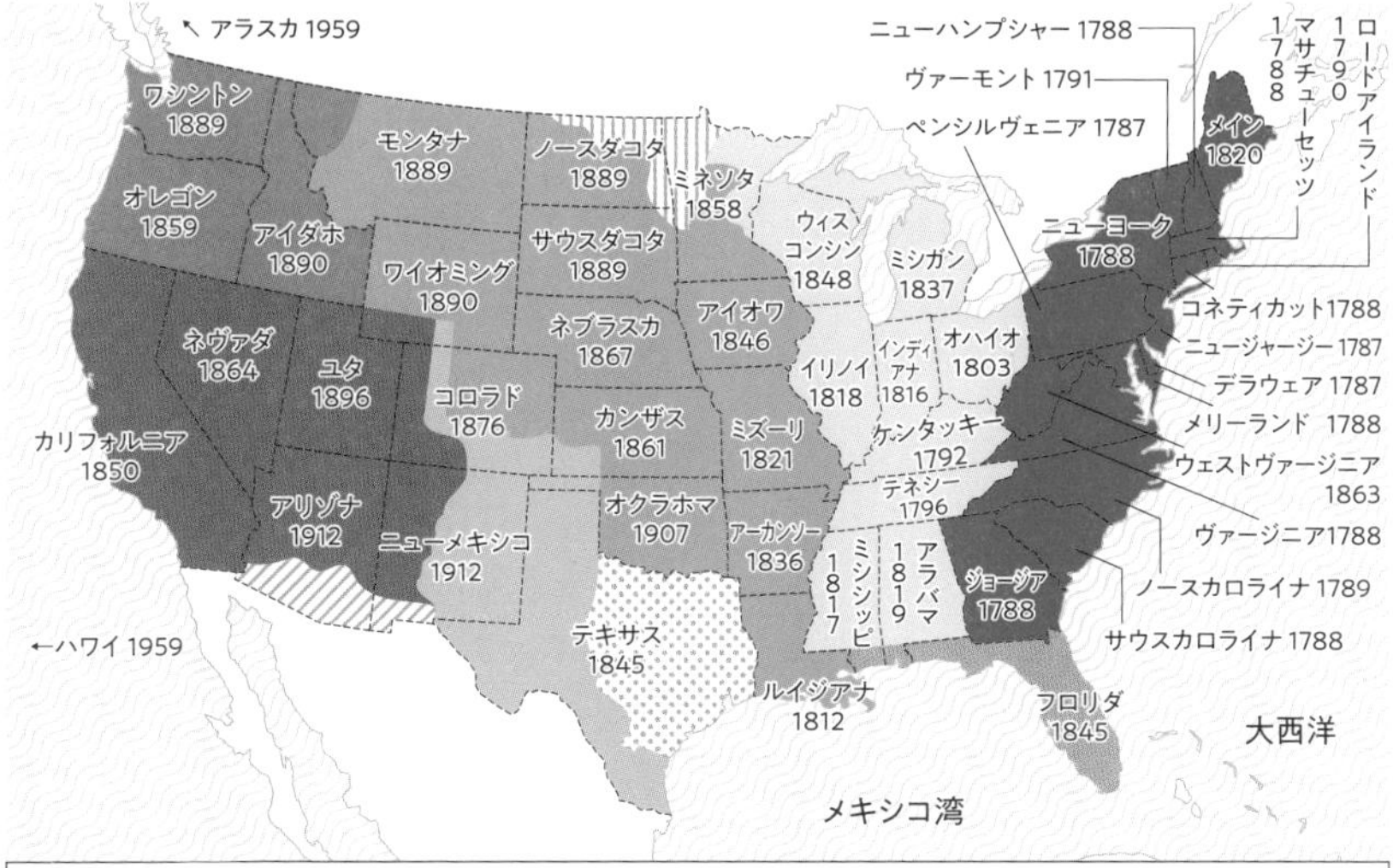

- 1776年 独立宣言時の領土
- 1783年 イギリスより割譲
- 1803年 フランスより買収
- 1818年 イギリスとの国境協定
- 1819年 スペインより買収
- 1845年 テキサス併合
- 1846年 オレゴン協定により獲得
- 1845~1848年 メキシコより割譲
- 1848年 メキシコより割譲
- 1853年 メキシコよりガズデン買収

数字 各州の成立年代

アメリカは王侯貴族などの身分制をもたない、市民階級によってつくりあげられた近代最初の**共和政国家**となりました。移民によってつくられたため、建国当初から多民族国家でもあります。

アメリカの独立戦争は、この後に起きるフランス革命（➡P90）とつながりがあります。対イギリスの立場からアメリカと同盟を結んで戦ったフランスでしたが、イギリス植民地から奪うことができたのはセネガルのみでした。経済的には得るものが少なく、深刻だった財政が完全に破綻してしまい、フランス革命につながります。アメリカ独立戦争で活躍したフランス貴族ラ・ファイエットも帰国して革命に参加、「人権宣言」の起草に関わります。これを受けてアメリカでもその後、「権利章典」として合衆国憲法に追加修正が加えられました。これには信教の自由、言論の自由、出版の自由、集会・結社の自由など基本的人権が含まれており、連邦政府が個人の自由を妨げないよう規定したものでした。

後世への影響

近代最初の共和政国家として、アメリカ合衆国が誕生！　フランス革命以降の市民革命運動にも影響を与える。

共和政国家　選挙によって国家元首を決定する政治制度。古代にはギリシアのアテネ、ローマなども共和政だった。

国民国家をという思想を世界に広めた！

フランス革命

1789年〜1799年

【フランス共和国】

フランス革命後、国王を処刑して共和政になる。政権を掌握したのはジャコバン派のロベスピエール。

【対仏大同盟】

オーストリア、イギリス、プロイセンなどが参加。1793年に第1回、1799年に第2回対仏大同盟が結ばれる。

ロベスピエール

フランスの政治家

VS

カール・フォン・エスターライヒ

神聖ローマ帝国陸軍元帥

なぜ対立した？

革命思想が広がることを恐れた国々が軍事介入

フランス革命では市民による王政打倒と共和政の成立、そして革命政府に介入しようとした周辺諸国との戦い（「フランス革命戦争」といいます）がありました。フランスは、三十年戦争（⬇P70）や、スペイン継承戦争（⬇P80）など、長年にわたって戦争を繰り返し、その戦費のために国民に重税を課していました。ルイ14世は**重商主義**をかかげましたが、イギリスやオランダに比べると出遅れており、慢性的な財政難が問題になります。

フランスは身分制度によって第一身分の聖職者、第二身分の貴族は税免除などの特権をもちました。この身分は人口の2％にすぎず、のこりは無権利の第三身分として商人、農民などすべての市民が含まれ、強い重税感がありました。そんななか、経済力をもった市民に権利意識が広まっていきます。

18世紀、ルイ16世の時代になると、フランスはアメリカ独立戦争（⬇P86）に参戦し、さらに財政が悪化。一方で貴族社会では市民生活をかえり

重商主義｜商工業を重視して、国内産業を保護・発展させる政策。ルイ14世はおもに輸入を制限して輸出を強化した。

フランスの身分制度

革命の引き金になったのは旧制度（アンシャン・レジーム）という全人口の２％の第一・二身分の特権にあった。

国王
（約12万人）第一身分
上級聖職者
下級聖職者
（約40万人）第二身分
宮廷貴族・地方貴族
（約2480万人）第三身分
農民
大地主借地農
自営農民
貧農
折半小作農・雇農
市民
裕福市民
中流市民
下層市民
無産市民
じつは貴族出身で富裕層が多いんだ。でも税金は免除！
領主として農民を支配しているのに税は免除されているのだ！
政治に参加する権利はなく、重い税金に苦しめられている…
A FAUT ESPERER Q'EU JEU LA FINIRA BEN TOT

身分制度を揶揄した風刺画。特権階級（第一身分の聖職者と第二身分の貴族）を貧しい市民が背負わされている。

みない贅沢が繰り広げられていました。ルイ16世は財政改革の一環として第一・二の特権身分にも課税しようとしますが反対されます。そこで、王は3つの身分の代表による議会（三部会）の開催を提案しますが、今度は互いに有利な議決方式を譲りません。こうしたなかで第三身分は国民議会を発足し、憲法を制定することを目指します。この動きを潰そうとした第一、第二の特権身分は国王に働きかけ、武力弾圧を行います。これに対してフランス市民は立ち上がり、都市部だけでなく農村でも次々と反乱が起こります。

1789年、国民議会は改革をすすめ、特権階級を廃止し、「**人権宣言**」を採択。パリ市民たちはヴェルサイユ宮殿に向かってデモ行進を行い、国王はおびえて人権宣言を承認します。フランス王妃マリー・アントワネットの実家であるオーストリアは、この事態に軍事介入をほのめかしますが、逆にフランス政府は1791年にオーストリアに宣戦布告します。フランス革命戦争のはじまりです。

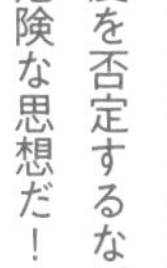
王権や身分制度を否定するなど、国の基盤をゆるがす危険な思想だ！

人権宣言　アメリカ独立戦争で活躍したラ・ファイエットが起草。人民主権、言論の自由、三権分立などがからなる。

身分制度が崩壊

フランス革命により王政が廃止され、共和政となった。
この時、身分制度も撤廃されて、全国民が税を負担することになった。

ルイ16世の首

民衆にさらされる国王の首

国王ルイ16世は国外に逃亡しようとしたが失敗し、王妃マリー・アントワネットとともにギロチンで処刑された。

第一身分である聖職者は国家公務員として、教会の財産を没収（国有化）することも決めたぞ！

どう なった？

近代国家のベースとなる思想や価値観が広まる！

オーストリアとの戦いではフランスは苦戦を強いられましたが、議会が「祖国が危機にあり」と非常事態宣言を出すと、各地から義勇兵が集まり、劣勢を挽回しました。この間、フランスは憲法を制定して立憲君主制をとりますが、すぐに王政廃止が可決され、ルイ16世はオーストリア出身の王妃マリー・アントワネットとともに処刑されてしまいます。これに対して自国でも市民が反乱するのをおそれて、イギリス、スペイン、オランダなどが「対仏大同盟」を結びます。

一方議会では急進的な**ジャコバン派**が保守派や穏健派などの対抗勢力を処刑します。権力を掌握したジャコバン派リーダーのロベスピエールは急激な改革を行う一方、反革命と外国からの干渉から祖国を守ることを名目に権限を拡大、独裁者として市民生活の統制、取り締まりを行いました。この恐怖政治により、ロベスピエールは失脚。クーデタが起きてギロチン処刑されてしまいます。

ジャコバン派　革命時最大の政治結社。急進的な革命派は議場の左の議席に座ったため、のち左翼と呼ばれる。

フランス革命が現代に与えた影響

憲法が制定され、多くの革命思想が実現した。
とくに民主主義と人権は、近代国家には欠かせない要素となった。

[国民国家が生まれる]

民主主義

国民が主権をもつための制度。男子普通選挙などが実施され、これにより「自分はフランス人」という意識が芽生えた。

国民軍の創設

義勇兵が集い、身分に関係なく国民が自ら自分たちの国を守る。のちに徴兵制が実施され、傭兵などの専門職が主流の戦いが終わる。

国旗・国歌の制定

現在も使われる3色の国旗、国歌「ラ・マルセイエーズ」が制定。これによりフランス国民という意識が形成された。

[基本的人権が規定される]

個人の自由

人は生まれながら自由で平等であるとする「人権宣言」にもとづいて、財産権や職業選択の自由などの個人の権利が認められた。

法律の前の平等

保護される場合も、処罰される場合もすべての人に同一とする。才能以外の差別なしにすべての公職につくことができる。

憲法の制定

1791年に初の憲法が制定された。モンテスキューによって提唱された立法・司法・行政の三権分立も盛り込まれた。

フランスはクーデタ後も政治的不安定な状態のまま外国との戦争を継続します。オーストリアとの戦いでは、神聖ローマ帝国陸軍元帥の肩書をもつカール大公に破れて撤退します。しかし、フランスは、将軍に昇進してまもなくイタリア方面の指揮官に抜擢されたナポレオン・ボナパルトが大活躍をみせ、ウィーンまで進軍。カール大公も抑えきれずにフランスが勝利しました。

このあのちフランス革命戦争はイギリスやオスマン帝国などを相手に続きますが、ここで勝利を重ねて英雄となったナポレオンの求心力が高まっていき、1799年のクーデタによってナポレン政権が誕生することになります。

フランス革命は当時の世界にさまざまな思想や価値観を広めました。身分制度の廃止、個人の自由、財産権や職業の自由、憲法の制定、法のもとの平等、議会政治の導入、**ナショナリズム**など、いずれも近代国家のベースとなったものです。

後世への影響

市民による革命によって王政を打倒し、国民主権という思想を広め、政治制度においても近代国家の手本となった!

ナショナリズム　国家に対して、統一、独立、発展をしていこうという考えや運動。ただしニュアンスは時代や立場によって異なる。

国民国家がヨーロッパに広がるきっかけに！

ナポレオン戦争

1796年〜1815年

【フランス】

ナポレオンの「フランス帝国」は、ドイツ、イタリア、スペインなどヨーロッパ大陸の大部分を支配した。

【対仏大同盟】

イギリスが中心となり、オーストリア、ロシア、プロイセン、スウェーデン、ポルトガルなども参加した。

なぜ対立した？

ヨーロッパ諸国の反ナポレオン感情が爆発

皇帝ナポレオン率いるフランスと「対仏大同盟」との間で全ヨーロッパを巻き込んだのがナポレオン戦争です。フランス革命戦争（➡P90）の延長ともされ、ふたつを合わせて「大フランス戦争」とも呼ばれます。

ヨーロッパ諸国は、フランス革命に刺激されて自国で市民革命が起きることを恐れ、フランスに「以前の体制」、つまり身分制度を秩序とした社会に戻すように圧力をかけます。これに植民地戦争でライバル関係にあるイギリスや、領土拡張を目論むドイツ勢力など、それぞれの国の思惑が重なって結ばれたのが「対仏大同盟」です。

一方、フランス政府は、厳格な統治を行って民衆から恐れられたロベスピエール（➡P90）が**クーデタ**で処刑された後、政局は不安定でした。より強い国家にするにはさらなる改革が必要でした。そこで担ぎ出されたのが戦争での活躍によってフランス市民から絶大な人気を誇る英雄となってい

クーデタ｜武力による改革。この時は粛清を恐れた議員によってロベスピエールは処刑。支持者約100人も逮捕・処刑されている。

ナポレオンのプロパガンダ

ナポレオンは絵画を政治宣伝に利用している。皇帝となる戴冠式の図では、
教皇ピウス７世が手を挙げ祝福しているが、ナポレオンの指示でこのように描き直された。
実際には両者の関係は悪く、のちにピウス７世はナポレオンを破門にしている。

当初は自ら戴冠する構図だったのが残されたスケッチでわかっている
ナポレオンの母
ナポレオン
皇后ジョゼフィーヌ
教皇ピウス7世

この絵ではほかにも虚構と誇張が多く存在する。実際には出席していないナポレオンの母、非常に若く描かれた皇后（当時41歳）などだ。

たナポレオンでした。

1799年、内通者の手引きもあってクーデタを成功させたナポレオンは、そのまま統領政府を設置し、最高権力をもつ3人の統領のひとりに選出されます。そして唯一交戦中だったイギリスと和約し、内政に集中すると数々の改革を行います。経済面ではフランス銀行を設立するなどして戦争で傷ついた産業を復興させます。また**ナポレオン法典**（フランス民法典）を公布します。これは近代的価値観を取り入れた画期的なものでした。

ところが、しばらくすると対外関係はふたたび悪化し、とくに利害がぶつかるイギリスは和約を破棄してしまいます。国内では王党派によるテロや、ナポレオンの暗殺未遂事件などが起きます。ナポレオンはこうした反対派をおさえ込むために権力強化を図ります。まず法改正して終身統領になると、その翌年には国民投票によって皇帝となります。そしてフランス革命の理念を大義に掲げて全ヨーロッパに戦いを挑みます。

私には世界にフランス革命の波を広げる使命があるのだ！

ナポレオン法典　1804年にナポレオンによって制定。土地や相続に関することをはじめ、信仰の自由などの革命思想も法律化している。

【ナポレオンの帝国】

**アウステルリッツ三帝会戦の戦いで敗れたオーストリアはフランスと和約。

ドイツはナポレオンによってライン同盟が結成される。オランダもフランスの直轄領になる。

約10年間、ヨーロッパのほとんどの国がナポレオンの支配下に入っていた。**

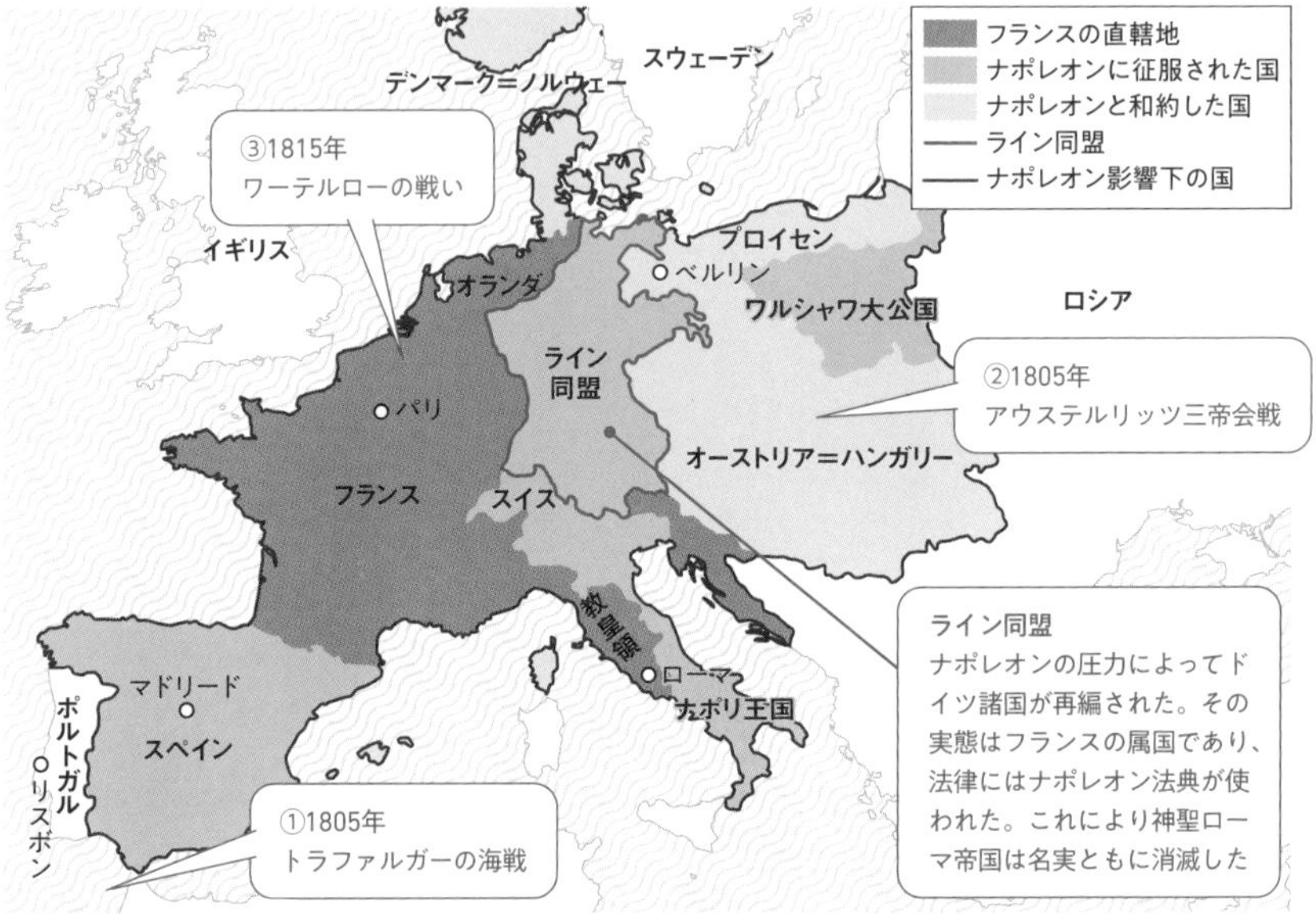

フランスの直轄地
ナポレオンに征服された国
ナポレオンと和約した国
ライン同盟
ナポレオン影響下の国
スウェーデン
デンマーク＝ノルウェー
③1815年
ワーテルローの戦い
イギリス
プロイセン
ベルリン
オランダ
ワルシャワ大公国
ロシア
ライン
同盟
パリ
②1805年
アウステルリッツ三帝会戦
オーストリア＝ハンガリー
フランス
スイス
教皇領
ライン同盟
ナポレオンの圧力によってドイツ諸国が再編された。その実態はフランスの属国であり、法律にはナポレオン法典が使われた。これにより神聖ローマ帝国は名実ともに消滅した
マドリード
ローマ
ナポリ王国
ポルトガル
スペイン
リスボン
①1805年
トラファルガーの海戦

どう
なった？

フランス革命以前の旧体制に戻ってしまう…

1

1805年、ナポレオンは宿敵であるイギリスを屈服させるためにイギリス上陸を狙います。しかし、トラファルガーの海戦（上図①）で、ネルソン提督率いるイギリス海軍に大敗してしまいます。これによってイギリス本土は守られました。しかし、ナポレオンは陸戦でオーストリア、ロシア、ドイツ諸国の連合軍に勝利（上図②）。大陸での支配圏を拡大します。一方、スペインでは内乱が勃発、ナポレオンは傀儡政権をつくりますが、イギリスが反乱軍を支援して泥沼化。この頃、ナポレオンは各国にイギリスとの貿易を禁止する**大陸封鎖令**を発令しますが、逆にヨーロッパ各国が困窮することに。ナポレオンは封鎖令を破ったロシアを制裁するために遠征を行いますが、飢えと寒さにより大敗を喫します。ここから各地でフランスが劣勢になると新たな対仏大同盟が結成されて、パリを占拠、ナポレオンは追放されます。しかし外国主導により王政が復活すると国民に不満が広がります。これを見

大陸封鎖令｜イギリスを孤立・弱体化させるために行なった経済制裁。支配下の国にイギリスとの通商を禁止した。

戦後に革命の波が広がる

ナポレオン戦争後、ウィーン体制に対する反発で民族運動、共和政を求める運動がヨーロッパ各国で次々と起きた。1848年革命と呼ばれる。

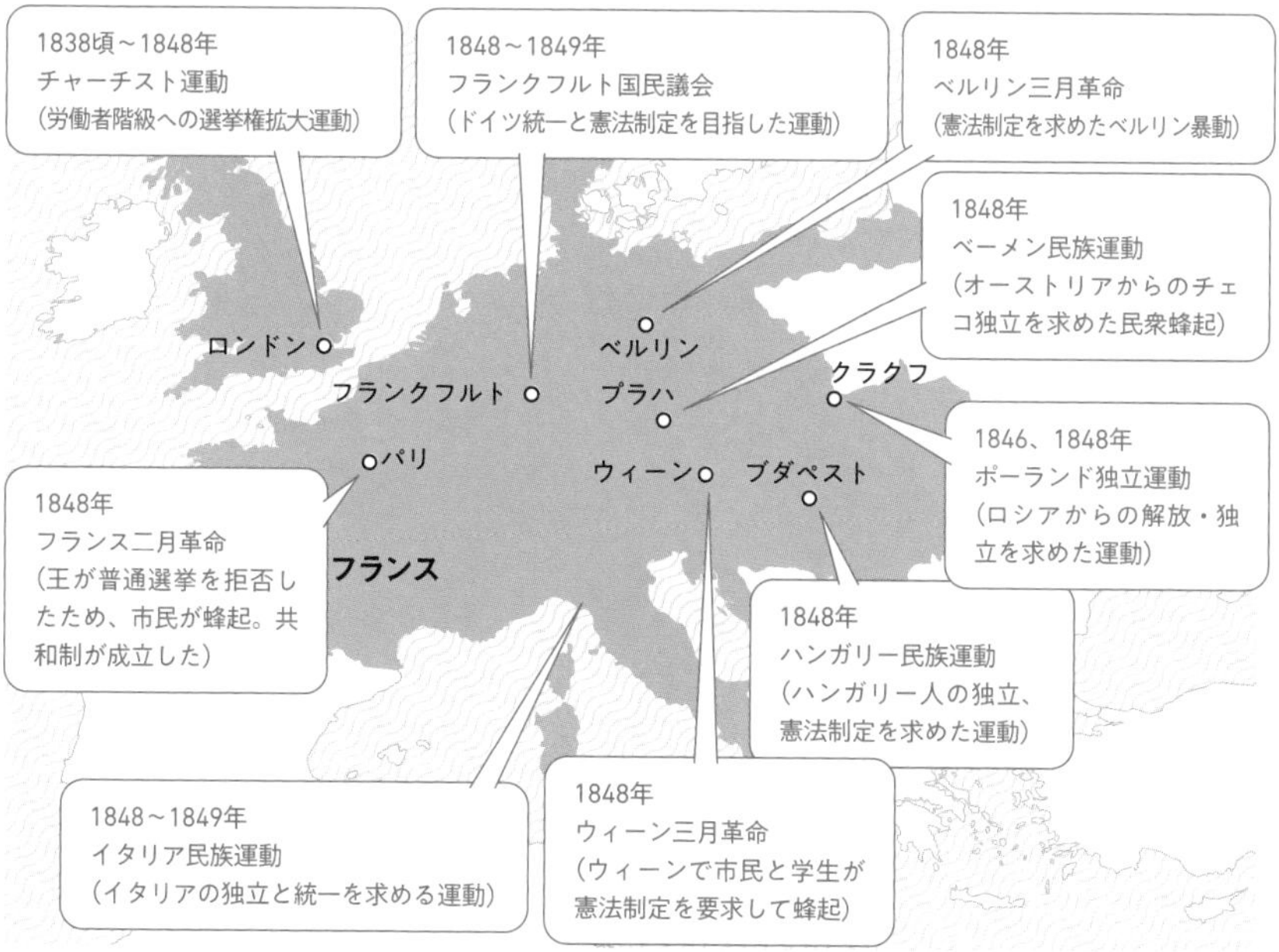
1838頃～1848年
チャーチスト運動
（労働者階級への選挙権拡大運動）
1848～1849年
フランクフルト国民議会
（ドイツ統一と憲法制定を目指した運動）
1848年
ベルリン三月革命
（憲法制定を求めたベルリン暴動）
1848年
ベーメン民族運動
（オーストリアからのチェコ独立を求めた民衆蜂起）
ロンドン
ベルリン
フランクフルト
プラハ
クラクフ
パリ
ウィーン
ブダペスト
フランス
1846、1848年
ポーランド独立運動
（ロシアからの解放・独立を求めた運動）
1848年
フランス二月革命
（王が普通選挙を拒否したため、市民が蜂起。共和制が成立した）
1848年
ハンガリー民族運動
（ハンガリー人の独立、憲法制定を求めた運動）
1848～1849年
イタリア民族運動
（イタリアの独立と統一を求める運動）
1848年
ウィーン三月革命
（ウィーンで市民と学生が憲法制定を要求して蜂起）

たナポレオンはパリに戻り、ふたたび帝位につきます。しかし、これは百日天下に終わります。イギリスのウェリントン公爵率いる同盟軍とのワーテルローの戦い（右図③）に敗れ、ナポレオンは再び追放。2度とフランスに戻ることはありませんでした。

戦後、主要戦勝国によって話し合いが行われ、フランス革命以前のキリスト教や王権による支配体制を支持することが国際的に認められました。これを「**ウィーン体制**」といいます。フランスもルイ18世が即位して王政に戻りました。

イギリスは産業革命の真っ只中にあり、この戦いで海外領土はさらに増え、19世紀前半の覇権国家となりました。

ウィーン体制は無理やり革命が起きる前の社会に戻すことでした。しかし、自由主義とナショナリズムなどの革命理念はヨーロッパ各地に広がり、このののちの「1848年革命」と呼ばれる各国の独立運動、政治体制の変革へとつながっていきます。

後世への影響

フランスは革命以前の古い支配体制に戻ったが、自由主義と民主主義は浸透し、国民国家がヨーロッパに広がるきっかけになった。

ウィーン体制　ウィーン会議（各国の利害が一致せず「会議は踊る、されど進まず」と評されたことで有名）以降の秩序。

王と国民の対立

フランス革命とナポレオン戦争は、のちの世界史を動かす新しい価値観を世界に広めました。ひとつは「自由主義」で、絶対王政を否定し、個人の自由や権利を尊重するというものです。もうひとつは「国民主義（ナショナリズム）」で、言語や文化を共有する集団（民族）がひとつの国家をつくるべきだという考えです。ナポレオンの率いるフランスと戦ったことで、ドイツやロシアなどの地域で広まりました。

国民主義は、いろいろな政治運動のかたちとなって19世紀以降の世界に登場しました。分裂していたドイツやイタリアでは、国家統一運動、植民地であったラテンアメリカでは独立運動が起きました。現代でもスペインのカタルーニャ地方は独自の言語や文化を弾圧されてきた歴史をもち、独立運動が頻繁に繰り返されています。

しかし、ナポレオン戦争後にヨーロッパの主要な大国はウィーン会議を開き、君主(王)が支配する昔ながらの体制を守ることを確認します。このウィー

ン体制のもとで、各地の自由主義・国民主義の運動は抑圧されました。

しかし、ウィーン体制は１８４８年の革命によって崩壊します。

１８４８年革命とは、この年にヨーロッパ各国で同時多発的に起きた市民革命の総称です。そしてその震源地は、またもフランスでした。パリで勃発した二月革命によってフランスは再び共和政に戻ります。革命はドイツとオーストリアにも波及し、三月革命が起きました。オーストリアではウィーン体制を支えた宰相メッテルニヒが失脚し、ドイツでは自由主義者らがドイツ統一を目指しました。ヨーロッパ全土で起きた自由主義・国民主義的運動は「諸国民の春」と呼ばれます。

しかし、ヨーロッパを揺るがした革命は、国王ら旧体制を守ろうとする勢力の巻き返しで尻すぼみに終わりました。いまだに大小の国に分かれていたドイツの統一も挫折してしまいます。ハンガリーなどで起きた民族運動も武力で鎮圧されました。

１８４８年の革命は敗北に終わりましたが、自由主義や国民主義の理念は生き続け、旧体制の側もこれらを無視できなくなります。それゆえ、１８４８年革命は世界史上の転換点と位置づけられるのです。

近世の

戦争の主役

戦争の拡大によって傭兵が活躍

15〜19世紀のヨーロッパは、それまで軍事力を担ってきた貴族たちが没落し、戦争規模の拡大に比例して増大する戦費と軍隊の維持が重大な問題になっていました。多くの兵士を抱えることは、各国にとって負担になります。そこで主役になったのは「傭兵」という戦時にのみ募集される兵士でした。この時代、最も有名な傭兵はスイス人でした。スイスは山や高地ばかりの痩せた土地の貧しい国で、唯一外貨を稼ぐことができる産業が「傭兵」だったのです。政府が市民を組織的に訓練し、他国から要請があれば戦争に派遣しました。

傭兵の活躍が伝えられる最初期の戦争が1474年のブルゴーニュ戦争で、フランスに雇われたスイス人傭兵は、当時欧州で最も強いとされたブルゴーニュの重騎兵を打ち倒してしまいました。その強さが評判となり、各国からスイス傭兵に依頼が殺到。当初、スイス傭兵は敵対するどちらかの陣営にしか参加しない決まりでしたが、やがて両陣営にも雇われるようになり、スイス人同士が争う事態になりました。その状況は「血の輸出」とも呼ばれます。1815年のウィーン会議でスイスは永世中立国となりますが、これは傭兵輸出業にも一因がありました。1874年にスイスは傭兵輸出を憲法で禁止しますが、いまでもヴァチカンの衛兵は伝統的にスイス人が務めることになっています。

1505年以来、教皇領(現ヴァチカン市国)を守るスイス衛兵。カラフルな制服に槍斧を携えている。

PART 3

近代

民主主義という考え方により、
近代国家がうまれる一方、欧米の強国が
植民地拡大を続ける帝国主義の時代になります。
東アジアの国々はヨーロッパ諸国の脅威に
さらされながら近代化をとげていきます。

香港が中国から分かれるきっかけに！

アヘン戦争

1840〜1842年

【イギリス】

18世紀後半に産業革命を迎え、世界の工業をリード。19世紀以降、インドやアフリカに植民地を拡大した。

エリオット
イギリスの外交官

VS

【清】

満洲の女真族が建国した国。清の陶磁器や茶はヨーロッパで需要が高く、イギリスとの貿易で利益を得た。

林《りん》則《そく》徐《じょ》
清のアヘン対策大臣

なぜ対立した？

イギリスのアヘン密輸を清が取り締まった！

アヘン戦争は、アジアの超大国・清（中国）と、産業革命で世界をリードしたイギリスの間で起こった戦いです。清は17世紀半ばに明が滅亡した後、満洲の女真族が中国を征服して建国した国で、その最大領域は今のモンゴルや中央アジア、ロシアの一部にも及びました。清は茶や絹、陶磁器などの特産品を各地に輸出して、莫大な富を築きます。一方、18世紀後半に産業革命を迎えたイギリスも、アフリカやインドに植民地を拡大させ強大化していました。

清とイギリスの貿易は、清が茶や絹、陶磁器などを輸出するのに対し、イギリスは銀を支払うだけの一方的なものでした。イギリスの輸出品は機械で安く大量に生産できる綿織物だったため、織物の生産大国である清では需要がなかったのです。イギリスはアメリカ独立戦争（➡P86）の影響と、**紅茶ブーム**の到来で、銀が出て行くばかりになります。

紅茶ブーム｜茶は17世紀に西洋で流行。とくにイギリスでは大ブームで、東インド会社を通じてインド・中国の茶を独占した。

イギリス・清・インドの三角貿易

イギリスは植民地インドで生産したアヘンを清に密輸する三角貿易により、莫大な利益を得た。

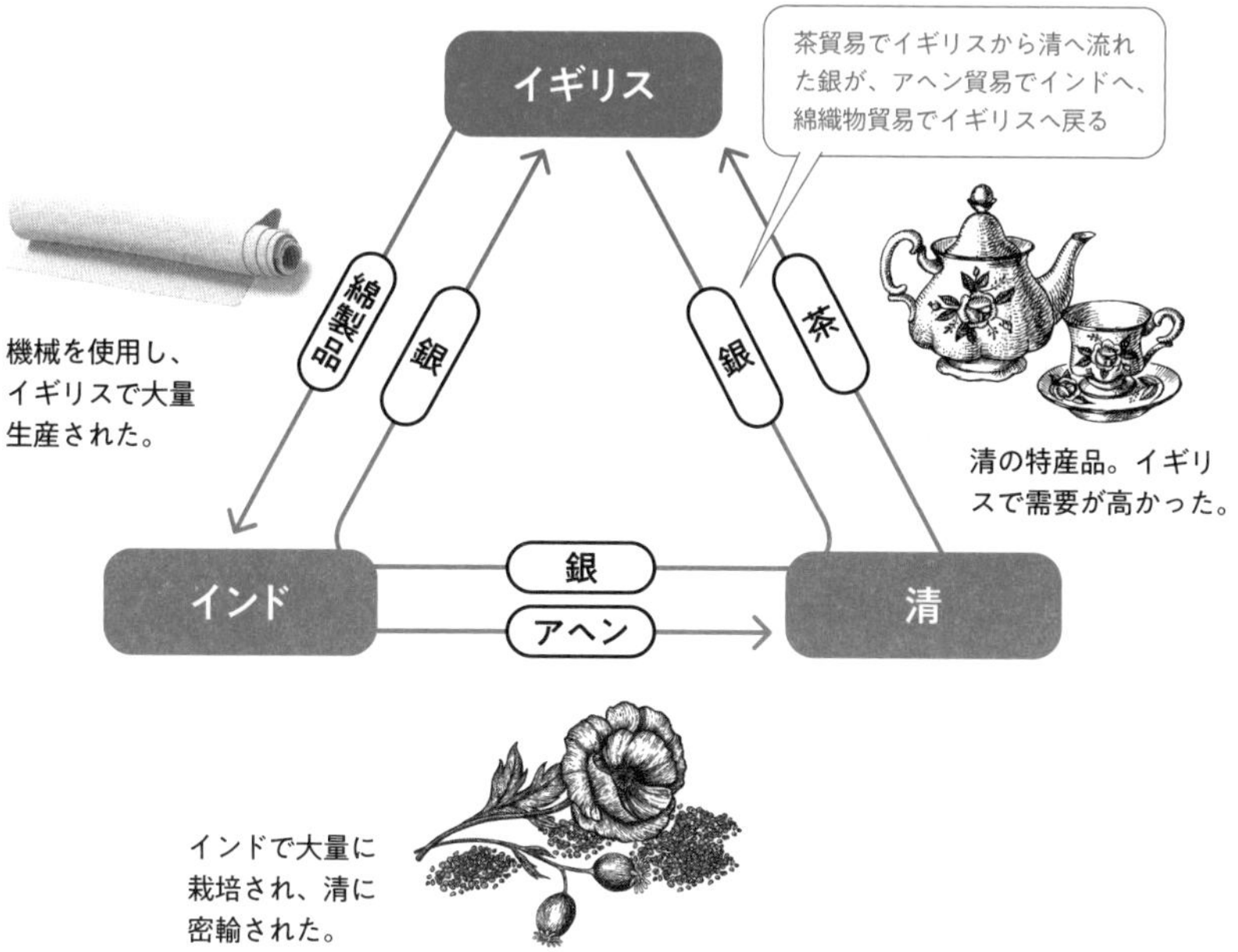
イギリス
インド
清
茶貿易でイギリスから清へ流れた銀が、アヘン貿易でインドへ、綿織物貿易でイギリスへ戻る
綿製品
銀
銀
茶
銀
アヘン
機械を使用し、イギリスで大量生産された。
清の特産品。イギリスで需要が高かった。
インドで大量に栽培され、清に密輸された。

清への輸出品としてイギリスが目を付けたのが、ケシの実からできる麻薬「アヘン」でした。イギリスは植民地のインドに大量のアヘンを栽培させ、清に密輸しました。この結果、アヘンの輸入量は急増し、清の人々はまたたく間に依存。アヘンの代金として、大量の銀がインドに流出すると、イギリスはインドに綿織物を売りつけ、銀を回収します。このイギリス・清・インドの三角貿易で、イギリスは莫大な収入を得たのでした。

一方、清国内では銀が出て行くばかりになり、財政が急激に悪化。国民もアヘンに侵されてしまいます。この状況に危機感を抱いた清政府は、林《りん》則徐《そくじょ》をアヘン対策の特命大臣に任命。林はアヘンの密輸を行うイギリス商人を取り締まるため、海外との貿易が唯一認められていた**広州**《こうしゅう》へ赴き、商人たちが保管していたアヘンをすべて没収し、破棄する強硬策に出ました。しかし、これにイギリスの貿易監督官のエリオットが反発。両国は緊張状態に陥り、開戦にいたったのでした。

イギリスのアヘン密輸で、清の経済は低迷してしまった！ 絶対に許せぬ…

広州 中国南部の港湾都市。18世紀に外国との貿易は広州に限定され、やがて特許を得た商人以外の貿易は禁止された。

アヘン戦争の経過と開港地

イギリスは軍備の薄い北部を攻撃し、北京への補給路となる都市を制圧。敗北した清は上海などの5港を開港することとなる。

アヘン戦争図
蒸気機関を用いたイギリス軍艦は清を圧倒。この絵はネメシス号が清のジャンク船を砲撃している様子を描いている。

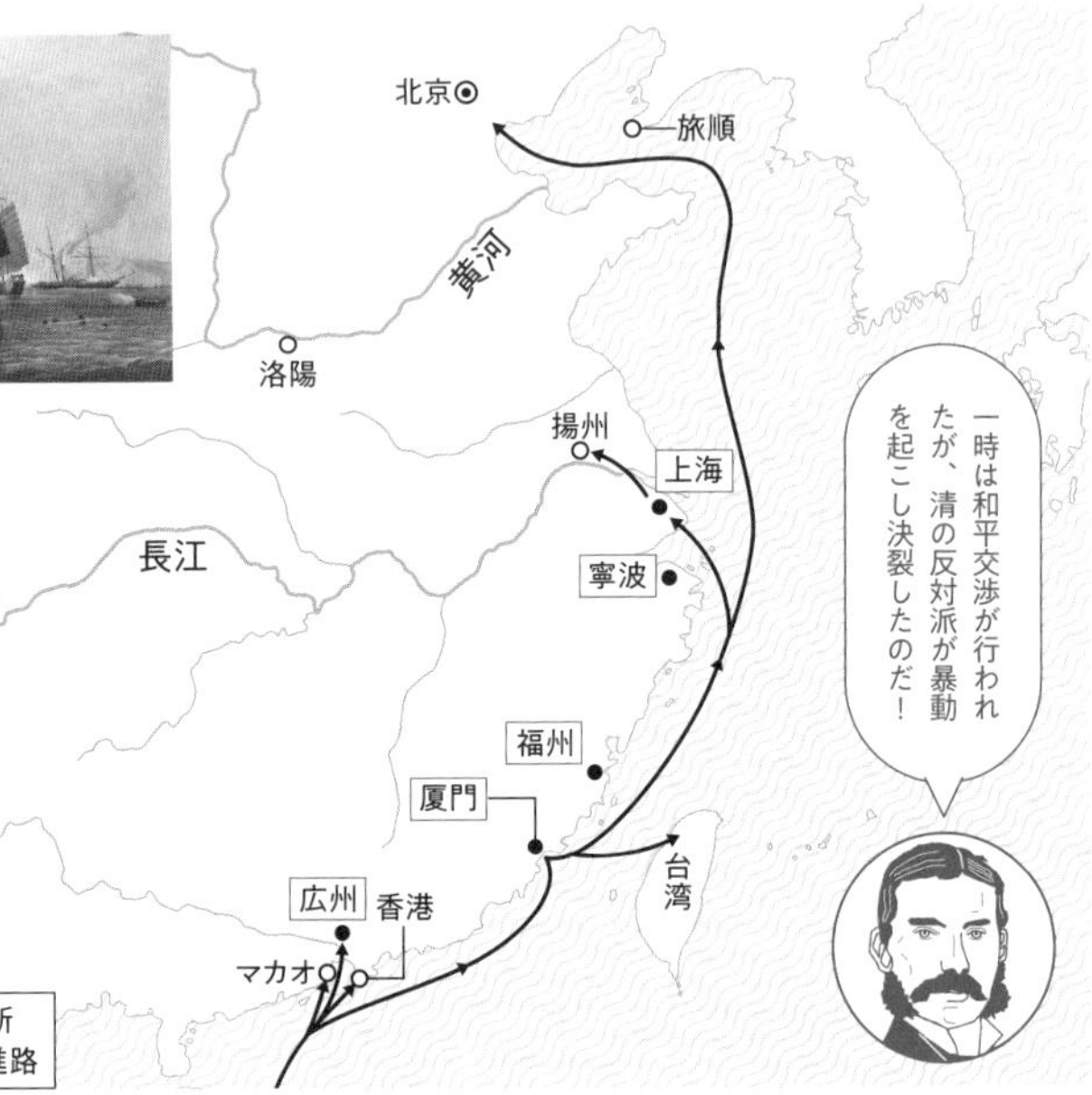
北京
旅順
黄河
洛陽
揚州
上海
長江
寧波
福州
厦門
台湾
広州
香港
マカオ
● 南京条約による開港場所
→ アヘン戦争での英軍の進路
一時は和平交渉が行われたが、清の反対派が暴動を起こし決裂したのだ！

どう なった？

清は香港をイギリスに渡す！

イギリス艦隊は軍備の薄い北方地域を次々と制圧。最新の軍艦をもつイギリス艦隊に対し、旧式の武器を使用する清は圧倒的に不利でした。戦争は約2年間にわたりますが、最後にはイギリス軍が主要都市を制圧し、勝利しました。

戦後、清とイギリスは南京条約に調印。この条約で、香港はイギリスの支配下に置かれ、さらに貿易も自由貿易制に改められ、上海などの5港を開港することになりました。

また、清の敗北により**列強**が強大な軍事力をもっていることが判明し、鎖国中の日本では不安が広がります。日本の知識人の間では列強の近代的な軍備や制度の研究が進みました。

アヘン戦争での清の敗北は、列強がアジアを植民地化する転換点になったといわれます。しかし、中華では古くから「負けることで恩恵を与えて相手をなだめる」という考え方があり、清政府はこの敗北を重く捉えていませんでした。一方で国民

列強　強国とみなされる国々。19～20世紀、英・独・露・米などの列強は、海外に領地を広げる帝国主義政策を行った。

アヘン戦争が清と日本に与えた影響

列強の力を目の当たりにした清と日本は、近代化政策に乗り出すが、その成否が国の命運を分けることになる。

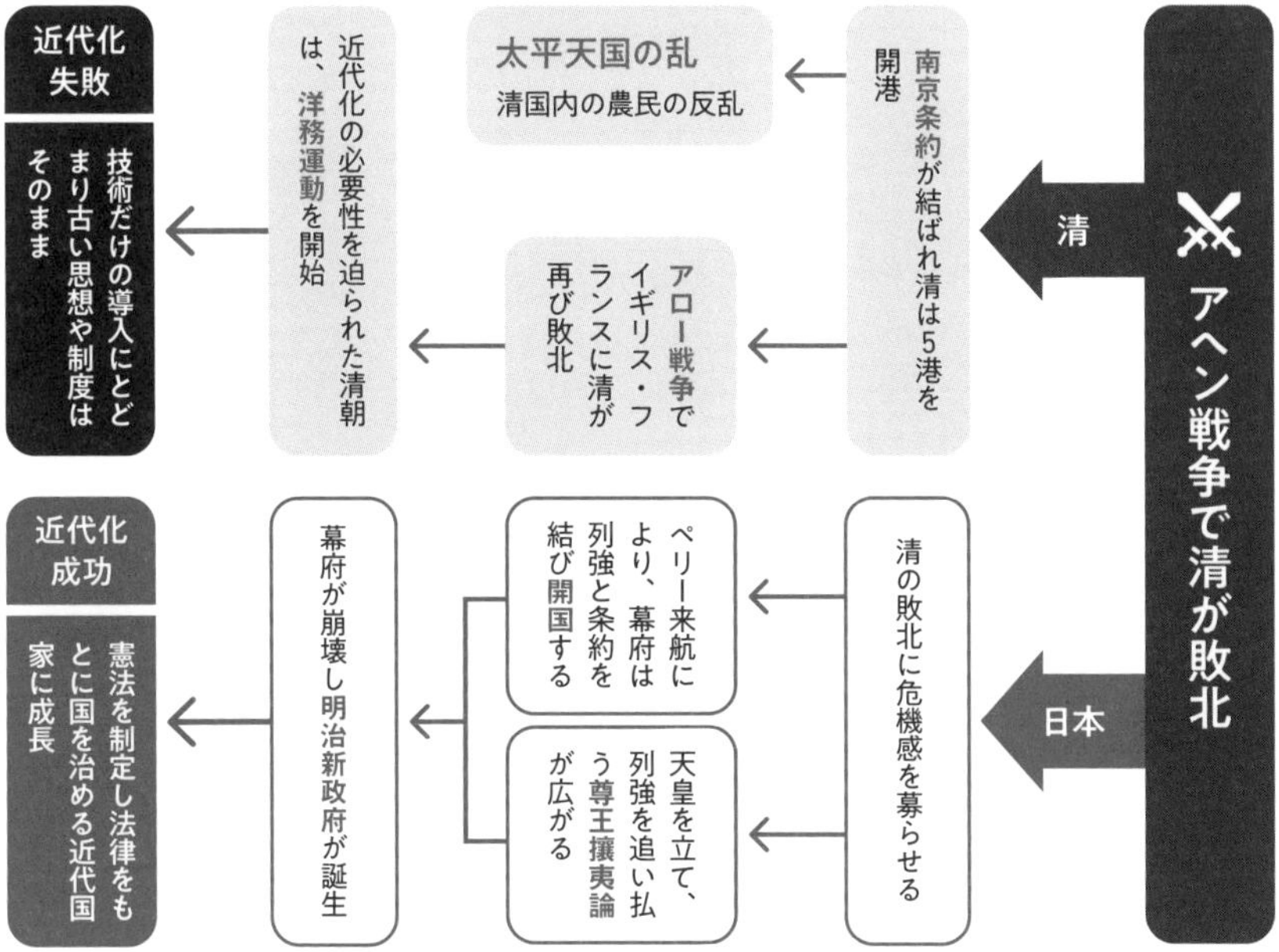
アヘン戦争で清が敗北
清
南京条約が結ばれ清は5港を開港
太平天国の乱
清国内の農民の反乱
アロー戦争でイギリス・フランスに清が再び敗北
近代化の必要性を迫られた清朝は、洋務運動を開始
近代化失敗
技術だけの導入にとどまり古い思想や制度はそのまま
日本
清の敗北に危機感を募らせる
ペリー来航により、幕府は列強と条約を結び開国する
天皇を立て、列強を追い払う尊王攘夷論が広がる
幕府が崩壊し明治新政府が誕生
近代化成功
憲法を制定し法律をもとに国を治める近代国家に成長

の不満の声は高まり太平天国《たいへいてんごく》の乱が起きています。

　敗北の認識が清と列強で違ったことから、自由貿易化はなかなか進みませんでした。貿易港が5港に限定されたことや、首都の北京《ぺきん》で清政府と直接交渉ができないことに、イギリスは不満を高めます。こうして1856年、イギリスとフランスが手を組んで清に宣戦布告し、アロー戦争が勃発。敗北した清は近代化の必要性に迫られ、洋務運動を開始しますが、伝統的な制度や思想が妨げとなり中途半端に終わりました。これがのちに日清戦争で清が敗北する要因となります。

　アヘン戦争以降、イギリスの植民地となった香港は、東西をつなぐ貿易港として栄え、1997年に中国に返還されるまで約150年、イギリスに統治されました。また、返還後50年は資本主義体制を維持する「**一国二制度**」をとることとなりましたが、徐々に中国の規制が強くなり、形骸化が進んでいます。

後世への影響

洋務運動が中途半端に終わり、近代化をとげられなかったことが、のちに日清戦争（⬇P126）で清が敗れる原因となる…。

一国二制度　社会主義国である中国において、香港・マカオを特別行政区とし、資本主義や独自の政治制度を認めている状態。

ロシアの南下が失敗！　現代にも尾を引く…

クリミア戦争

1853～1856年

【オスマン帝国ほか】

帝国の弱体化に乗じて、ロシアの介入が強くなったが、イギリス・フランス・サルデーニャ王国の支援を得た。

【ロシア】

ニコライ１世を皇帝とするロマノフ朝時代。黒海方面からの南下を目論むが、西欧に比べ国内の近代化は遅れていた。

アブデュルメジト1世
オスマン帝国スルタン

VS

ニコライ1世
ロシアの皇帝

なぜ対立した？

ロシアが凍らない港を求めて南下を目指す！

ロシアの南下を、ほかの列強諸国が阻止しようとして、衝突することになったのがクリミア戦争です。

ロマノフ朝のもと力をつけたロシアは、18世紀以降、交易のため凍らない港（不凍港）を求め黒海方面やバルカン半島、中央アジアに向けて南下政策を進めていました。とくにロシアが重要視していたのが、黒海方面。ここが手に入れば、地中海に進出することができるからです。ロシアは18世紀後半にオスマン帝国との戦いに勝利して、クリミア半島を領土にしており、黒海に艦隊を設置していました（第2次露土戦争）。

黒海からさらに地中海へ出るために通らなければいけないのが、**ダーダネルス・ボスフォラス海峡**（➡P108図）。ここを統治していたオスマン帝国では、支配下のギリシアやエジプトの独立の動きが高まっていました。ロシアはその隙をついて海峡の利権を得ようと目論みます。

ダーダネルス・ボスフォラス海峡　黒海と地中海を結ぶ２つの海峡。ボスフォラス海峡に面するイスタンブルはアジアと西洋の交易の要地として栄えた。

聖地管理権を口実に戦争が勃発

黒海と地中海をつなぐダーダネルス・ボスフォラス海峡を得たいロシアは、
イェルサレムの聖地管理権を口実にオスマン帝国に戦争をしかけた。

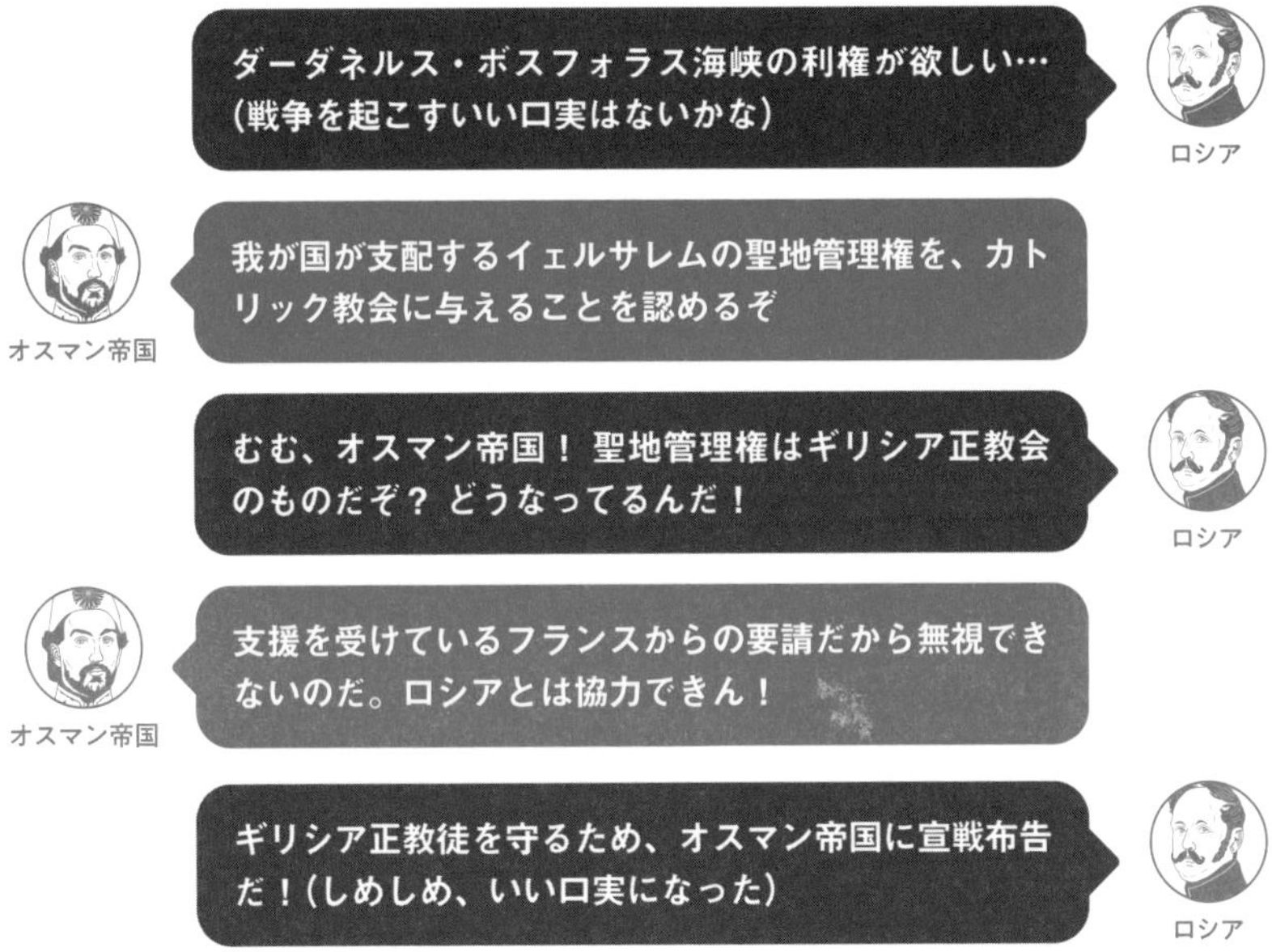
ダーダネルス・ボスフォラス海峡の利権が欲しい…(戦争を起こすいい口実はないかな)
ロシア
我が国が支配するイェルサレムの聖地管理権を、カトリック教会に与えることを認めるぞ
オスマン帝国
むむ、オスマン帝国！ 聖地管理権はギリシア正教会のものだぞ？ どうなってるんだ！
ロシア
支援を受けているフランスからの要請だから無視できないのだ。ロシアとは協力できん！
オスマン帝国
ギリシア正教徒を守るため、オスマン帝国に宣戦布告だ！(しめしめ、いい口実になった)
ロシア

ロシアは、エジプトがオスマン帝国からの独立を求めて起こした戦争でオスマン帝国を支援する代わりに、ダーダネルス・ボスフォラス海峡の軍艦航行権を獲得します。ところが再びエジプトとオスマン帝国が争うと、ロシアの南下を警戒したイギリスが調停に入り、その講和条約でロシアの軍艦航行権を無効にしてしまいました。怒ったロシアのニコライ1世は、武力を用いて南下することを決意しました。

戦争のきっかけとなったのは、オスマン帝国の支配下にあったイェルサレムの**聖地管理権**問題です。当時、管理権はロシアが保護するギリシア正教会がもっていました。しかし、国民の人気を得たいフランスのナポレオン3世が、カトリック教会に管理権を移すことを、オスマン帝国に認めさせたのです。ロシアは「ギリシア正教徒たちの保護」を名目に、オスマン帝国に宣戦布告。ロシアを食い止めたいイギリス、フランス、サルデーニャ王国がオスマン帝国を支援し、戦争が始まります。

真冬のロシアは港が凍ってしまうから、南に進出して不凍港を得たいのだ！

聖地管理権　オスマン帝国下のイェルサレムのキリスト教会管理権。1808年にカトリック教会からギリシア正教会に移された。

【クリミア戦争時の両国の領土】

近代的な軍備を備えた英仏軍が参戦したことで、戦争の規模は拡大。ロシア軍だけで約50万人の死者が出たといわれる。

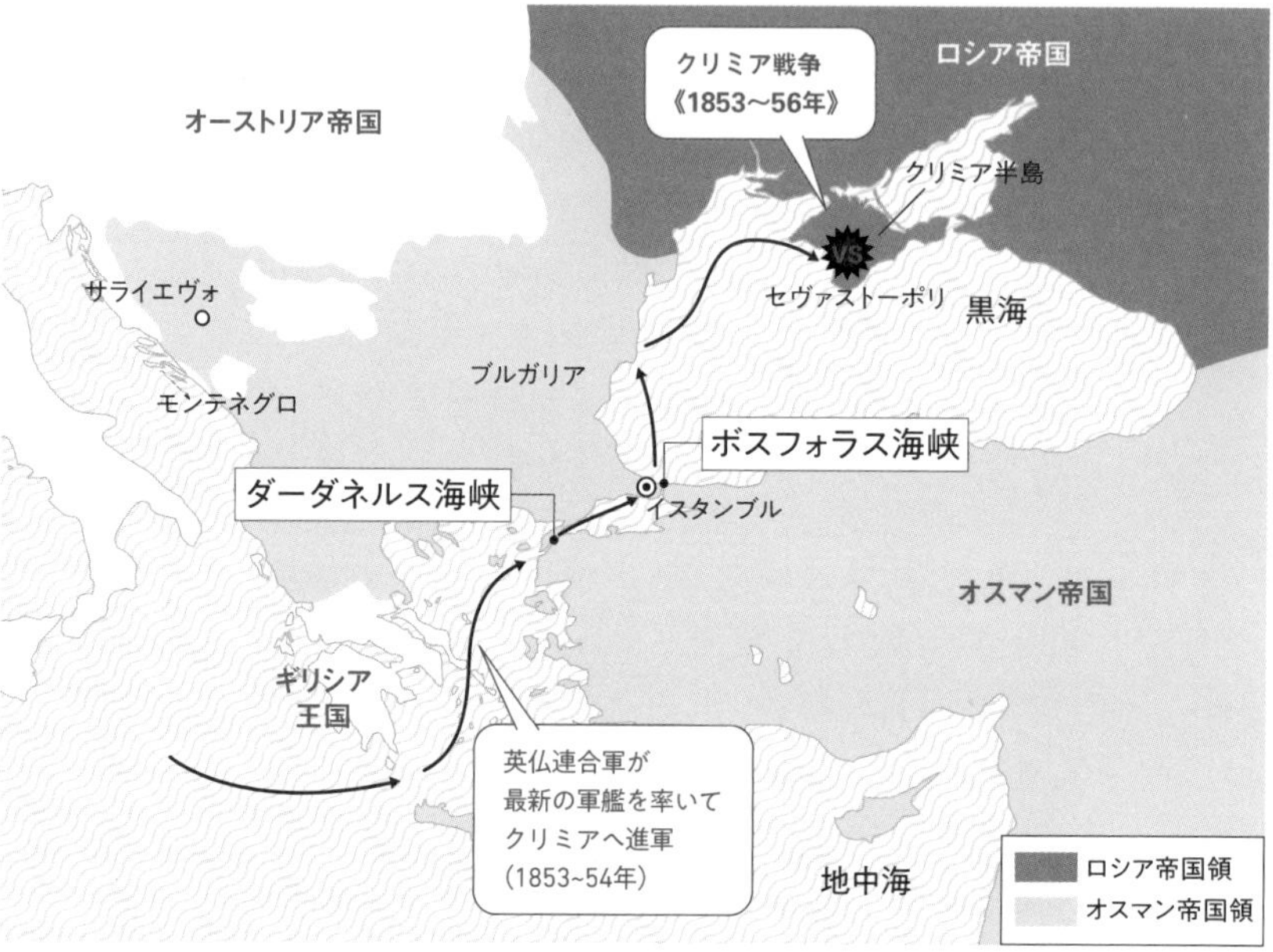

クリミア戦争
《1853～56年》
ロシア帝国
オーストリア帝国
クリミア半島
VS
サライエヴォ
セヴァストーポリ
黒海
ブルガリア
モンテネグロ
ボスフォラス海峡
ダーダネルス海峡
イスタンブル
オスマン帝国
ギリシア
王国
英仏連合軍が
最新の軍艦を率いて
クリミアへ進軍
(1853~54年)
地中海
ロシア帝国領
オスマン帝国領

どう
なった？

南下政策は失敗し現代にも尾を引く…

ロシアはクリミア半島の南端に位置するセヴァストーポリ要塞を戦争の拠点としました。激しい攻防戦となりますが、英仏の最新の武器に押され、ロシアは敗北。1856年にパリ条約が締結され、ロシアは海峡の軍艦通過禁止を受け入れました。勝利したオスマン帝国では、アブデュルメジト1世によって近代化政策が進められます。

南下政策を大きく後退させることとなったロシアは、敗戦をきっかけに軍備の遅れを痛感します。西欧ではすでに、鉄道や産業の機械化が発展しているのに対し、ロシアは軍艦の質も武器弾薬の量も劣り、鉄道の敷設《ふせつ》も遅れていました。また、ロシアには農奴制《のうどせい》という古い慣習も残っていました。農奴とは地主のもとで働く、自由が大きく制限された農民のこと。労働者の意欲を阻害する農奴制は、近代化の妨げになるとして、戦争中に亡くなったニコライ1世に代わって即位したアレクサンドル2世によって**農奴解放令**が公布されます。

農奴解放令 | 農奴は人格的には解放された。しかし、土地は有償で買い取る必要があったため、農民の大きな負担となった。

【クリミア戦争後のロシアの南下政策】

クリミア戦争に敗北したロシアは、中央アジアや極東方面からの南下を進めるが、いずれもイギリスに阻まれる。

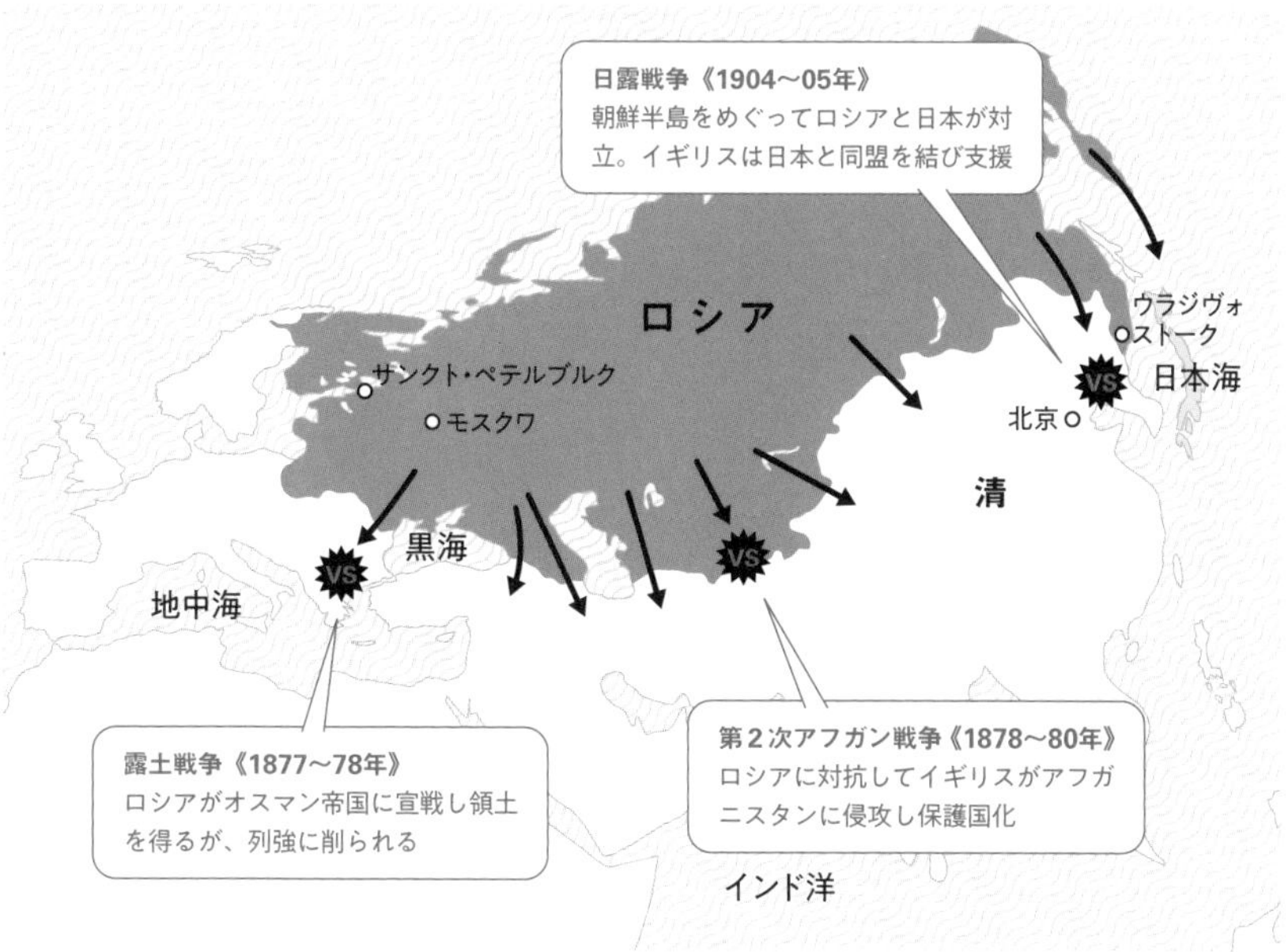
日露戦争《1904～05年》
朝鮮半島をめぐってロシアと日本が対立。イギリスは日本と同盟を結び支援
ロシア
ウラジヴォストーク
日本海
サンクト・ペテルブルク
モスクワ
北京
清
黒海
地中海
VS
VS
VS
露土戦争《1877～78年》
ロシアがオスマン帝国に宣戦し領土を得るが、列強に削られる
第2次アフガン戦争《1878～80年》
ロシアに対抗してイギリスがアフガニスタンに侵攻し保護国化
インド洋

これはロシアの近代化の契機となりました。

クリミア戦争後、ロシアはアジア方面の南下に力を入れました。東アジアでは満洲・朝鮮をめぐり日本と対立し、のちに日露戦争（➡P134）を起こします。中央アジアからは、アフガニスタンに進出しようとしますが、植民地インドを守りたいイギリスと対立し、**第2次アフガン戦争**を起こします。アフガニスタンをめぐる英露の抗争は「グレート・ゲーム」と呼ばれ、現代の中東情勢にも大きく影響しています（➡P186）。また、クリミア戦争後もクリミア半島はロシア領のままでしたが、冷戦期にソ連構成国であるウクライナの領土となりました。しかし、ソ連が崩壊しウクライナが独立すると、クリミア半島をめぐりロシアとウクライナが対立。ロシアは2014年、ロシア系の人々の保護を名目にクリミア半島の併合を宣言、2022年にはウクライナに侵攻し、現在も戦闘が続いています（➡P208）。

後世への影響

クリミア戦争の敗北は、ロシアの南下に対する野心をより一層高め、現在も続く中東問題や、クリミア問題を引き起こした。

第2次アフガン戦争　ロシアの南下阻止のためイギリスがアフガンに侵略し第3次まで起こった。第2次でイギリスはアフガンを保護国化。

イギリスのインド支配が進み「インド帝国」が誕生！

シパーヒーの反乱（インド大反乱）

1857～1859年

【イギリス】

産業革命を迎え、世界の工場として栄える。インドにイギリス東インド会社を建設し、植民地支配を進める。

【ムガル帝国】

インド全域にわたるイスラーム国家。ヒンドゥー教との協調策の放棄や、イギリスの侵略により衰退していく。

なぜ対立した？

牛や豚の脂が反乱のきっかけに！

イギリスの支配に不満をもったインド（ムガル帝国）の人々が起こしたのがシパーヒーの反乱です。18世紀に産業革命でイギリスの綿織物工業が急成長すると、材料となる綿花を栽培させ、製品を売りつけるために、イギリスはインドを植民地化。もとはアジアの特産品を輸入する貿易商館だった東インド会社を通じて支配を進めました。一方で、友好関係を結んだ領主（藩主）の土地は「藩王国《はんおうこく》」として自治を認めます。

イギリスの安価な綿織物がインドに大量に流入し、インドの綿織物産業は大打撃を受けます。さらに国内ではインフレで物価が急騰し、国民の反英感情が高まりました。反乱のきっかけは、東インド会社が、インド人傭兵《ようへい》（シパーヒー）に支給した弾丸の包み紙に、ヒンドゥー教徒が神聖視する牛の脂や、イスラーム教徒が忌み嫌う豚の脂が使われていたこと。不満を爆発させたシパーヒーたちがインド北部のメーラトで反乱を起こします。

シパーヒー｜東インド会社が雇ったインド人傭兵。上位カーストのヒンドゥー教徒や上流階級のイスラーム教徒が多かった。

イギリスによるインド支配

18世紀後半からイギリスの植民地支配が進んだムガル帝国は、インド大反乱後に滅亡。その後、イギリスが直接統治するインド帝国が成立する。

1707年
ムガル帝国の弱体化が始まる
アウラングゼーブ帝がヒンドゥー教徒に税金を課すなど冷遇したため、不満が高まり、その死後に衰退が始まる。

←

1757年
プラッシーの戦い
インド支配をめぐるイギリスとフランスの抗争。イギリスが勝利しインドの植民地化を開始する。

←

1757〜1857年
イギリスがインドの植民地化を進める
インド南部のマイソール王国、中部のマラーター連合、西北部のシク王国を次々と制圧し、支配を広げる。
- 東インド会社を通じてインドを支配し、綿花や茶、アヘンを大量に栽培させる。
- イギリスの綿織物をインドに輸出したことで、インドの綿織物産業が破壊される。

←

1857年
シパーヒーの反乱（インド大反乱）
イギリスの支配に不満をもった、シパーヒーたちが反乱を起こす。インド全域に広がったが、イギリスに鎮圧されムガル帝国は滅亡する。

追放されてしまったのだ…

←

1877年
インド帝国成立
イギリス本国がインドを直接統治。

私がインド帝国の初代皇帝よ

どうなった？

イギリスが支配する「インド帝国」が成立！

挙兵したシパーヒーたちは、大都市デリーを占拠しました。また、ムガル皇帝のバハードゥル・シャー2世を最高指導者に担ぎ出し「皇帝の権力回復」を反乱の目的とします。これにより、宗教・階級を問わず多くの人を味方に付け、反乱はインド全体に広がりました。しかし、イギリスは軍隊をインドに送り、**シク教**の信徒や、藩王たちを味方につけて反撃します。やがて寄せ集めの反乱軍は劣勢となり、デリーは陥落。翌年、皇帝は流刑となりムガル帝国は滅亡しました。

反乱を受けイギリスは、東インド会社によるインド支配に限界を感じます。１８７７年にヴィクトリア女王を初代皇帝とする「インド帝国」を樹立し、本国によるインド直接統治を開始しました。

後世への影響

１９４７年にインド・パキスタンがイギリスから独立する際、藩王国の帰属問題をめぐり印パ戦争（⬇P１６４）が勃発！

シク教　イスラーム教の影響を受けヒンドゥー教を改革し16世紀に生まれた宗教。シク王国を建国したがイギリスが併合。

南北が統一され、現在のアメリカ合衆国に！

南北戦争

1861〜1865年

【北部（アメリカ合衆国）】

商工業が発達し、人口は南部の２倍以上。保護貿易と連邦制を主張し、南部の奴隷制に反対した。

【南部（アメリカ連合国）】

奴隷制のプランテーションによる綿花生産が産業の中心だった。自由貿易と州の自治を主張した。

エイブラハム・リンカン
合衆国の大統領

VS

ジェファソン・デヴィス
連合国の大統領

なぜ対立した？

奴隷制をめぐって南北が対立！

独立を果たしたアメリカ合衆国（➡P86）ですが、南部と北部の州では産業や政治体制が大きく異なりました。とくに「奴隷制」をめぐっては真っ向から対立していました。

　南部の産業は綿花や砂糖、タバコなどのプランテーション農業が中心。労働力の大部分を奴隷に頼っていたため、奴隷制には賛成でした。一方、北部は寒冷のため農業には適しておらず、産業は商工業が中心。北部の起業家や経営者の間では、奴隷制は労働者の向上意欲を低下させるので、廃止するべきだという考えが広がっていました。

　奴隷制は各州にゆだねられ、奴隷制を認める奴隷州（南部）、奴隷制を否定する自由州（北部）に分かれます。1820年にはミズーリ協定により、南北の境界が定められました。また、未開の土地だった西部の開拓も進み、新しい土地での奴隷制の認否をめぐっても対立が深まりました。

　奴隷制が近代化の妨げになるという考えは、当

プランテーション農業｜輸出用作物を栽培する大規模な農園。米ではおもに南部で展開され、先住民やアフリカの黒人を奴隷として用いた。

奴隷制をめぐり南北が衝突

プランテーション農業が中心の南部は、労働力の多くを奴隷に頼っていたため、
奴隷制に反対する北部と対立した。

北部
奴隷制では、労働者のやる気が削がれてしまって、非効率的ではないか？

南部
南部はプランテーション農業が中心だから、労働力である奴隷は絶対必要なのだ！

北部
共和党の私が大統領となったから、新しく開拓した土地では奴隷制は認めぬぞ

南部
南部の奴隷州11州で「アメリカ連合国」を結成して、合衆国なんて離脱してやる！

北部
市場としての南部をこのまま失うわけにはいかない！分離は絶対に許さぬぞ！

時世界的にも広がっていて、イギリスでは1833年に奴隷制が廃止されました。アメリカ国内でも奴隷の反乱や抵抗が頻発します。19世紀半ばには、黒人奴隷の不幸な生涯を描いたストウの小説『アンクル・トムの小屋』が発表され、大反響を呼ぶなど、北部の人々を中心に奴隷解放の機運が高まりました。

こうしたなかで、北部の奴隷制に反対する人々が共和党を結成。そして、1860年に共和党のリンカンが、南部が支持する**民主党**の候補者を破り、大統領に当選します。リンカンは新しく開拓した土地での奴隷制は禁止しましたが、すでにある奴隷州の存続は認めました。

しかし、不満がおさまらない南部の11州は、民主党のジェファソン・デヴィスを大統領に立て「アメリカ連合国」を設立。綿花の輸出先としてつながりの深いイギリスを味方につけて、アメリカ合衆国から分離します。対立は決定なものとなり、南北戦争が始まったのでした。

南部は綿花の輸出先であるイギリスとの関係が深いからやっかいだなあ…

民主党　西部・南部の白人の支持で1820年代に活動を開始。奴隷制維持を主張したが、南北戦争以降は徐々にリベラルに転換。

戦争直前の南部と北部

南北戦争直前には19州が自由州、15州が奴隷州だった。
そのうち、11州の奴隷州が連合国として合衆国から分離した。

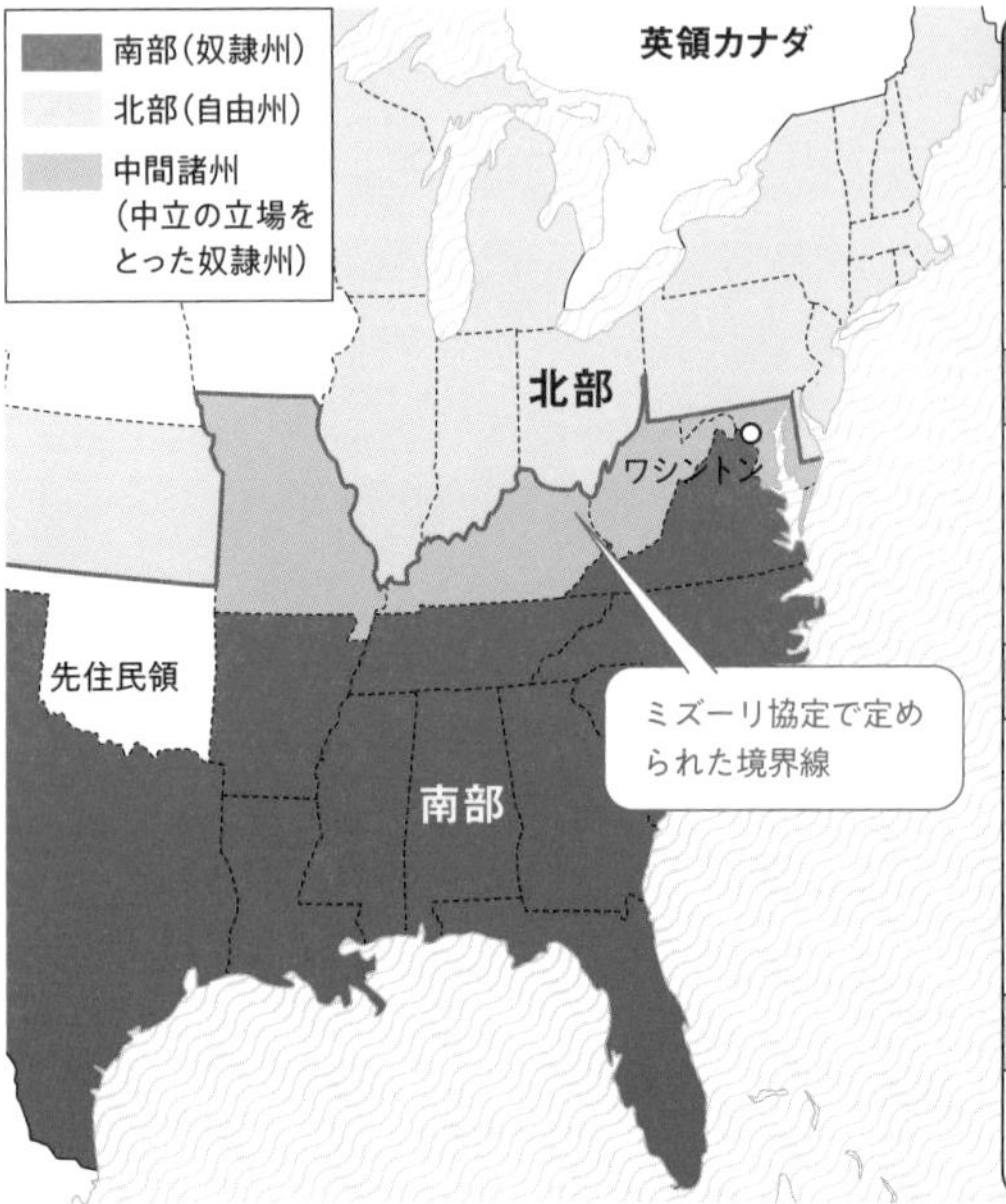
南部（奴隷州）
北部（自由州）
中間諸州
（中立の立場をとった奴隷州）
英領カナダ
北部
ワシントン
先住民領
ミズーリ協定で定められた境界線
南部

南部	北部
産業	
プランテーション農業が中心	商工業が中心
政治体制	
州の自治の拡大を求める州権主義	連邦政府の権限拡大を求める連邦主義
貿易	
イギリスへの綿花輸出を増やすため自由貿易を主張	イギリス製品の輸入を制限するため保護貿易を主張
奴隷制	
賛成	反対

どうなった？

北部の勝利で奴隷解放が認められたが差別は残る

南部の人口が900万人なのに対し、北部はその2倍以上。また工業のほとんどが北部に集中しており、兵士の数から武器の製造量まで、圧倒的に北部が有利な状況でした。ところが、北部軍が初戦で敗北してしまったこともあり、戦争は約4年間に及ぶ長期戦となってしまいます。

リンカンは1862年、「合衆国の土地を無償で開拓者に与える」といった内容のホームステッド法を公布。これにより西部の人々の支持を集め、北部は勢いを盛り返します。さらに翌年、リンカンはロシアの農奴解放令（➡P108）の影響を受け「奴隷解放宣言」を出します。こうして奴隷とされていた黒人の人々や、すでに奴隷制を禁止していたイギリスを味方につけることに成功します。そして同年、南北戦争の決戦ともいわれる**ゲティスバーグの戦い**で北部が勝利。戦死者の追悼式でリンカンは「人民の、人民による、人民のための政治」という有名な演説を行いました。

ゲティスバーグの戦い　ペンシルヴェニア州南部の小村ゲティスバーグで行われた、南北戦争最大の戦い。3日間に及ぶ激戦で北軍が南軍を撃退した。

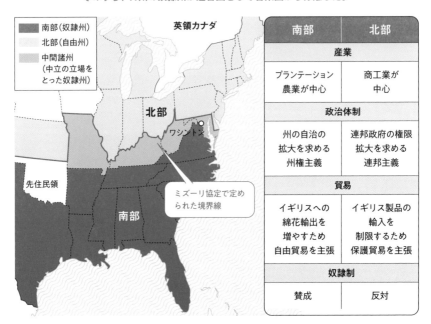

リンカンの奴隷解放宣言とその実態

奴隷解放宣言により憲法上で奴隷は解放されたが、差別は根深く残った。

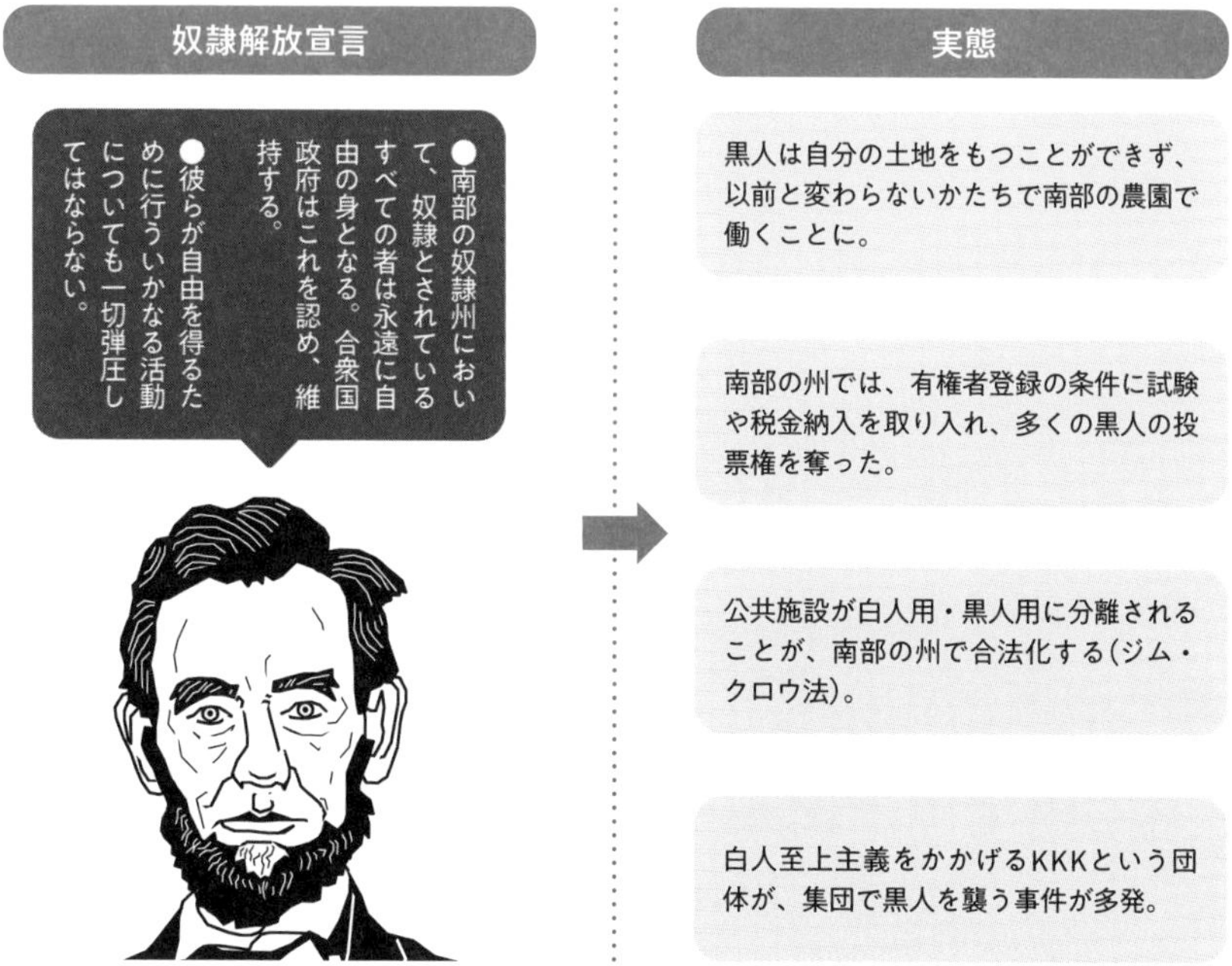
奴隷解放宣言
●南部の奴隷州において、奴隷とされているすべての者は永遠に自由の身となる。合衆国政府はこれを認め、維持する。
●彼らが自由を得るために行ういかなる活動についても一切弾圧してはならない。
実態
黒人は自分の土地をもつことができず、以前と変わらないかたちで南部の農園で働くことに。
南部の州では、有権者登録の条件に試験や税金納入を取り入れ、多くの黒人の投票権を奪った。
公共施設が白人用・黒人用に分離されることが、南部の州で合法化する(ジム・クロウ法)。
白人至上主義をかかげるKKKという団体が、集団で黒人を襲う事件が多発。

戦争は北部優勢で進み、1865年にとうとう南部が降伏しました。こうして南北は統一され、北部主導の産業革命が進められることとなります。戦後、リンカンは南部の支持者に暗殺されてしまいますが、彼が表明した「奴隷解放宣言」の内容は議会で可決され、黒人に市民権や参政権が与えられました。

ところが、やがて北部勢力が南部から撤退すると、南部は黒人への差別を復活させます。19世紀末頃から学校・公園・鉄道などの公共施設で、黒人用と白人用が分けられるなど差別が容認。さらに南部の白人を中心に白人至上主義を掲げる**KKK**という団体が組織され、集団で黒人を襲う事件も多発します。20世紀半ば、キング牧師らが黒人の基本的人権を求めるために行った公民権運動が世界的な支持を集め、1964年に公民権法が成立。法的に差別は禁止されましたが、未だに差別意識は根深く残っており、アメリカの分断は続いています。

後世への影響

差別は現在も残り2014年には黒人男性が白人警官に殺害された事件をきっかけに人種差別に抗議するBLM運動が起こった。

KKK(クー・クラックス・クラン) 1865年に旧南軍兵士らが結成した秘密結社。白人至上主義を掲げ黒人への暴力や殺害を行った。

帝国主義政策の対立

19世紀後半、イギリスやフランス、ドイツ、ロシアなどの列強（強国）では第2次産業革命が起き、重化学工業が発展しました。資源の供給地や商品の売り込み先として植民地を重視するようになり、1880年代頃からアジアやアフリカの諸地域に競って進出しました。この動きを帝国主義といいます。

列強のうち、とくに経済力が強かったのがイギリス・フランス・ドイツです。19世紀後半、世界の超大国に君臨していたイギリスは、欧州のいずれの国とも同盟をしない「光栄ある孤立」という外交方針で、領土拡大に積極的なフランスやロシアとは対立しました。イギリスの植民地は圧倒的に多く、その繁栄は「パクス・ブリタニカ（「イギリスの平和」の意）」と称されます。

ところが、このパワーバランスはドイツの台頭によって変化していきます。1871年、普仏戦争（プロイセン・フランス戦争）に勝利したドイツ

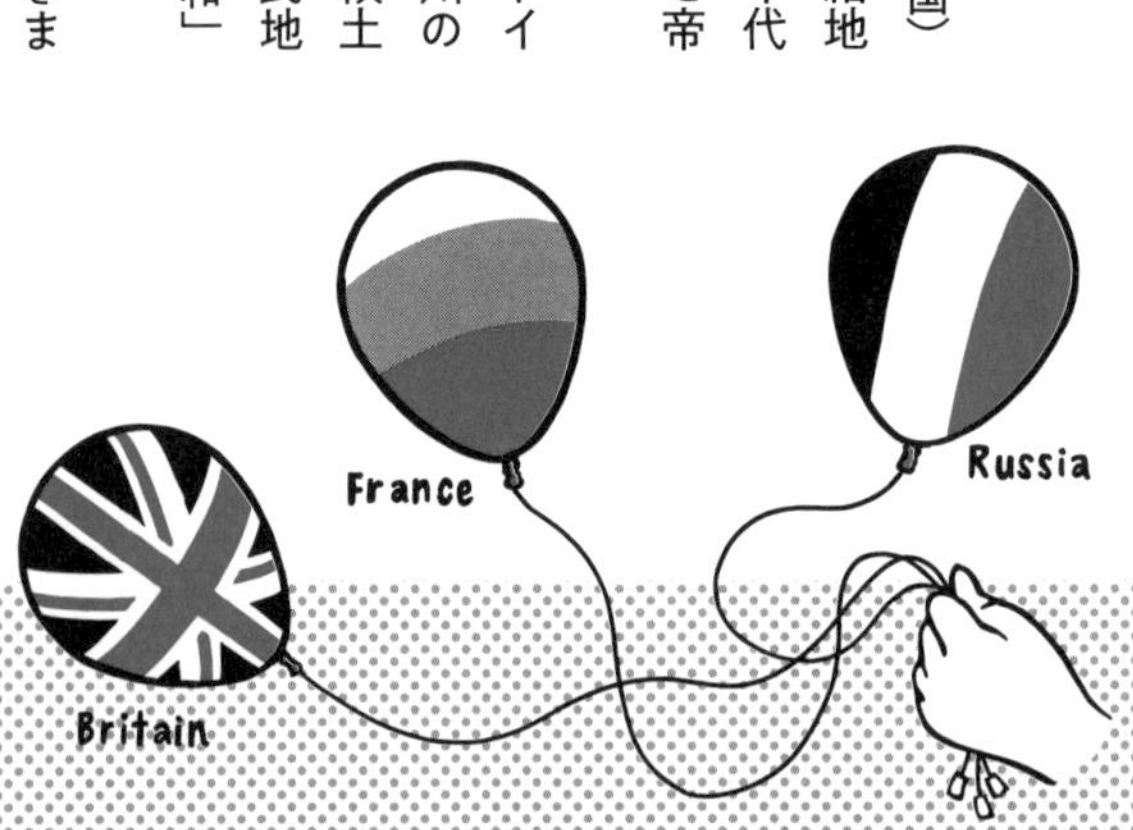

が統一を果たします。宰相ビスマルクは、打ち負かされたフランスの復讐を警戒し、巧みにフランスを孤立させるビスマルク外交を展開。ドイツ・オーストリア・イタリアの三国同盟などを締結しました。しかし、1888年に即位した皇帝ヴィルヘルム2世はビスマルクを辞任させ、積極的な海外進出を推し進めます。この動きはイギリスを警戒させました。

南下政策を進めるロシアと世界政策を進めるドイツを、押さえつけるのが難しくなったイギリスは、「光栄ある孤立」を手放すことを決意。1902年には、ロシアの極東方面からの南下を食い止めるため、日本と日英同盟を結びました。1904年には、ドイツに対抗するため、ファショダ事件（➡P130）で対立していたフランスと英仏協商を締結します。

一方、日露戦争で敗れたロシアは極東での南下を諦め、バルカン半島に関心を向けました。これにより、ロシアとドイツ・オーストリアの対立が激化します。さらに、イギリスはドイツを警戒し、フランス・ロシアと同盟します（三国協商）。このように、帝国主義国が自国の利益のために結びついた結果、第一次世界大戦前夜には「イギリス・フランス・ロシア」と「ドイツ・オーストリア」という構図ができあがっていました。

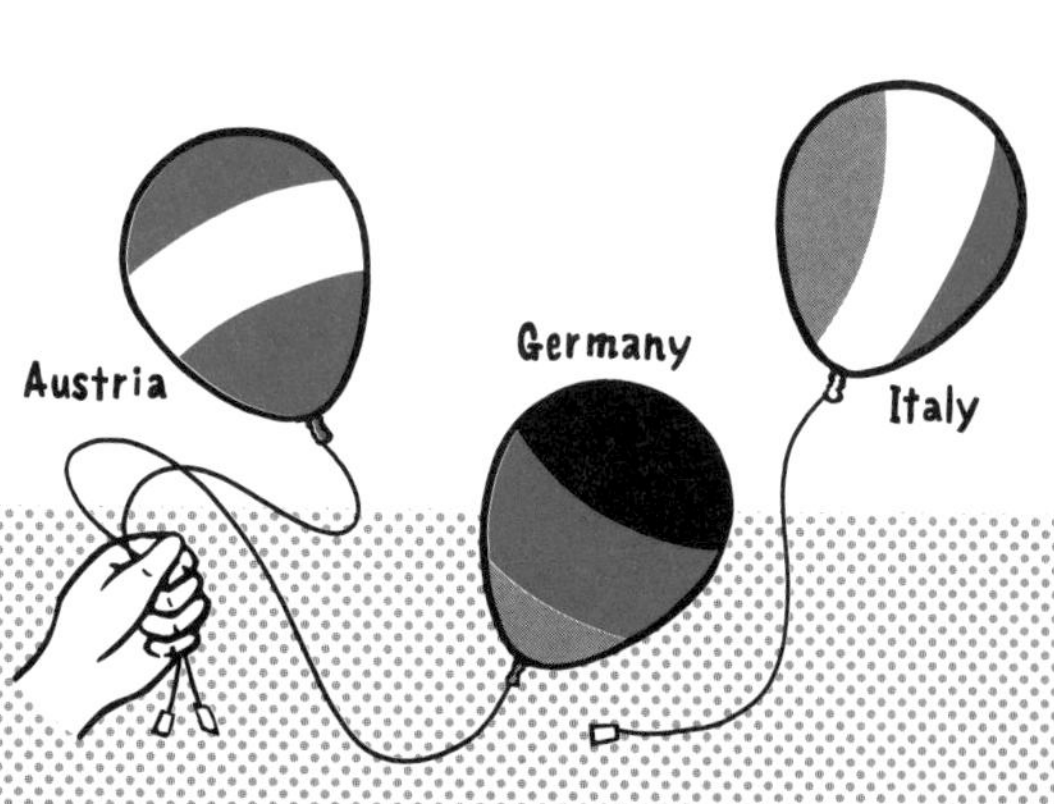

ドイツが統一し、フランスと仲が悪くなる…

普《ふ》仏《ふつ》戦争（プロイセン・フランス戦争）

1870～1871年

【フランス】

皇帝ナポレオン３世は、かつてのフランスの繁栄と産業革命の完成を目指して、積極的に対外政策を推進した。

【プロイセン王国】

国民のほとんどがドイツ人だった。19世紀になると、ドイツ人の統一国家建国を目指す世論が高まった。

ナポレオン3世
フランス皇帝

VS

ビスマルク
プロイセン首相

なぜ
対立した？

フランスの存在がドイツ統一の邪魔だった

ドイツの統一を目指すプロイセン王国と、それを防ぎたいフランスの間で起こったのが、普仏戦争（プロイセン・フランス戦争）です。

プロイセン王国は現在のドイツ北部からポーランド西部を領土とした国家でした。ナポレオンに占領された19世紀初めには、国民の間でナショナリズムが高まり、同じドイツ語を話すドイツ人の国家を統一しようという動きが出てきます。

ナポレオン戦争後のウィーン体制（➡P97）下で、ドイツ人を中心とした緩やかな枠組みである「ドイツ連邦」が成立します。ただし、この連邦はプロイセンやオーストリアをはじめ、別々の君主が支配する国や都市からなり、統一国家とはほど遠いものでした。この頃グリム兄弟がドイツの民話を集めた『グリム童話集』を編さんするなど、ドイツ統一を望む声が高まりました。１８３４年にはプロイセンを中心に、ドイツ連邦内の18か国が加盟する**ドイツ関税同盟**が結ばれ、経済面の統一が進みました。

ドイツ関税同盟　プロイセンを中心にドイツ連邦内で結成。同盟国内の関税を廃止して経済の一体化を図った。

普仏戦争までの流れ

19世紀に広がったナショナリズムの影響で、ドイツ統一の動きが高まった。

1815年
ナポレオン戦争後のウィーン会議の結果35の君主国と4つの自由都市からなるドイツ連邦が成立。

↓

1834年
プロイセンを中心にドイツ関税同盟が結ばれ、ドイツにおける経済の一体化が進む。

↓

1848年頃
ヨーロッパ各地でナショナリズムが高まる。

フランスでも革命が起こり、私が政権を握ることになったのだ

↓

1862年
プロイセン王のヴィルヘルム1世が即位し、ビスマルクが首相となる。

↓

1867年
プロイセンがオーストリアとの普墺戦争に勝利し北ドイツ連邦が成立。

ドイツ人の統一を目指すのだ！

↓

1870年
ビスマルクがエムス電報事件を起こし、フランスがプロイセンに宣戦布告する。

↓

普仏戦争

19世紀半ばには、ドイツ連邦を構成するプロイセンとオーストリアが、統一の主導権をめぐって対立。こうして、1866年に普墺《ふおう》戦争が起こりますが、ビスマルク首相の主導で軍事化が進んでいたプロイセンが勝利しました。この結果、プロイセンは、ドイツ北部を統一し「北ドイツ連邦」を結成。続いて南部の併合を目指します。

　ところがこの動きに、南部と接するフランスが警戒します。また、北ドイツはプロテスタントが中心なのに対し、南部はカトリックが多かったので、同じカトリックのフランスは、南部の肩をもちました。プロイセンはドイツ統一のために、なんとしてもフランスを倒さなければいけませんでした。

　フランスとの戦争のきっかけを探していたビスマルクは、1870年、**スペイン王位継承問題**に関する電報文を、フランスの人々が反感をもつように改ざんします。この「エムス電報事件」をきっかけに、ビスマルクのねらい通りフランスがプロイセンに宣戦布告し、普仏戦争が開戦しました。

南部を統一してドイツ人の国家をつくるため、フランスを倒さなければならない！

スペイン王位継承問題　スペイン女王が革命で亡命し浮上した後継問題。プロイセンが推すレオポルトが候補となるがフランスの反対で辞退。

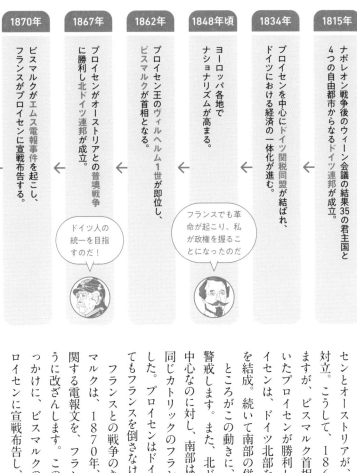

【 ビスマルク体制 】

**ビスマルクはフランスを孤立させるため、
オーストリア・ロシア・イタリアと同盟を結び、イギリスとは友好関係を築いた。**

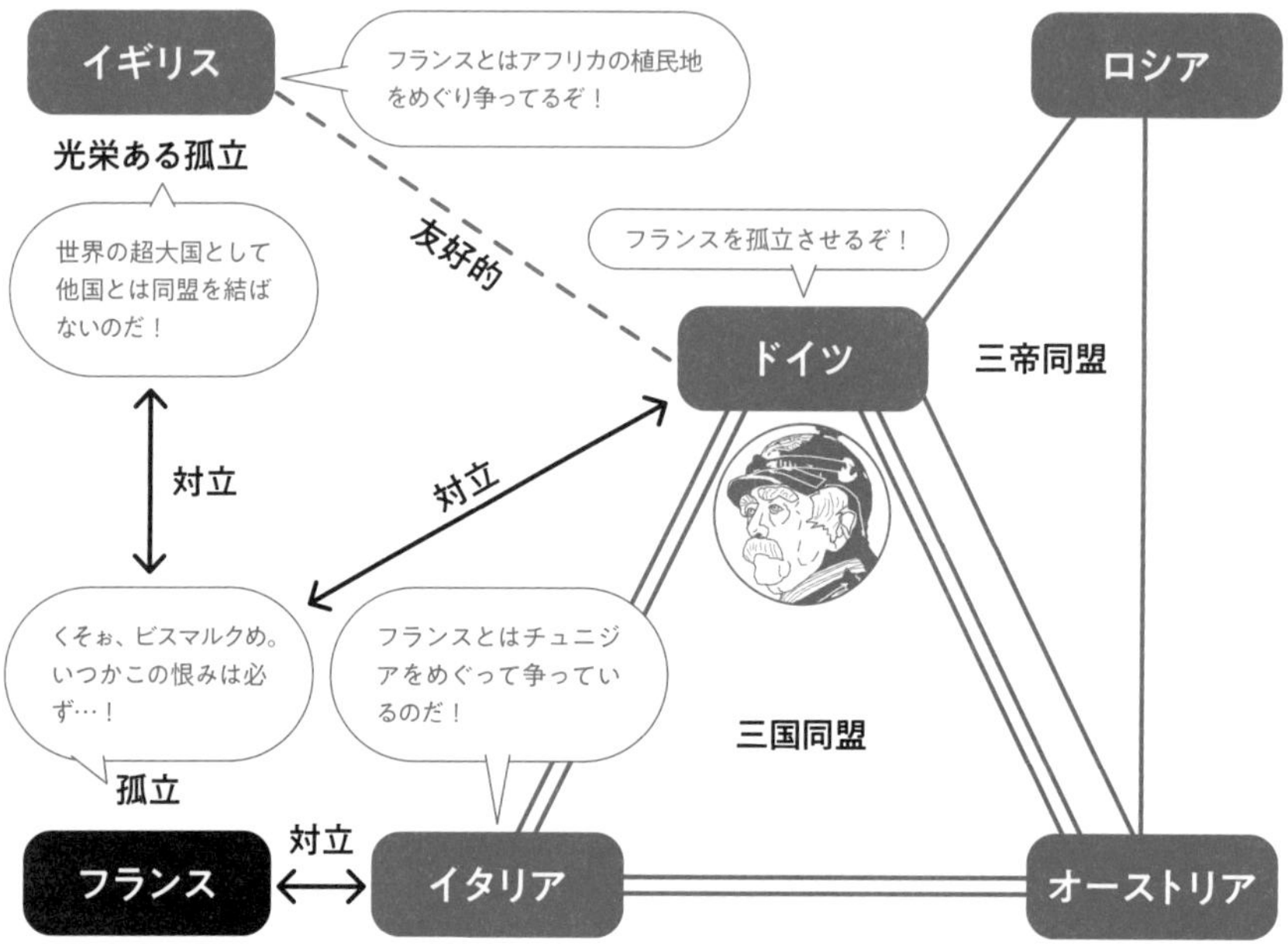
イギリス
フランスとはアフリカの植民地をめぐり争ってるぞ！
光栄ある孤立
世界の超大国として他国とは同盟を結ばないのだ！
友好的
ロシア
フランスを孤立させるぞ！
ドイツ
三帝同盟
対立
対立
くそぉ、ビスマルクめ。いつかこの恨みは必ず…！
フランスとはチュニジアをめぐって争っているのだ！
三国同盟
孤立
対立
フランス
イタリア
オーストリア

どう なった？

ドイツが統一され ヨーロッパの強国に成長！

フランスの皇帝ナポレオン3世は、自ら前線におもむき指揮をとりました。しかし、周到に作戦を練っていたプロイセンに圧倒されてしまいます。連敗を喫したフランス軍は、最終決戦となったスダンの戦いでも大敗し、ナポレオン3世もプロイセン軍の捕虜となってしまいました。このことがパリに伝わると、パリ市民が暴動を起こし、ナポレオン3世は失脚します。

フランスが敗北し、後ろ立てを失った南部ドイツはプロイセンによるドイツ統一を受け入れました。プロイセンは、1871年にフランスのヴェルサイユ宮殿を占領。ここで、国王ヴィルヘルム1世がドイツ皇帝に即位し、**ドイツ帝国**の成立を宣言します。こうして、プロイセンは悲願のドイツ統一を成しとげたのでした。

戦後、フランスはプロイセンに対し、50億フランの賠償金を支払うことと、鉄・石炭の産地である**アルザス・ロレーヌ地方**をゆずり渡すという条

ドイツ帝国 | 1871年にプロイセンを中心に成立した国家。第一次世界大戦末期に、ドイツ革命が勃発し1918年に崩壊した。

【普仏戦争以降の独仏関係】

**普仏戦争以降、フランスとドイツは基本的に対立関係になる。
第二次世界大戦後、二度と戦争を起こさないために、EUの前身となるECSCが結成された。**

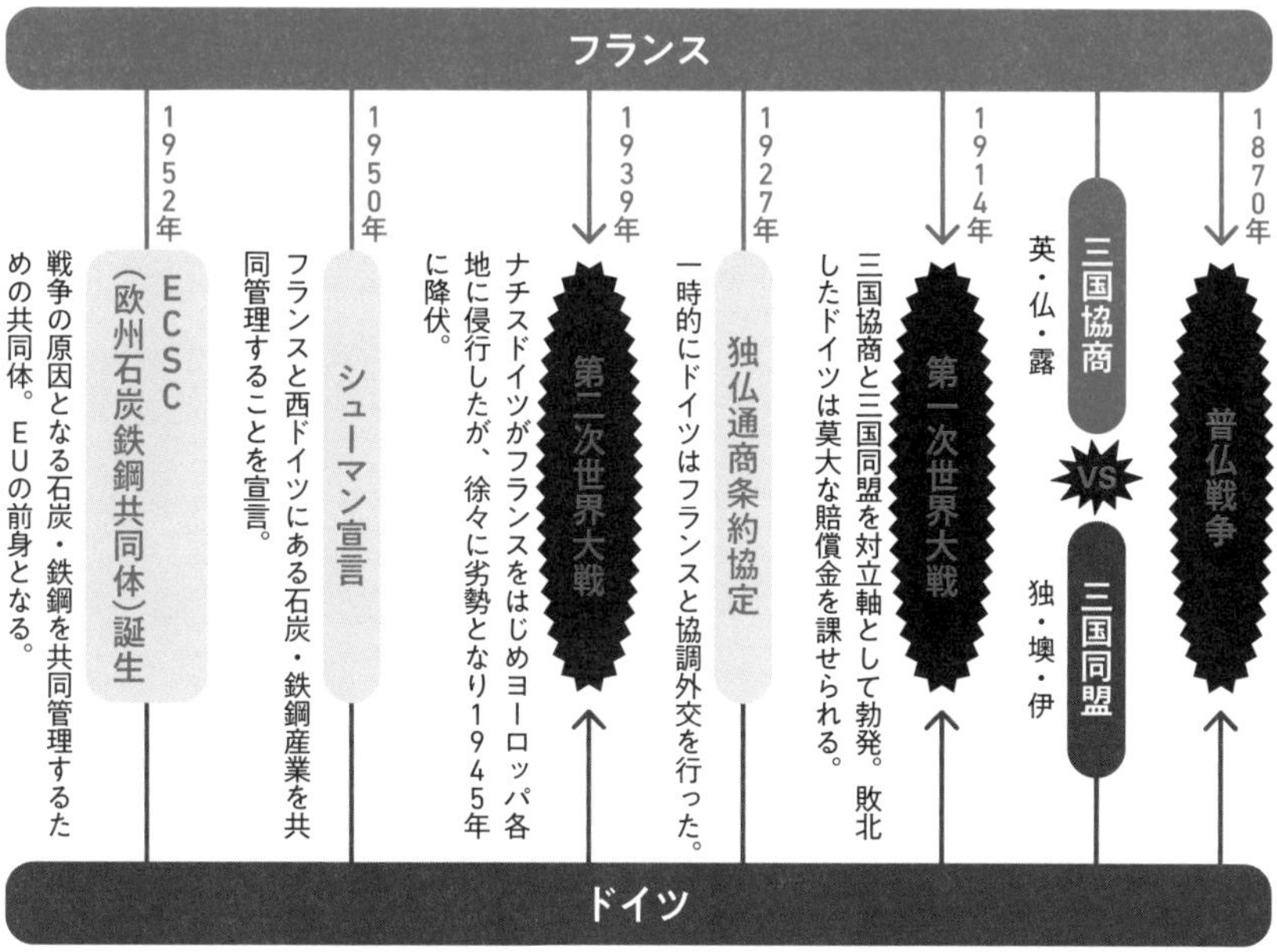
フランス
1870年
普仏戦争
三国協商
英・仏・露
VS
三国同盟
独・墺・伊
1914年
第一次世界大戦
三国協商と三国同盟を対立軸として勃発。敗北したドイツは莫大な賠償金を課せられる。
1927年
独仏通商条約協定
一時的にドイツはフランスと協調外交を行った。
1939年
第二次世界大戦
ナチスドイツがフランスをはじめヨーロッパ各地に侵行したが、徐々に劣勢となり1945年に降伏。
1950年
シューマン宣言
フランスと西ドイツにある石炭・鉄鋼産業を共同管理することを宣言。
1952年
ECSC（欧州石炭鉄鋼共同体）誕生
戦争の原因となる石炭・鉄鋼を共同管理するための共同体。EUの前身となる。
ドイツ

件で講和しました。これによりドイツ帝国は近代化を達成し軍事大国として成長します。一方で外交については、ビスマルクは再びフランスが力をつけることを恐れ、フランスを孤立させる政策を行いました。これはビスマルク外交といわれ、1873年には三帝同盟（ドイツ・オーストリア・ロシアの同盟）、1882年には三国同盟（ドイツ・オーストリア・イタリアの同盟）を締結しました。

ところが、ヴィルヘルム1世の後に即位したヴィルヘルム2世は、ビスマルク体制から一転し、ドイツの世界帝国化を目指します。この動きはイギリスやロシアを警戒させました。

普仏戦争後、フランスはドイツに強い恨みをもち、この対立が第一次、第二次世界大戦を引き起こすことになりました。大戦後、フランスとドイツは二度と悲惨な戦争を起こさないために、石炭・鉄鋼産業を共同管理するECSCを結成。これが現在のEU（欧州連合）となりました。

後世への影響

普仏戦争はドイツとフランスの間に遺恨を残すことになり、第一次大戦、第二次大戦を引き起こす布石となった。

アルザス・ロレーヌ地方　仏独の国境地帯にあり石炭や鉄鋼石など資源が豊富。17世紀に仏領、普仏戦争で独領、第一次大戦で仏領となる。

日本が近代化を達成し、現在の日本の基礎ができる！

明治維新

1868年

【旧幕府軍】

大政奉還により滅亡した江戸幕府だが、将軍に忠誠を誓う旧幕府の志士たちが、新政府軍に反発し挙兵した。

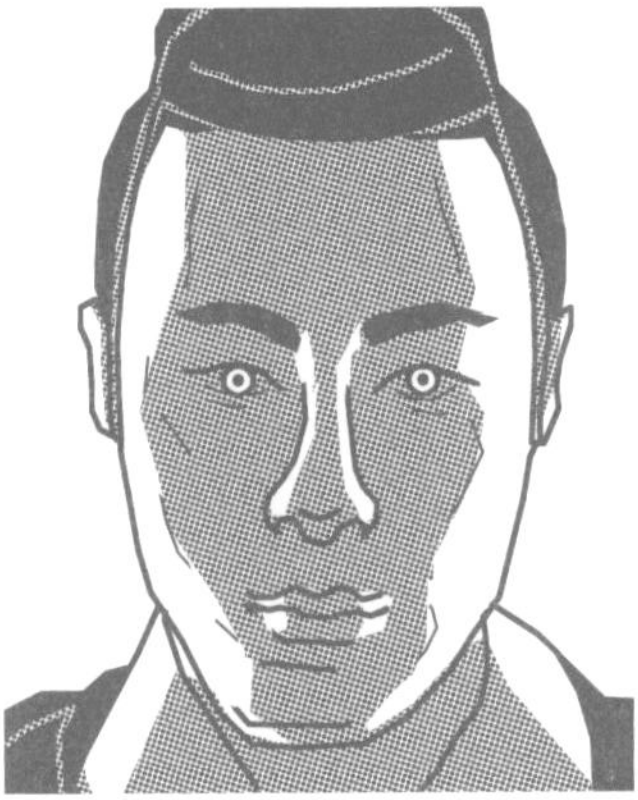

徳川慶喜《とくがわよしのぶ》
江戸幕府将軍

VS

【新政府軍】

薩摩藩と長州藩を中心とする開国・倒幕派。明治天皇を頂点に新政府を立ち上げて近代化を進めた。

明治天皇
天皇

なぜ対立した？

幕府の力が弱まり薩長が倒幕を目指した！

江戸時代、日本は鎖国体制をとり貿易相手を制限していました。しかし、19世紀半ば以降、諸外国が開国を求め日本に度々やってくるようになります。そして1853年、ペリー率いる黒船が浦賀に来航。開国を求められた幕府は、翌年「日米和親条約」を結び、下田と箱館を開港しました。

アメリカはさらに日本との貿易を要求してきました。選択を迫られた大老の井伊直弼《いいなおすけ》は、天皇の許しがないまま「日米修好通商条約」に調印。これは関税自主権がなく**領事裁判権**を認める不平等な内容で、その後イギリスなどの4か国とも同様の条約を結びました。こうして横浜・長崎・箱館で貿易が始まりますが、輸出超過による品不足で激しく物価が上がった上に、日本と海外で金と銀の交換比率が違ったため金が大量に海外に流出。経済の混乱で、外国人を敵視する「攘夷《じょうい》」思想が高まり、天皇の権威を重んじる「尊王《そんのう》」論と結びついて尊王攘夷運動が起こりました。

領事裁判権｜外国人が日本で罪を犯した場合、日本ではなく外国の領事が外国の法律で裁く権利で、日本はこれを認めた。

【開国から倒幕までの流れ】

尊王攘夷を主張していた長州藩と、公武合体を主張していた薩摩藩が、ともに開国・倒幕に傾いたことが、倒幕の大きな要因となった。

尊王攘夷運動が活発になる
日本は欧米と貿易を開始し、尊王攘夷運動が起こる。

←

第1次長州征討が起こる
尊王攘夷を主張する長州藩を征伐するため、幕府軍が長州に出兵。

←

薩長の意見が開国・倒幕に変わる
長州藩では高杉晋作らが、薩摩藩では西郷隆盛らが藩政を握り、ともに開国・倒幕を目指す。

←

薩長同盟が結ばれる
土佐の坂本龍馬の仲介で薩摩と長州が手を組む。

←

第2次長州征討が起こる
幕府軍が再び長州に出兵するが、薩摩藩が長州藩を支援し、幕府が敗北する。

←

徳川慶喜が大政奉還を表明
15代将軍・徳川慶喜が政権を朝廷に返す。

←

王政復古の大号令
薩長を中心とする志士が、明治新政府の樹立を宣言し、徳川家を政権から追い出した。

いったん朝廷に
政権を返そう…

尊王攘夷派から非難された井伊直弼は、将軍の後継をめぐっても幕府内で対立し、江戸城の桜田門外で暗殺されました。

　こうした事件で幕府の権威が失われると、薩摩《さつま》藩や長州藩などの有力な藩が発言力を高めます。薩摩藩は朝廷と幕府が協力して政治を行う「公武合体」を主張。一方、長州藩は「尊王攘夷」を主張し、京都では過激派によるテロが頻発します。この結果、長州藩は幕府や薩摩藩と対立し、**第1次長州征討《せいとう》**で幕府軍に敗れました。

　一方この頃、薩摩藩・長州藩はともに諸外国からの攻撃を受けていました。欧米の軍事力を目の当たりにした志士たちは「攘夷は難しいし、幕府に政治を任せられない」と考えます。長州藩では開国・倒幕派の高杉晋作らがクーデタを起こし、藩政を掌握。薩摩藩では、西郷隆盛らが実権を握り、開国・倒幕の意志を固めました。目的を同じくした薩長両藩は、土佐藩の坂本龍馬らの仲介で、薩長同盟を締結するにいたります。

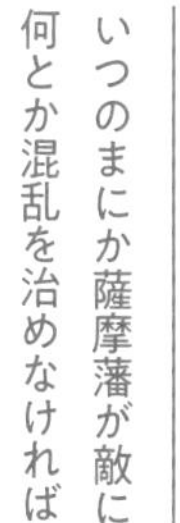
いつのまにか薩摩藩が敵になっている!
何とか混乱を治めなければ…

第1次長州征討｜長州藩の志士たちが京都で反乱を起こしたため、長州征伐の勅令が出され行われた。長州藩は降伏し幕府に従った。

【 大政奉還 】

倒幕運動が激しくなったため、慶喜はいったん政権を朝廷に返して、新政権で権力を保とうと考えたが、その目論みは叶わなかった。

「大政奉還」邨田丹陵／聖徳記念絵画館蔵

大政奉還の様子

京都の二条城で、徳川慶喜は家臣たちに大政奉還を表明した。奥の上段に座っているのが慶喜だ。

大政奉還後に、薩長の志士たちが明治新政府をつくり、私は政権から除外されてしまったのだ…

どう なった？

幕府は滅亡し明治新政府が誕生！

1866年、幕府は2度目の長州征討を行いますが、薩摩藩の協力を得られず休戦に追い込まれました。この頃、ナポレオン3世が治めるフランスが幕府を援助していましたが、それに対抗したイギリスが、薩摩・長州の倒幕勢力を支援。薩長はイギリスから最新兵器を購入し、倒幕運動を優位に進めていきます。

倒幕運動が活発になったため、1867年、15代将軍・徳川慶喜は朝廷に政権を返上する「大政奉還」を表明。慶喜は、いったん政権を手放して反乱を鎮《しず》め、新政権で権力を保とうと目論んだのです。

ところが、倒幕派は「**王政復古の大号令**」を発して、明治新政府の樹立を宣言し、慶喜を新政府から追い出しました。怒った旧幕臣たちが、京都の鳥羽・伏見で挙兵しますが、新政府軍に鎮圧されます。さらに、江戸城が新政府軍の手に渡ると、旧幕臣たちは猛反発。上野や東北、北陸、最後は

王政復古の大号令 ｜ 大政奉還後の1867年12月に倒幕派が発したもの。武家政治を廃し、天皇中心の君主政治に戻すことが定められた。

明治新政府の改革

新政府は天皇を頂点に土地と人を直接治める体制をとり、
軍事、教育、産業などあらゆる面で改革を行った。

統治

江戸 幕府が大名を各藩に配置し治めさせた。

▼

明治 藩が廃止され、府と県が置かれ、中央から府知事・県令が派遣された（廃藩置県）。

身分制度

江戸 武士・農民・職人・商人で身分が分かれていた。

▼

明治 大名・公家は華族に、武士は士族に、農民・職人・商人は平民になった（四民平等）。

教育

江戸 藩校や寺子屋はあったが義務教育ではない。

▼

明治 学制が公布され、大・中・小学校を整備。男女すべての国民が学べる教育を目指す。

税金

江戸 その年の米の収穫高によって年貢量が変化。

▼

明治 税は米ではなく金で納めさせ、税率は地価の3％に定められた（地租改正条例）。

軍隊

江戸 幕末に武士が中心の軍隊が編成された。

▼

明治 20歳以上の男子が3年間、兵役についた（徴兵令）。士族は刀をもつことが禁止された。

産業

江戸 職人によって手作業で商品がつくられた。

▼

明治 欧米の技術や機械を導入した工場をつくり、大量生産が可能になった。

蝦夷地（北海道）で抵抗しますが、いずれも鎮圧され、ついに降伏しました（戊辰戦争）。

1868年、新政府は「**五箇条の御誓文**」という基本方針を発布。古い慣習を捨て、天皇を頂点とする新しい国づくりを行うことを示しました。年号は明治に改められ、江戸は東京に改名、明治天皇も東京へ移動しました。

新政府は、幕末に結んだ不平等条約の改正を欧米諸国に認めさせるために、欧米諸国のように国を豊かにし、強い軍隊をつくる「富国強兵《ふこくきょうへい》」を目指しました。最新の設備や技術を導入した工場を建て近代的な産業を育成したり、「徴兵令」を公布して軍隊を整備したりするなど、次々と政策を打ち出します。1889年には大日本帝国憲法が発布され、東アジア初の立憲国家となりました。

ほかにも、税金制度の見直しや学校教育の整備、郵便制度の開始など、明治維新によって今の日本の基礎がかたちづくられました。

後世への影響

日本は欧米の制度や技術を積極的に取り入れ、東アジアで最も早く近代化を達成。現在の日本につながる制度や思想が生まれた。

五箇条の御誓文　新政府の基本方針で天皇が神に誓う形で発布された。世論に従って政治を行うことなどが定められた。

清は滅びの道へ。中国大陸が支配されていくことに…

日清戦争

1894〜1895年

【清】

伝統的な思想や制度が残り近代化できない。古くから従属させてきた朝鮮をめぐり日本と対立する。

【日本】

明治維新で近代化を進めるが、列強との不平等条約の改正に失敗。列強と肩を並べるため植民地の獲得を目論む。

光緒帝《こうしょてい》
清皇帝

VS

伊藤博文《いとうひろぶみ》
日本総理大臣

なぜ
対立した？

日本が朝鮮半島に進出し朝鮮を従える清が反発！

近代化を推し進める明治政府ですが、近隣諸国とはどのような外交を行ったのでしょう？ 開国後に交流が増えた清とは、1871年に「日清修好条規」を結びます。これは日本が外国と初めて結んだ「対等」な条約でした。

また、鎖国中の朝鮮には開国を要求しましたが、清を**宗主国**としていたため、独自の交渉はできないとして拒否されました。そこで、日本は朝鮮を挑発して日本の軍艦を攻撃させ、朝鮮政府に責任を追求しました（江華島《こうかとう》事件）。こうして1876年、日本に有利な不平等条約である「日朝修好条規」を締結。日本は朝鮮の独立と近代化を目指し、内政に強く干渉していきます。

日本が朝鮮の独立にこだわった理由のひとつには、ロシアの脅威がありました。南下を進めるロシアに朝鮮を奪われてしまえば、次は日本がねらわれるかもしれません。日本は清と対立してでも、朝鮮に影響力を強めたかったのです。

宗主国｜従属国の政治や外交に大きな権限をもち、同時に保護する国家。日清戦争後の朝鮮独立で清の宗主権は失われた。

朝鮮をめぐる日清の関係

朝鮮を開国させた日本は、朝鮮の独立を求め軍事介入するようになる。一方、朝鮮の宗主国である清は、従属関係の維持を求めた。

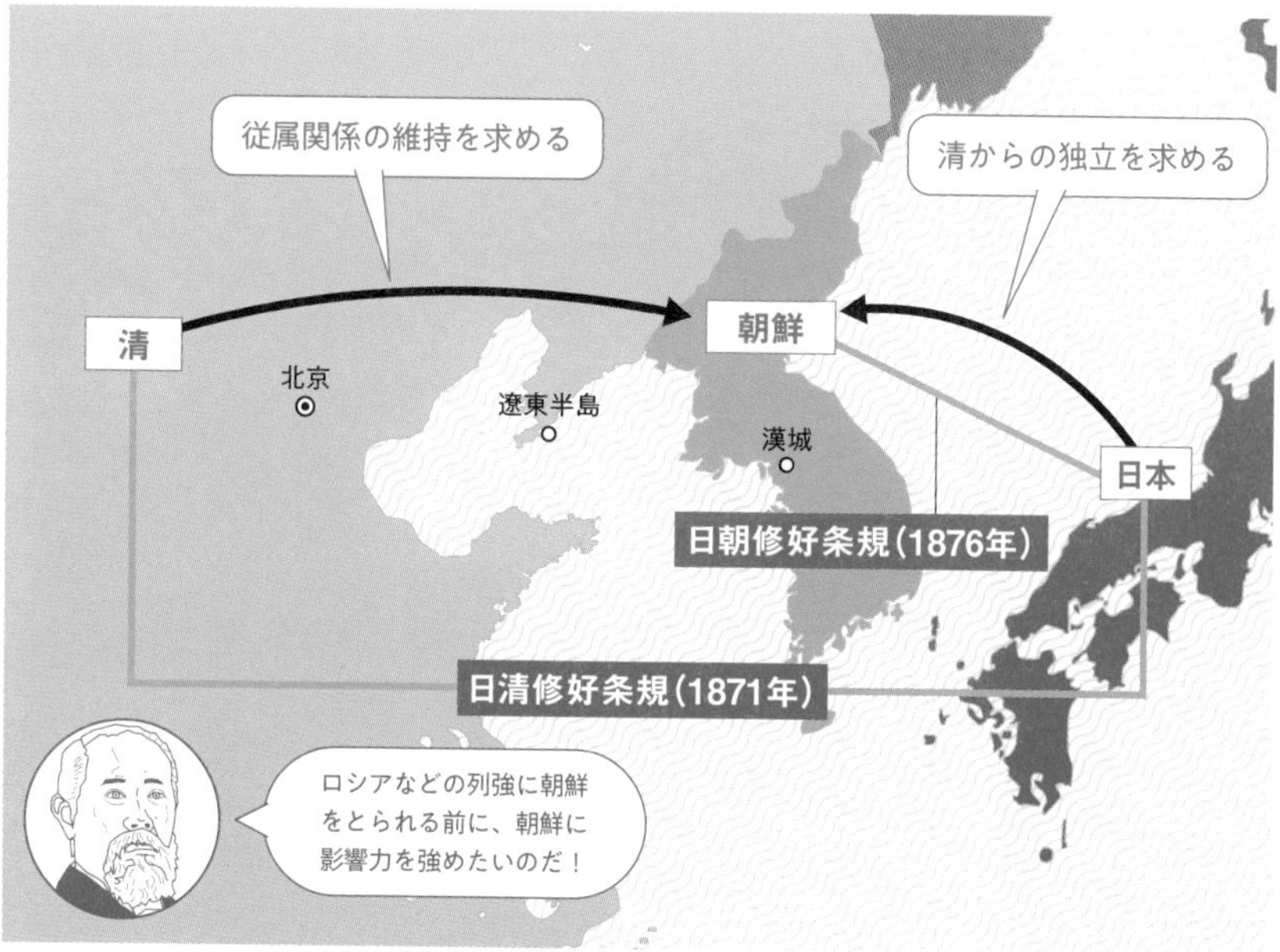
従属関係の維持を求める
清からの独立を求める
清
朝鮮
北京
遼東半島
漢城
日本
日朝修好条規（1876年）
日清修好条規（1871年）
ロシアなどの列強に朝鮮をとられる前に、朝鮮に影響力を強めたいのだ！

開国した朝鮮国内では、親清派と親日派で対立が生まれていました。1882年には、親日派の**閔氏**《びんし》政権に軍隊がクーデタを起こしますが、清が鎮圧（壬午軍乱）。1884年には、親清派に転換した閔氏政権に対し、親日派がクーデタを起こしますが、失敗します（甲申政変）。

親日派のクーデタ失敗で、日本の朝鮮への影響力は弱まりました。そんななか、ロシアの東アジア方面の南下を警戒したイギリスが、日本に接近してきました。イギリスが清に味方をしないと確認した日本は、清に強気な姿勢で挑んでいきます。

1894年、朝鮮国内では農民の大規模な反乱である「甲午農民戦争」が起こりました。朝鮮政府の腐敗や重税、日本の干渉に対する反発が原因でした。反乱を抑えられなかった朝鮮政府は、清へ援軍を要請します。すると、これに反応した日本軍も朝鮮に出兵。その地にとどまって「清から朝鮮の独立を守る」ことを名目に清に宣戦布告したのです。こうして日清戦争が開戦しました。

朝鮮は17世紀からずっと清の従属国なのだ。日本の勝手なマネは許さない！

閔氏　朝鮮国王の高宗に閔妃が嫁ぎ、実権を握った一族。親日派だったが２度のクーデタで清に救われ親清派に転換した。

日清戦争までの流れ

日本と清はたびたび朝鮮に軍事介入し、甲午農民戦争を機に直接衝突することに。

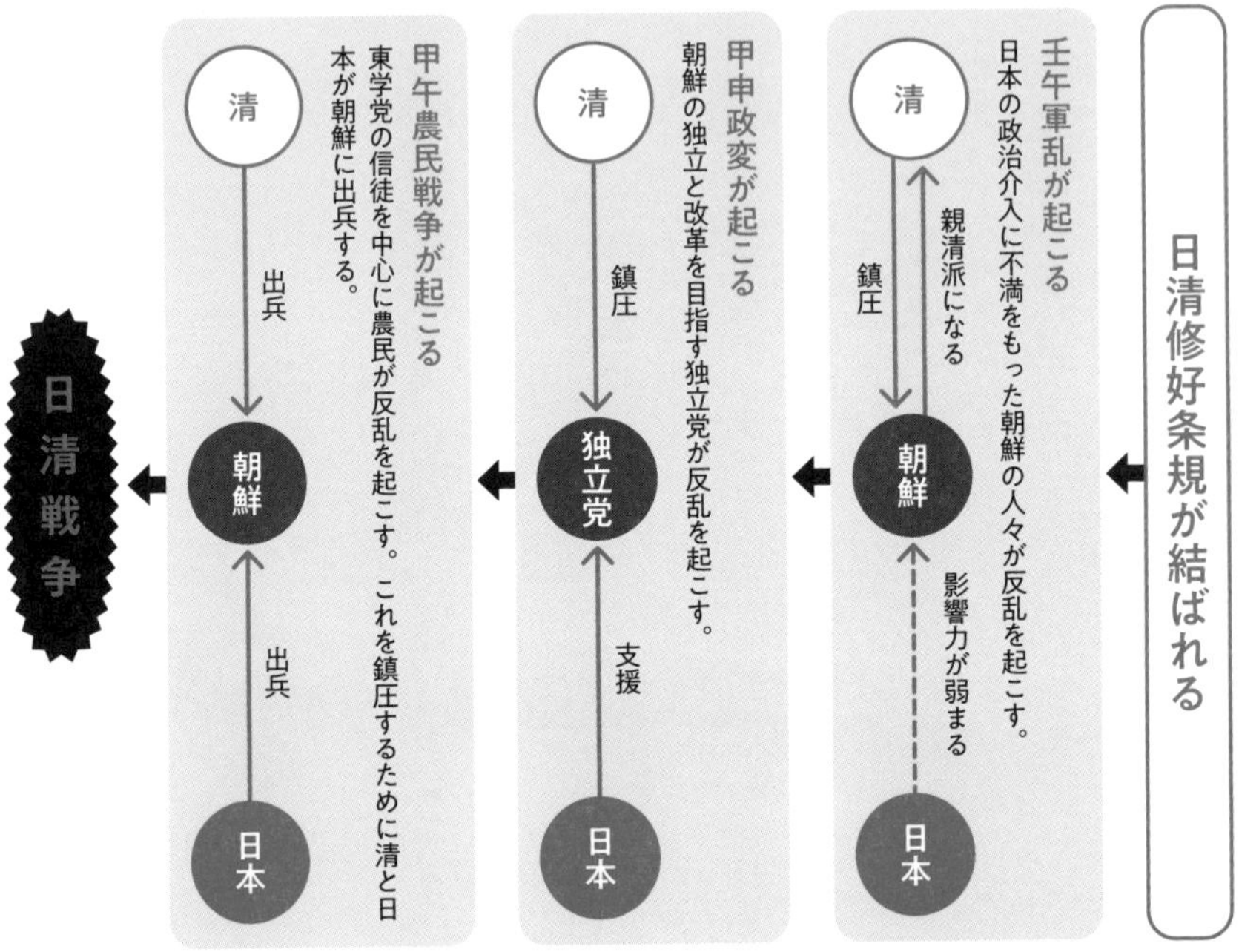

日清修好条規が結ばれる
壬午軍乱が起こる
日本の政治介入に不満をもった朝鮮の人々が反乱を起こす。
清
親清派になる
鎮圧
朝鮮
影響力が弱まる
日本
甲申政変が起こる
朝鮮の独立と改革を目指す独立党が反乱を起こす。
清
鎮圧
独立党
支援
日本
甲午農民戦争が起こる
東学党の信徒を中心に農民が反乱を起こす。これを鎮圧するために清と日本が朝鮮に出兵する。
清
出兵
朝鮮
出兵
日本
日清戦争

どうなった？

敗北した清は列強に分割支配されることに…

開国以降「富国強兵」をスローガンに近代的な軍備を育てていた日本と、「洋務運動」（⬇P105）が中途半端に終わった清では、軍事力に大きな差がありました。日本軍は朝鮮半島から北上し、遼東《りょうとう》半島にある清の海軍基地を陥落させ、圧勝しました。

1895年、清の**李鴻章**《りこうしょう》が来日し、日本の伊藤博文らと交渉にあたりました。約1か月の交渉の末、「下関条約」が締結されます。この条約で、清は日本に2億両（当時の日本の国家予算の3倍）という多額の賠償金を支払うことや、朝鮮の独立を認めることを約束しました。以降、日本は朝鮮への干渉を一掃強めていくことになります。

さらに、清は遼東半島・台湾・澎湖《ほうこ》諸島を日本に譲ることも認めました。ところが、南下政策を行うロシアが日本の中国大陸進出を警戒し、フランスとドイツとともに遼東半島を清へ返すように要求。この「三国干渉」により、日本は泣く泣く遼

李鴻章｜清末期の政治家で洋務運動を主導した。清の外交を担い、日清戦争講和会議の全権大使として下関条約に調印。

列強に分割支配される清

日清戦争の敗北をきっかけに弱体化が明らかとなった清は、租借というかたちで列強に分割支配されていった。

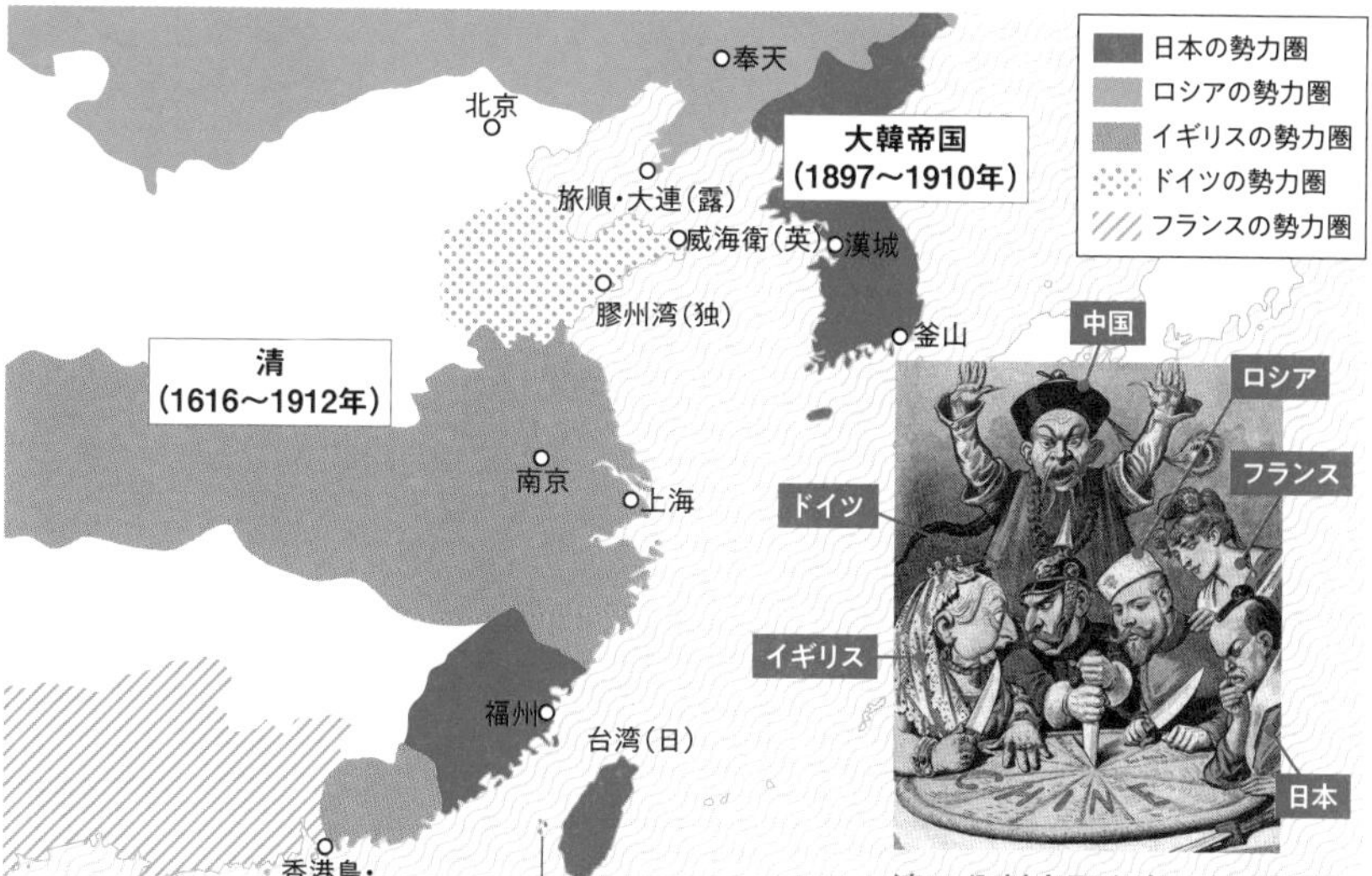
日本の勢力圏
ロシアの勢力圏
イギリスの勢力圏
ドイツの勢力圏
フランスの勢力圏
奉天
北京
大韓帝国
(1897〜1910年)
旅順・大連(露)
威海衛(英)
漢城
膠州湾(独)
釜山
清
(1616〜1912年)
南京
上海
福州
台湾(日)
香港島・
九竜半島(英)
広州湾(仏)
澎湖諸島(日)
中国
ロシア
フランス
ドイツ
イギリス
日本

清の分割支配を表した風刺画
ケーキに見立てた清の領土を、列強諸国が分割している。

東半島を清へ返還しましたが、国内では反ロシア感情が高まりました。日本は賠償金を使って軍備を増強。のちに朝鮮半島をめぐって日露は衝突し、日露戦争（⬇P134）に発展します。

一方、「眠れる獅子」と呼ばれ、列強から潜在力を恐れられていた清ですが、日本に敗北したことで弱体化が明らかになりました。列強は租借《そしゃく》（借りて統治する）というかたちで、清の領土を分割支配していきます。この状況を打破するため、清の皇帝・光緒帝が日本を真似て近代化に乗り出しますが、**西《せい》太后《たいごう》**ら保守派に阻止されてしまいます。近代化は進まないまま、1911年の辛亥革命後に清は滅び、中華民国が成立しました。中華民国内で列強支配への不満が高まったことで、租借地の多くが第二次大戦終結までに返還されています。

また日清戦争後、台湾は日本の植民地となり、近代化政策が行われます。これは、現在の台湾の発展の礎となりました。

後世への影響

敗北した清に代わって、勝利した日本が東アジアの盟主に。その後、日本は中国に進出し、日中戦争（⬇P144）を引き起こす。

西太后　光緒帝の伯母で、摂政として覇権を握った皇太后。光緒帝が改革を行おうとすると、保守派官僚を動かして弾圧した。

イギリス・フランス対ドイツの構図が生まれる！

ファショダ事件

1898年

【イギリス】

圧倒的な軍事力・経済力を背景に、世界の超大国として君臨。インドやアフリカに植民地を広げた。

【フランス】

普仏戦争の敗北やナポレオン３世の失脚など混乱期もあったが、アフリカに積極的に進出する政策をとった。

なぜ対立した？

アフリカ植民地競争で英仏がぶつかった！

19世紀後半以降、列強諸国は我先にとアフリカに進出します。アフリカには天然資源が豊富だったこと、ヨーロッパが**第２次産業革命**を迎えており、つくった製品を売る市場を求めていたことなどが、植民地競争を加速させました。1884年には、アフリカ分割に関する会議が開かれ、最初に占領した国がその地域を獲得できる、いわゆる「早い者勝ち」が列強諸国の間で決められました。

アフリカ進出を精力的に行っていたのがイギリスとフランスでした。ヴィクトリア女王のもと世界帝国化するイギリスは、カイロとケープタウンを結ぶ縦のルートで植民地化を進めます。一方、フランスはサハラからジブチをつなぐ横のルートで植民地化を進めていました。アフリカを縦断するイギリス軍と横断するフランス軍は、中東部に位置するスーダンのファショダでぶつかりました。こうして、英仏の植民地競争が引き起こしたのがファショダ事件です。

第２次産業革命　第１次は石炭を利用した軽工業が中心で、第二次は電力や石油などの燃料を利用した重化学工業の技術革新が進んだ。

英仏のアフリカ植民地

縦断政策をとるイギリスと、横断政策をとるフランスが、
スーダンのファショダでぶつかった。

PUNCH, OR THE LONDON CHARIVARI.
THE RHODES COLOSSUS

縦断政策を表す風刺画

イギリスの植民地拡大を主導したのはケープ植民地現地首相のセシル・ローズ。この風刺画ではローズがカイロとケープタウンを足で押さえている。

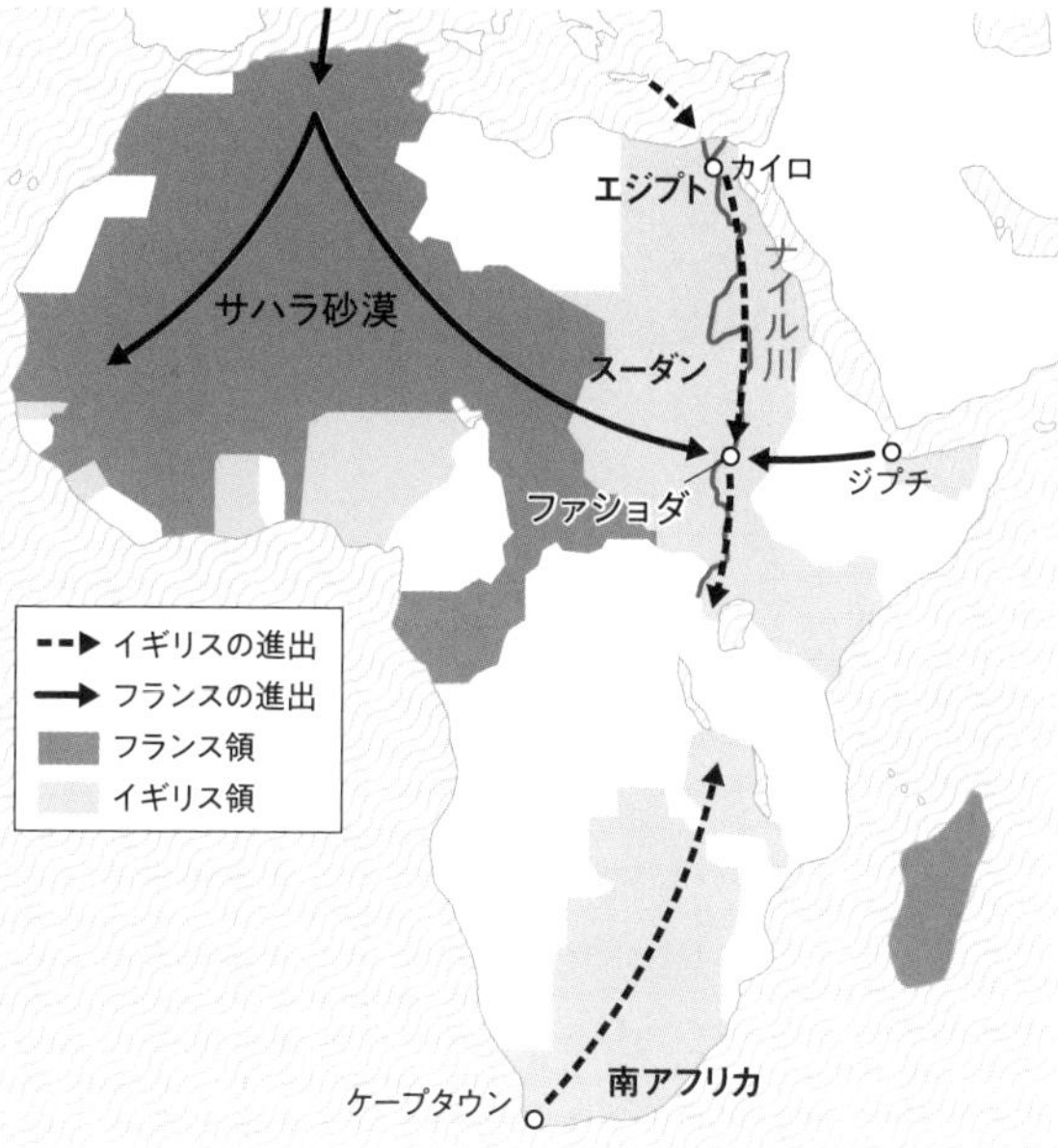
サハラ砂漠
エジプト
カイロ
ナイル川
スーダン
ファショダ
ジブチ
イギリスの進出
フランスの進出
フランス領
イギリス領
南アフリカ
ケープタウン

どうなった？

フランスが譲歩して直接衝突は免れた

スーダンでは、すでにイギリスが制圧を始めていたにもかかわらず、西からやってきたフランスがファショダに国旗を掲げました。これに激怒したイギリスは軍隊を派遣しフランス軍を包囲します。しかし、実のところは両国とも「今は植民地支配に力を注ぎたいから戦争は避けたい」と考えていました。フランスのエミール・ルーベ大統領が譲歩してスーダンをイギリスに譲り、直接衝突は免れました。フランスは横断をあきらめ、サハラ地域の支配を固めることにします。

事件後、両国は急接近し**英仏協商**を結成。これはイギリスのエジプト優越権、フランスのモロッコ優越権を認めるもので、当時勢力を拡大していたドイツに対抗する意味もありました。

後世への影響

イギリスとフランスが急接近し、ドイツを仮想敵国としたことで、第一次世界大戦の対立構造ができあがった（⬇P138）。

英仏協商　1904年対立していた英仏が、ドイツ帝国に対抗するために結んだ協約。英仏が互いの植民地政策を認めあった。

近代の

戦争の主役

銃と市民革命から生まれた国軍

近世まで、軍隊をもっているのは皇帝や王、貴族などの特権層でした。そもそも封建制度では土地やその土地にいる人々は王や貴族の所有物であり、「国民」という考えはありませんでした。「国民国家」という概念を広めるのは、フランス革命に代表される市民革命が起こった18世紀以降のこと。そして国民国家の成立とともに、国を守る「国軍」が誕生します。

フランスは革命当時、その思想の拡大を恐れたヨーロッパの君主たちからの攻撃にさらされ、窮地に立たされました。この時、議会が「祖国は危機にあり！」と全国に呼びかけると、フランス各地から義勇兵が集まったのです。こうして、「フランス国民」という意識と、国民が参加する「国軍」という組織が成立したのです。「国軍」には自分たちの国のために戦うという高いモチベーションがあり、金のために戦う傭兵よりも勇敢に戦い、活躍しました。この時代に「銃」が普及し始めたことも追い風でした。剣や槍などは日常的な訓練が強さに直結しますが、銃は一般人でも扱えて即戦力になったからです。

この国軍を初めて大規模に運用したのがナポレオンでした。ナポレオンは民兵を率いながらもその優れた戦術手腕によってヨーロッパ全土を席巻したのです。

フランス革命時、国民から多くの義勇兵が集まった。上の絵は義勇軍がプロイセン同盟軍を破ったヴァルミーの戦いを描いたもの。

PART 4

20世紀前半

帝国主義による拡大が続き、
国民もそこに巻き込まれるようになります。
戦争はより広範囲に、長期化し、
泥沼化していくことになります。
そして人類は2つの世界大戦を迎えます。

日本は帝国主義の道へ。そして韓国を支配することに

日露戦争

1904〜1905年

【ロシア】

南下政策を展開する。清の弱体化をきっかけに、朝鮮・満洲など東アジア方面の進出を本格的に開始。

ニコライ2世
ロシア皇帝

【日本】

日清戦争に勝利し、朝鮮を独立させて国内の統治に干渉。朝鮮進出を目論むロシアと対立を深めていく。

桂《かつら》太《た》郎《ろう》
内閣総理大臣

なぜ対立した？

朝鮮をめぐって日本とロシアが対立！

日露戦争は、凍らない港を求めて南下政策を進めるロシアと、中国大陸への進出をねらう日本との間で起きました。

ロシアは、清の衰退に乗じて東アジアで勢力を拡大。1860年には、清から獲得した土地に「東方の支配」を意味するウラジヴォストークが建設されます。ロシアは黒海方面でも南下を目指しましたがうまくいかず、19世紀末には**シベリア鉄道**の建設を開始して、東アジアへの進出に注力します。

一方、日本は日清戦争の勝利によって、台湾や遼東《りょうとう》半島などを獲得します。遼東半島は、清の首都・北京への入口となる要衝です。ロシアは日本が遼東半島を得ることを嫌がって、ドイツ・フランスとともに日本に圧力をかけました（三国干渉）。これに屈した日本は遼東半島を清に返還しますが、ロシアへの復讐を望む世論が高まりました。

また、朝鮮半島も日露対立の焦点になりました。日清戦争（⬇P126）の結果、朝鮮は清の属国か

シベリア鉄道　シベリアを東西に結んだ全長約9300kmの鉄道。19世紀末にロシアが建設を開始し、極東進出の動脈となった。

日露戦争直前の各国の関係

ロシアを警戒する日本とイギリスの利害が一致し、日英同盟が締結された。

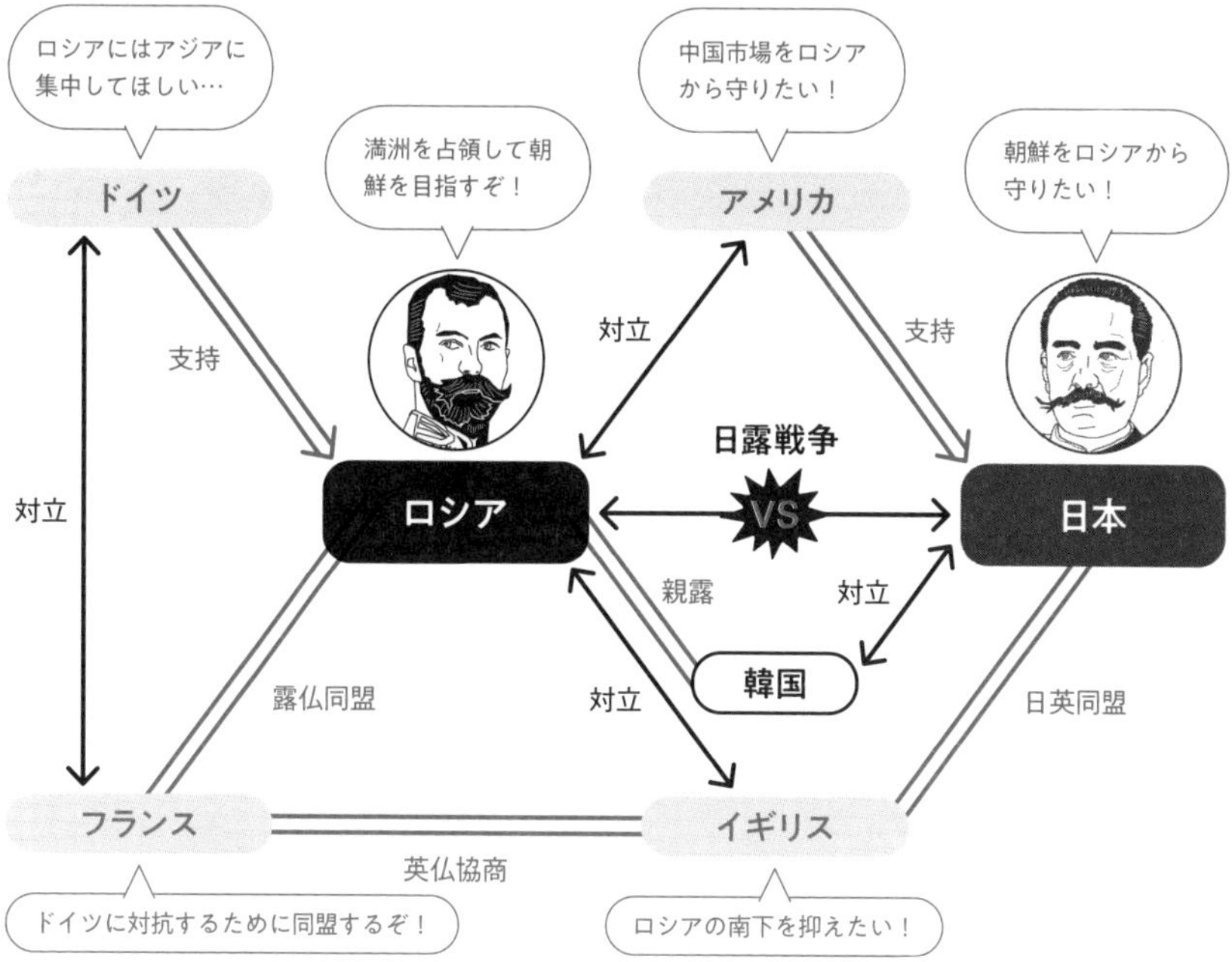
ロシアにはアジアに集中してほしい…
ドイツ
満洲を占領して朝鮮を目指すぞ！
中国市場をロシアから守りたい！
アメリカ
朝鮮をロシアから守りたい！
支持
対立
支持
日露戦争
対立
ロシア
VS
日本
親露
対立
韓国
露仏同盟
対立
日英同盟
フランス
イギリス
英仏協商
ドイツに対抗するために同盟するぞ！
ロシアの南下を抑えたい！

ら独立します。朝鮮国王の高宗《こうそう》は日本に対抗してロシアに接近。国名を大韓帝国に改めました。

さらに、清で起きた義和団《ぎわだん》事件も日露関係を悪化させます。この事件は帝国主義に反発する農民によって起きた排斥運動です。これに対して、日露を中心とする8か国が、清に派兵して乱をおさめます。しかし、鎮圧後もロシアはそのまま満洲（中国東北部）に兵を駐留し続けます。これによって韓国における権益をロシアに脅かされた日本は、イギリスと日英同盟を締結しました。

ロシアの南下を警戒するイギリス・アメリカは経済的に日本を支援。一方、フランスはドイツに対抗するため露仏同盟を結び、ロシアを支援。ドイツもバルカン半島におけるロシアの影響力を弱めるため、ロシアの東アジア進出を支持しました（上図）。日本では、伊藤博文が**満韓交換論**《まんかんこうかんろん》による協調路線を説きました。しかし、桂太郎首相らは開戦準備を進めており、日露は衝突することになります。

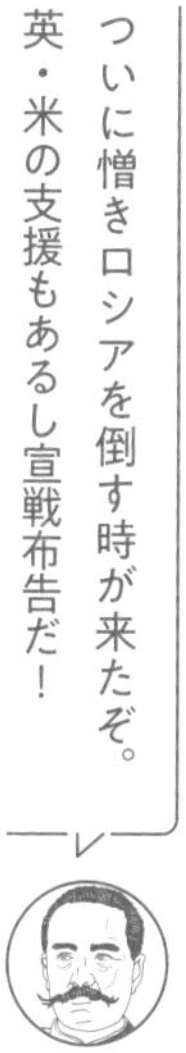
ついに憎きロシアを倒す時が来たぞ。英・米の支援もあるし宣戦布告だ！

満韓交換論　ロシアの満洲経営の自由と日本の韓国における優越権を、相互に認め合う構想。伊藤博文・井上馨が主張した。

日露戦争の開戦と経過

日露戦争は激戦となり死傷者は数万人にのぼった。互いに戦争を続けることが困難となり、日本海海戦で日本が勝利したことを機に、アメリカの仲介で講和し戦争は終結した。

清から独立した朝鮮に影響力を強めたいが、ロシアが朝鮮に接近しようとしている…！　許せん

日本

ロシア

清で起きた義和団事件を口実に、満洲を占領して、朝鮮に進出だ！　これで念願の不凍港が手に入る…

そうはさせない！　日英同盟を結んでイギリスの支援を得て、ロシアと戦うのだ

日本

ロシア

むむ、なかなか日本が手強いな。しかも国内で革命が起こって戦争どころではなくなってしまった

こちらも物資や兵士の不足で、これ以上の戦争継続は難しい。アメリカに仲介を頼んで戦争を終わらせよう

日本

どう なった？

日本は薄氷の勝利で韓国を支配することに

1904年2月、日本は朝鮮の仁川と清の旅順を奇襲攻撃し、日露戦争が勃発します。戦闘は、おもに朝鮮と満洲で展開されました。

日本軍は、主要な戦いで大きな犠牲を払いつつも勝利していき、同年5月には日本海で東郷平八郎率いる連合艦隊が、ロシアの**バルチック艦隊**を壊滅させました。しかし、日本の国力では長期戦を戦い抜くことは不可能な状況でした。

一方のロシアも敗北が続き苦境に。警官隊が民衆に発砲し多数の死者を出した「血の日曜日事件」が起きるなど国内が混乱します。これをきっかけに革命運動が全国に広がり、皇帝ニコライ2世の体制が揺らぎました（第1次ロシア革命）。

そんななか、アメリカ大統領セオドア・ローズヴェルトが両国を仲介し、講和条約であるポーツマス条約が結ばれます。日本は樺太の南半分や、満洲に敷設した鉄道（のちの南満洲鉄道）の権益などを獲得しますが、賠償金は得られませんでし

バルチック艦隊　ロシアの主要な艦隊のひとつで、バルト海に根拠地を置いた。日露戦争中、日本海へ大遠征を行ったが敗北した。

日露戦争で日本が得たもの

ポーツマス条約で、日本は韓国(大韓帝国)を保護する権利や、遼東半島南部を租借する権利、南満洲鉄道の利権、南樺太などをロシアから獲得し、大陸進出を本格化させていく。

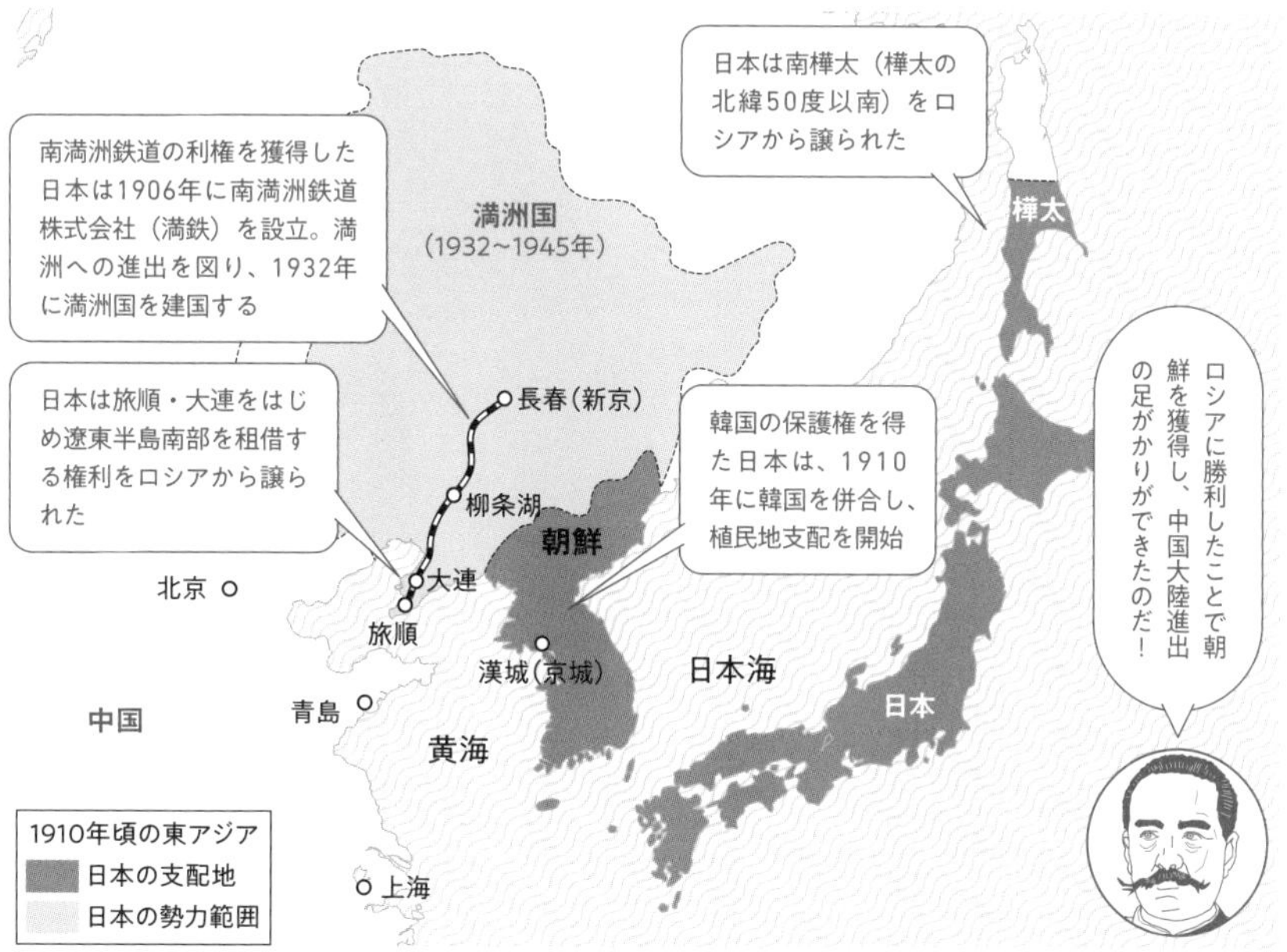
南満洲鉄道の利権を獲得した日本は1906年に南満洲鉄道株式会社（満鉄）を設立。満洲への進出を図り、1932年に満洲国を建国する
日本は南樺太（樺太の北緯50度以南）をロシアから譲られた
満洲国（1932～1945年）
樺太
日本は旅順・大連をはじめ遼東半島南部を租借する権利をロシアから譲られた
長春（新京）
柳条湖
韓国の保護権を得た日本は、1910年に韓国を併合し、植民地支配を開始
ロシアに勝利したことで朝鮮を獲得し、中国大陸進出の足がかりができたのだ！
朝鮮
北京
大連
旅順
漢城（京城）
日本海
日本
中国
青島
黄海
上海
1910年頃の東アジア
日本の支配地
日本の勢力範囲

た。日本が西洋列強に勝利したことは、インドやトルコなど各地の民族主義運動を刺激しました。

戦争の結果、日露両国は協調路線に転じます。東アジアでの南下を断念したロシアはバルカン半島進出に転じ、ドイツ・オーストリアとの対立を深めていきます。列強の勢力争いに巻き込まれたバルカン半島では、民族独立と領土をめぐる争いが起こり、これが火種となって第一次世界大戦（➡P138）が勃発します。

一方、日本は韓国への圧力を強め、1910年には韓国を併合して支配を開始。日本は、韓国の近代化を進める一方、現地の人々に強制的な日本人教育を行い、戦争に協力させて多くの犠牲者を出しました。第二次世界大戦後に、韓国は日本の支配から解放されますが、謝罪と賠償金により国交が正常化するのは終戦から20年後のこと。しかし、現在も慰安婦や**徴用工**《ちょうようこう》の問題をめぐって、日本と韓国・北朝鮮のわだかまりは続いています。

後世への影響

勝利した日本は韓国を併合し植民地化。現地の人々への日本人教育や戦争動員などの歴史が、今も日韓関係に影を落とす…。

徴用工　第二次大戦中、労働力として朝鮮半島から日本に動員された人々。日本の工場や炭鉱などで働かされた。

ヨーロッパからアメリカに覇権が移る！

第一次世界大戦

1914〜1918年

【協商国（連合国）】

イギリス・フランス・ロシアを中心とする陣営。日本、アメリカ、イタリアは協商国側で途中参戦した。

【同盟国】

ドイツ・オーストリアが中心の陣営。三国同盟を結んだイタリアは脱退し、オスマン帝国とブルガリアが参戦。

なぜ対立した？

植民地や領土をめぐり各国がグループをつくる！

第一次世界大戦はイギリス・フランス・ロシアを中心とする協商国（連合国）と、ドイツ・オーストリアを中心とする同盟国の間で起きました。第一次大戦の背景は複雑で、現在も議論が続いています。一般的には、植民地の拡大をねらう列強諸国どうしの対立が原因といわれています。とくに、世界の覇権を握っていたイギリスと、新興国ドイツの対立を軸にしていました。

19世紀に統一を果たしたドイツは、宰相ビスマルクのもとで巧みな外交を行い、各国とのバランスをとっていました（➡P121）。しかし、ビスマルクは若き皇帝ヴィルヘルム2世と対立して失脚。ヴィルヘルム2世は、艦隊の増強を図るなど積極的な帝国主義政策に乗り出し、この動きは覇権国イギリスを警戒させます。

一方、多数の民族が混在する**バルカン半島**では、オスマン帝国が衰退。バルカン半島をめぐって、オーストリアとロシアが対立します。とりわけ、

バルカン半島　東欧の南部に位置し、複数の宗教・民族が混在している地域。19世紀頃に民族独立の動きが高まった。

【第一次大戦の対立図】

世界政策で対立する英と独、普仏戦争での因縁がある仏と独、バルカン半島をめぐって争うロシアとオーストリアなど、第一次大戦の背景には、さまざまな対立関係があった。

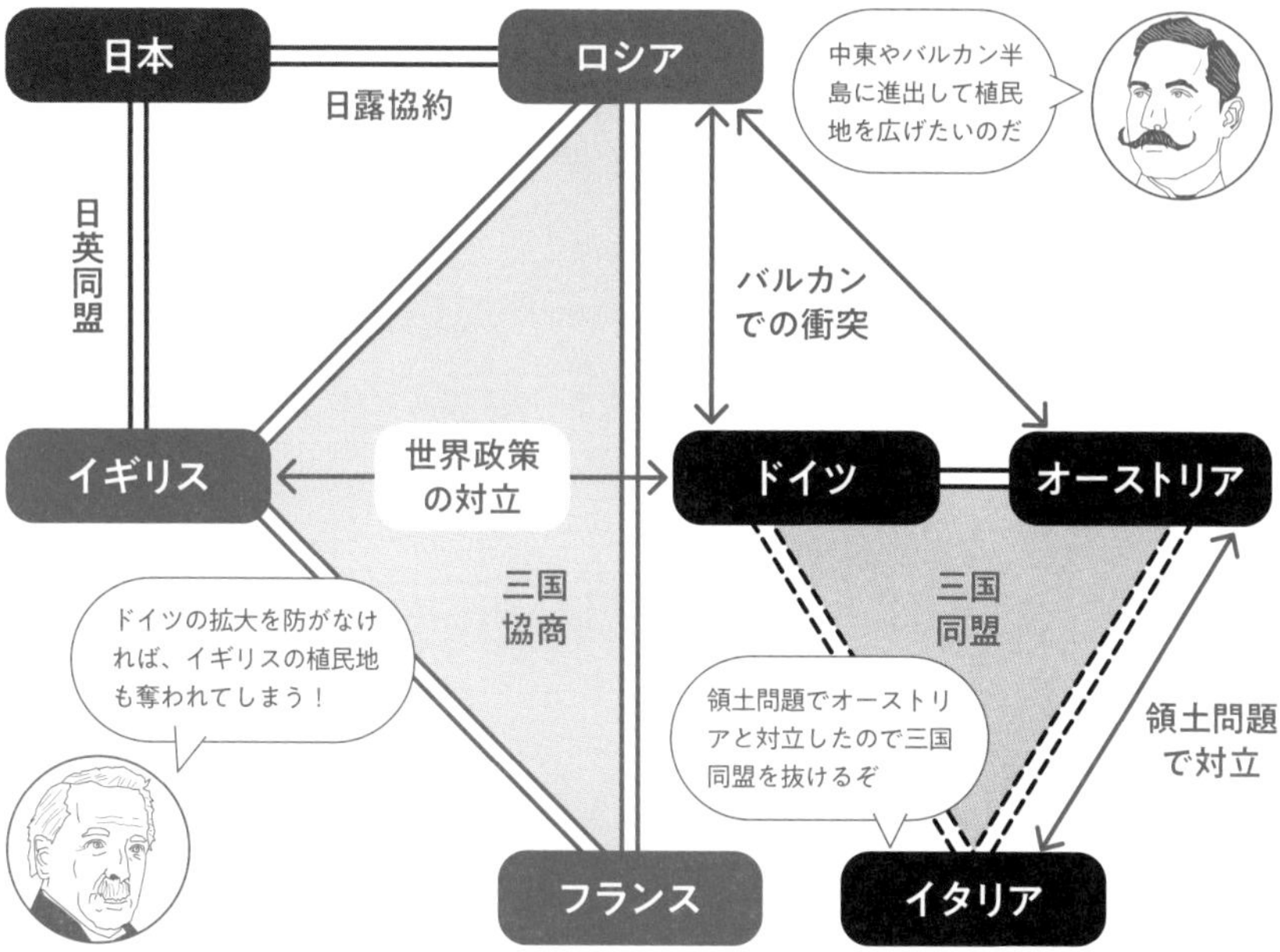
日本
ロシア
日露協約
日英同盟
中東やバルカン半島に進出して植民地を広げたいのだ
バルカンでの衝突
イギリス
世界政策の対立
ドイツ
オーストリア
三国協商
三国同盟
ドイツの拡大を防がなければ、イギリスの植民地も奪われてしまう！
領土問題でオーストリアと対立したので三国同盟を抜けるぞ
領土問題で対立
フランス
イタリア

オーストリアが強引に併合したボスニア・ヘルツェゴヴィナには、分離を求める大勢の**セルビア人**がいました。同じスラブ人の国であるロシアはセルビアの後ろ盾になり、バルカン半島は「ヨーロッパの火薬庫」と呼ばれるほど危険な状態になりました。

また、普仏戦争（⬇P118）で敗北したフランスは、ドイツへの逆襲をねらっていました。ビスマルク外交が崩れるとフランスはロシア、イギリスと同盟を結びます。このように、19世紀末〜20世紀初頭にかけて、各国は自国の安全を確保するため、ほかの国と同盟を結んでいきます。ドイツ・オーストリア・イタリアは三国同盟、イギリス・フランス・ロシアは三国協商を形成。しかし、オーストリア・イタリア間には領土問題がありイタリアは結局、三国同盟を離脱します。こうして、第一次大戦の直前には「ドイツ・オーストリア」対「イギリス・フランス・ロシア」という大雑把な対立軸ができあがりました。

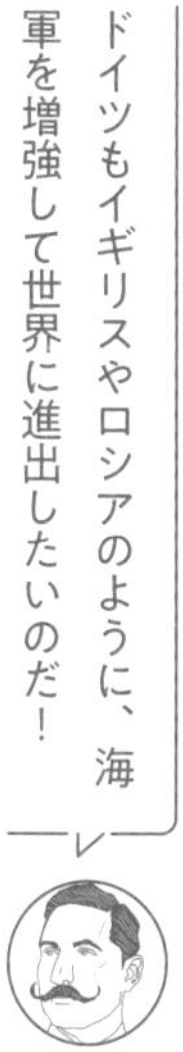
ドイツもイギリスやロシアのように、海軍を増強して世界に進出したいのだ！

セルビア人　おもにバルカン半島に住む南スラヴ人。第一次大戦後にセルビア人を中心とするユーゴスラヴィア王国を築く。

【総力戦と新兵器の登場】

第一次大戦では機関銃や戦車などの最新兵器が登場。
資源や国民など国力のすべてを戦争に注ぐ総力戦となった。

戦争の内容も大きく変化

女性の戦争参加

女性も戦争を担う総力戦となったわよ

第一次大戦では、出兵した男性に代わり女性が工場で働いて兵器をつくった。

毒ガス投射器

1915年にドイツ軍が協商国軍に対し初めて、大規模な毒ガス攻撃を行った。

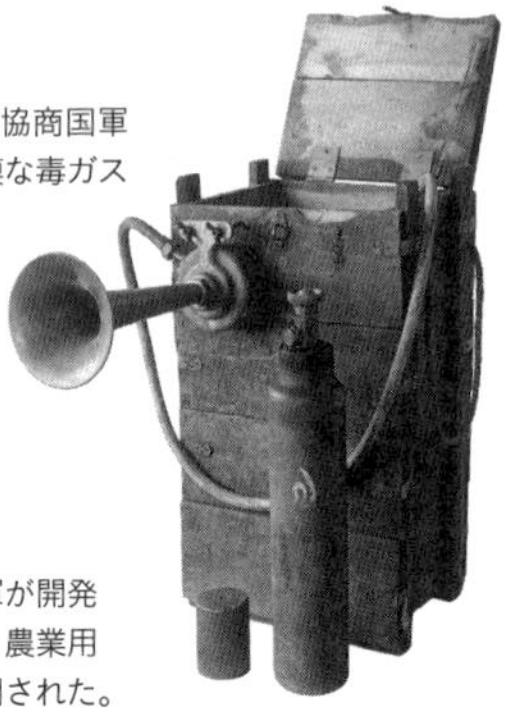

戦車（タンク）

下の写真はイギリス軍が開発したマークⅠ戦車で、農業用のキャタピラーが応用された。

どうなった？

ヨーロッパは力を失いアメリカが覇権国に！

第一次大戦の直接のきっかけは、セルビアの民族主義者による事件でした。1914年、セルビアの青年がボスニアのサライェヴォでオーストリアの皇太子夫妻を暗殺。このサライェヴォ事件を理由にオーストリアはセルビアに宣戦布告し、ロシアはセルビアとの関係を理由に参戦、ドイツはオーストリアとの同盟を理由に参戦――というふうに、各国がなしくずし的に参戦しました。

各国の首脳は、戦争がこれほど大規模になるとは考えていませんでした。毒ガス・潜水艦・戦車などの新兵器が登場し、空前の死傷者を出します。そして、主要国では政党の垣根を越えて政権を成立させる挙国一致内閣が成立。たとえばイギリスでは、1916年に成立したロイド・ジョージ挙国一致内閣が、戦争の後半を指導しました。

1917年、アメリカが協商国側で参戦。同年に**ロシア革命**（➡P142）が起き、ロシアは大戦から離脱しました。1918年11月、ドイツが

ロシア革命｜戦争の疲弊で国民の不満が爆発し二月革命で帝政が崩壊。その後、十月革命でソヴィエト政権が成立した。

【第一次大戦後の世界】

主戦場となったヨーロッパは荒廃。一方で、ヨーロッパ諸国にお金を貸し付け、債権国となったアメリカが台頭する。

ヨーロッパ諸国
戦場となったヨーロッパは荒廃し、経済的に疲弊した。強国だったイギリスは、その座をアメリカに譲ることになる
ソ連
大戦中にロシア革命が勃発し、世界初の社会主義国ソヴィエト＝ロシア（のちのソ連）が誕生
日本
戦時中の物資の輸出で莫大な利益を得た。また、中国に二十一カ条の要求を突きつけ、中国進出を図る
1人勝ち！
ドイツ
革命によりドイツ帝国が崩壊しヴァイマル共和国が成立。戦後、莫大な賠償金を課せられ、経済的に苦しい時代が続く
西アジア
オスマン帝国が崩壊し、アラブ人国家サウジアラビアが成立。また、イラクやシリアなど旧オスマン帝国領を英仏が委任統治した
アメリカ
途中参戦したアメリカは戦争の被害を受けず、戦後に債務国から債権国に転換。世界の超大国として君臨する

休戦協定を結び、第一次大戦は終結。戦後に結ばれた**ヴェルサイユ条約**で、敗戦したドイツは多額の賠償金の支払いとすべての植民地の没収を認めます。その後、ドイツの経済は破綻し、ヒトラーの台頭を招くことになります。

主戦場となったヨーロッパ諸国は、戦争の被害を直に受け、経済も疲弊します。それに対して、途中参戦したアメリカはヨーロッパに武器を輸出したり、戦争資金を貸し付けたりして莫大な利益を得ました。こうして戦後、アメリカが政治的・経済的に世界をリードするようになり、現在まで覇権を握り続けることになるのです。

また第一次大戦期、各国は戦いを有利に進めるため秘密外交を展開しました。たとえば、イギリスはロシア・フランスとオスマン帝国の分割を約束する一方で、ユダヤ人とアラブ人にも独立国家をつくる支援を約束します。このイギリスの秘密外交が中東紛争の火種をつくったことは有名です。

後世への影響

主戦場となったヨーロッパ諸国の力は衰え、代わってアメリカが覇権国になり、世界経済をリードしていく現代の構図に！

ヴェルサイユ条約　第一次大戦の講和条約。ドイツへの厳しい制裁を示すと同時に、民族の独立や国際連盟創設などが盛り込まれた。

世界初の社会主義国家・ソ連が誕生する！

ロシア革命

1917年

【ロシア帝国】

17世紀に成立したロマノフ朝の巨大帝国。19世紀以降、皇帝（ツァーリ）による専制政治への不満が高まった。

【ソヴィエト】

労働者・兵士を中心とする評議会。ロシア社会民主労働党の一派である「ボリシェヴィキ」が中心となった。

ニコライ2世
ロシア皇帝

VS

レーニン
ソヴィエト指導者

なぜ対立した？

貧困にあえぐ国民の不満が爆発！

ロシア革命は、1917年に起きた二度の革命を指します。二月革命では帝政が崩壊し、十月革命では史上初の社会主義政権であるソヴィエト政権が成立しました。

19世紀後半のロシアでは、農民や労働者の貧困が深刻化していました。そのため、専制的な政治をする皇帝ニコライ2世への批判が強まります。その流れで20世紀初頭には、社会主義者らがロシア社会民主労働党を結成します。この党は、やがて急進派の**ボリシェヴィキ**（レーニン、トロツキーらを含む）と穏健派のメンシェヴィキに分裂します。

日露戦争（⬇P134）の敗色が濃厚となった1905年、国民の不満が爆発して第1次ロシア革命が起きます。さらに第一次世界大戦がはじまってロシアが苦戦を強いられると、国民や兵士の不満が高まり、革命運動が活発になります。こうして1917年の第2次ロシア革命に発展していきます。

ボリシェヴィキ　ロシア社会民主労働党の多数派で、レーニンら急進的な革命家が主導する。革命後、ロシア共産党に改称した。

【ロシア革命の流れ】

1905年の革命を第１次ロシア革命、1917年の革命を第２次ロシア革命と呼ぶ。
革命に勝利したソヴィエトが、1922年に世界初の社会主義国家・ソ連を樹立した。

1905年
十月宣言
日露戦争中に国民の反乱を受け、ニコライ2世は国会と憲法制定を約束した。
第1次ロシア革命

第一次大戦が始まる（1914年～）

1917年
二月革命
戦争による疲弊で国民の不満が勃発。ニコライ2世が退位しロマノフ朝が崩壊した。
第2次ロシア革命

臨時政府
自由主義中心

VS
二重権力状態

ソヴィエト
社会主義中心

1917年
十月革命
レーニンらボリシェヴィキが武装蜂起し、臨時政府を倒してソヴィエト政権を樹立。
第2次ロシア革命

ソヴィエト社会主義共和国連邦（ソ連）が成立

ロシア・ベラルーシ・ウクライナ・ザカフカースで構成された世界初の社会主義国家なのだ！

どうなった？
世界初の社会主義国家「ソ連」が誕生

二月革命では、ニコライ2世が退位し、臨時政府が成立します。臨時政府は比較的裕福な自由主義者が中心で、自分たちの利害のため戦争を継続する方針でした。一方、ボリシェヴィキなどの社会主義者たちは、兵士や労働者による自治組織**ソヴィエト**を結成。そして、ソヴィエトの指導者レーニンらは武力によって臨時政府を倒します。1922年に、ついにソヴィエト社会主義共和国連邦（ソ連）を樹立しました。その後、ソ連は加盟国を増やし、第二次世界大戦後には東欧諸国を社会主義化。ソ連の拡大を警戒した資本主義国のアメリカと対立し東西冷戦（➡P158）となります。しかし1991年にソ連は崩壊。ウクライナ侵攻など、かつての構成国ではさまざまな問題が起きています。

後世への影響

世界初の社会主義国であるソ連が成立。ソ連は世界の共産主義をリードしていくが、資本主義国との新たな対立を生む…。

ソヴィエト｜ロシア語で「評議会」の意。1905年の第１次革命で出現し、1917年の二月革命で兵士・労働者が組織した。

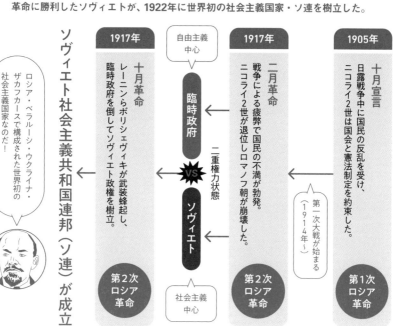

日中関係に遺恨を残す泥沼の戦い…

日中戦争

1937〜1945年

【中華民国】

蔣介石を指導者とする国民政府。日本に対抗するため、対立する国民党と共産党が協力した（国共合作）。

【日本】

不景気が原因で、国家主義者や軍人の発言力が強まる。1932年に満洲国を建国し、中国本土への進出を図る。

蔣介石《しょうかいせき》
国家主席

近衛文麿《このえふみまろ》
内閣総理大臣

なぜ対立した？

日本が中国に領土を拡大しようとした！

日本と中華民国（中国）の間で起きた日中戦争は、1937年に始まり、日本が太平洋戦争で敗れた1945年に終わりました。

日清・日露戦争（⬇P126・P134）で強国の仲間入りをはたした日本は、中国大陸への進出を目指します。第一次世界大戦では中国に対し**二十一カ条の要求**を認めさせ、さらに中国国内の内政に踏み込んで国民政府（中国政府）による中国統一（北伐《ほくばつ》）を妨害します。

日本が中国の内紛に介入したのには、いくつかの理由があります。ひとつは中国の国民政府が、諸外国がもつ中国国内の利権を取り返そうとしており、その動きが日本の不利益になること。もうひとつは、大国である中国が近代化すると日本の脅威になるという懸念でした。

第一次大戦後の日本では不況が続き、なかなかその状況を改善できない政治家たちは、国民の信頼を失っていきました。代わって、大陸への進出

二十一カ条の要求　第一次大戦中、日本がドイツのもつ山東省の利権などの継承を中国に要求。中国政府は一部を除き承認した。

日中戦争勃発までの流れ

軍部が台頭し、1932年に満洲国を建国した日本は中国本土進出を目論む。
一方、国民党と共産党が対立し内戦状態だった中国は、日本を倒すため両党が協力体制に。

日本

軍部の力が大きくなっている…。軍が独断で満洲事変を起こして満洲国を建国してしまった…

中華民国

国民党と共産党が対立し内戦状態だ…。共産党を打ち負かしたら、日本軍を一掃してやる！

日本

軍部は中国本土への進出を図ろうとしているようだ。国民の世論も中国進出に傾いているな…

中華民国

日本が中国本土に進出しようとしている！ 仕方ない、共産党と手を組んで日本を追い出そう…

日本

満洲と中国の国境にある盧溝橋で両国の軍が衝突してしまった。もう引き返せない、開戦だ！

を主張する軍人の発言力が増していきます。

1931年、中国大陸に駐留する日本軍である関東軍が、南満洲鉄道の線路を爆破（柳条湖《りゅうじょうこ》事件）。この事件を中国軍の仕業だと偽装して軍を動かし、満洲を占領しました（満洲事変）。翌年には日本の傀儡《かいらい》国家である満洲国を建て、清朝最後の皇帝・溥儀《ふぎ》（のちに皇帝）を執政に据えます。

しかし満洲国は国際的には承認されませんでした。このことから日本は、国際連盟を脱退。ドイツ・イタリアなどファシズム諸国に接近していきます。ファシズムとは、市民の自由や人権を無視した独裁主義のことを指します。

日本はさらに、中国北部を国民政府の支配から分離するための工作をしたり、中国大陸でアヘンを含む密貿易を公認し、中国経済を混乱させたりしました。これに対し中国では、対日本の意識が高まっていきます。**西安《せいあん》事件**をきっかけに、内戦を繰り返していた国民党と共産党が協力して日本の侵略に抵抗しようという動きが生まれます。

これ以上の日本の侵略は許せん！ 対立している共産党とも手を組んで対抗だ！

西安事件　国民党の張学良が蒋介石を監禁し、内戦停止と抗日を訴えた事件。蒋介石が同意し、国共合作が成立した。

【日中戦争の経過】

劣勢だった中国だが、日本の中国進出を食い止めたい列強諸国が、援蔣ルートを通じて蔣介石を支援したため、戦争は長期化した。

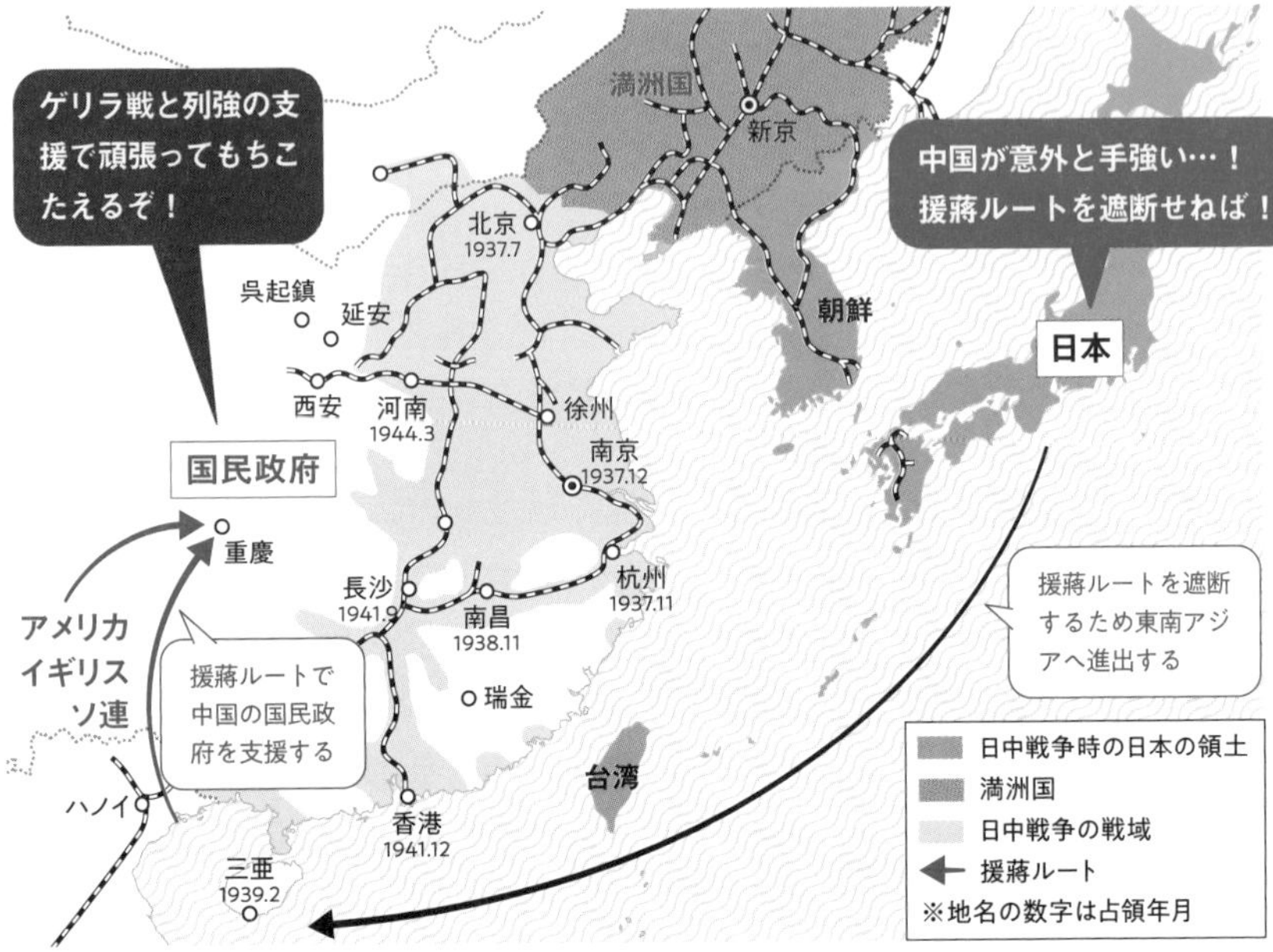

ゲリラ戦と列強の支援で頑張ってもちこたえるぞ！
中国が意外と手強い…！援蔣ルートを遮断せねば！
満洲国
新京
北京 1937.7
呉起鎮
延安
朝鮮
日本
西安
河南 1944.3
徐州
南京 1937.12
国民政府
重慶
長沙 1941.9
南昌 1938.11
杭州 1937.11
援蔣ルートを遮断するため東南アジアへ進出する
アメリカ
イギリス
ソ連
援蔣ルートで中国の国民政府を支援する
瑞金
台湾
ハノイ
香港 1941.12
三亜 1939.2
日中戦争時の日本の領土
満洲国
日中戦争の戦域
援蔣ルート
※地名の数字は占領年月

どう なった？

凄惨な戦いは泥沼化…太平洋戦争のきっかけに

1937年、北京郊外の盧溝橋《ろこうきょう》において、日中両軍が衝突。両国は宣戦布告をしないまま戦争が始まりました。国民党と共産党は内戦を停止し、協力体制に入ります。

戦争は日本が優勢であり、同年12月には首都南《なん》京《きん》が陥落しました。この時、日本軍は多くの非戦闘員を虐殺しています（**南京事件**）。現在でも12月には追悼式典が行われており、日中の友好関係を考える重要な会となっています。

国民政府は、拠点を内陸に移して抵抗を続けました。共産党軍も農村を中心にゲリラ戦術を展開し、リーダーである毛沢東が求心力を高めます。

日本は優勢だったものの、主要都市と鉄道という「点と線」の支配にとどまりました。戦争終結のめどは立たず、ドイツを仲介とした和平工作も失敗し戦争は泥沼化していきます。

中国が抵抗を続けられた理由として、ほかの列強の支援が挙げられます。仏領インドシナや英領

南京事件 | 日本軍が南京を占領した際、数十万にのぼる民間人や捕虜を虐殺した事件。中国民衆の抗日感情を高めた。

戦後の日中関係

**終戦から約27年を経た1972年、日中国交正常化が実現したが
歴史認識をめぐって反日デモが起こるなど、日中戦争の傷跡は今も癒えていない。**

反日デモ（2005年）

小泉純一郎首相が、日中戦争を指揮したA級戦犯がまつられている靖国神社を参拝したことなどに反発し、中国で大規模なデモが起こった。

日中国交正常化（1972年）

日中国交正常化のために田中角栄首相(右)が中国を訪問し、毛沢東国家主席(中央)、周恩来首相(左)と握手している。この二日後、両国は日中共同声明に調印し国交正常化が実現した。

南京虐殺犠牲者の追悼式（2022年）

中国では12月13日は南京大虐殺犠牲者国家追悼日とされている。この日に毎年、国家追悼式が行われる。

ビルマからの「**援蔣《えんしょう》ルート**」を通じて、アメリカ・イギリス・ソ連が中心となって国民政府の主席・蔣介石を支援。日本は、援蔣ルートを遮断しようと東南アジアに進出しますが、これがきっかけとなり太平洋戦争（➡P152）に突入していきます。

　1945年、日本が太平洋戦争に無条件降伏したことにより、日中戦争は中国の勝利に終わりました。戦後しばらくは、東西冷戦で中国が社会主義陣営、日本が資本主義陣営にいたことから、日中関係は進展しませんでした。1972年、田中角栄首相の時にようやく国交正常化が実現。上野動物園にパンダのランランとカンカンが贈られたのもこの時です。しかし、その後の首相の靖国神社参拝や、歴史認識の食い違いから、中国では反日デモがたびたび起こっています。日中関係が良好といえない背景には、さまざまな政治的要因がありますが、終戦から80年近く経過した現在も、日中戦争の傷跡が癒えていないことは確かです。

後世への影響

日本軍が日中戦争で多くの民間人を殺害・暴行した歴史が、中国の人々の反日感情を高める大きな要因となっている。

援蔣ルート　国民政府を支援するルートで米・英・仏による仏印ルートとビルマルート、ソ連による共産ルートがあった。

国際秩序の概念が生まれた最後の世界大戦！

第二次世界大戦

1939～1945年

【連合国】

アメリカ・イギリス・フランス・ソ連を中心とする国々。ファシズム国家に対抗するため1942年に成立した。

【枢軸国《すうじくこく》】

日独伊三国同盟を結成したドイツ・イタリア・日本を中心とするファシズム（軍国主義）の国々。

チャーチル
イギリス首相

VS

ヒトラー
ドイツ総統

なぜ対立した？

ファシズム国家が台頭 世界が二分されることに

第二次世界大戦は、アメリカ・イギリス・フランス・ソ連などの連合国と、ドイツ・イタリア・日本などの枢軸国《すうじくこく》との間で起きました。

1920年代は、第一次世界大戦の惨禍をふまえ国際協調の時代となりました。第一次大戦後のヴェルサイユ条約（➡P141）では、アメリカ大統領ウィルソンが提唱した国際連盟の設立も決められました。そんななか、ドイツの動きが新たな戦争への流れを生み出していきます。

第一次大戦後のヴェルサイユ条約によって、ドイツは領土を大幅に失い、巨額の賠償金を課せられました。政治や経済の混乱が続き、国家・国民の利益を何よりも優先し、軍事的な独裁政治をとる**ファシズム**が台頭します。イタリアでもムッソリーニがファシスト党を結成し、武力で勢力を拡大して独裁体制を確立。ドイツではヒトラー率いるナチ党が、ユダヤ人や議会制への攻撃などで支持を広げました。

ファシズム｜第一次大戦後に生まれた独裁的な思想や体制。共産主義や自由主義と対立し、他国に侵略を行った。

【第二次大戦の対立図】

ファシズムが台頭し国際的に孤立した日独伊は、急速に接近し同盟を結んだ。ファシズムの枢軸国と、自由主義の連合国という構図ができあがる。ソ連は一時的にドイツや日本と条約を結ぶが、結局連合国側に。

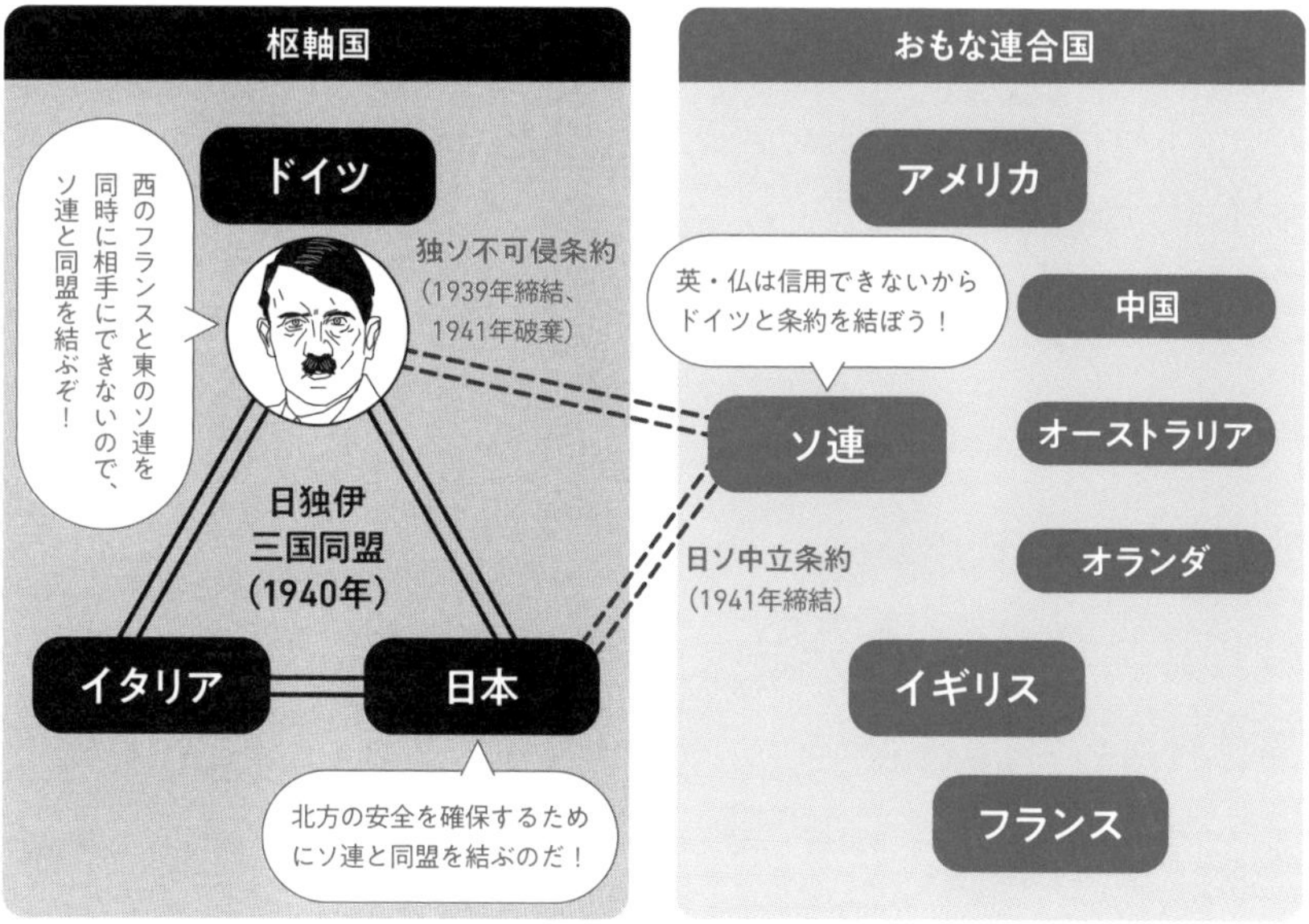
枢軸国
ドイツ
西のフランスと東のソ連を同時に相手にできないので、ソ連と同盟を結ぶぞ！
独ソ不可侵条約
（1939年締結、1941年破棄）
日独伊
三国同盟
（1940年）
イタリア
日本
北方の安全を確保するためにソ連と同盟を結ぶのだ！
おもな連合国
アメリカ
英・仏は信用できないからドイツと条約を結ぼう！
中国
ソ連
オーストラリア
日ソ中立条約
（1941年締結）
オランダ
イギリス
フランス

ヒトラー政権下のドイツは、軍備を整えたり、ヴェルサイユ条約で奪われた土地に進軍したりと各国への挑戦をあらわに。同じくファシズム国家のイタリアや日本も、周辺国の領土を武力で侵略しようとする姿勢を見せます。これによりイギリスやフランスなどの**自由主義**諸国はファシズム諸国を警戒。日独伊は国際連盟を脱退して三国枢軸を形成し、枢軸国と、それに対する自由主義諸国（連合国）という構図ができあがります。

ちなみに、資本主義と相いれない思想を掲げるソ連は、この時は国際社会から締め出されていました。しかし、ソ連も徐々に対外関係を結び、1934年には国際連盟に加盟。反ファシズムの立場をとり、自由主義諸国と連携しました。

ドイツは、国外に住むドイツ民族の保護を名目に隣国に侵攻。オーストリアを併合し、チェコスロヴァキアのズデーテン地方も手にします。そして1939年9月、ドイツがポーランドに侵攻したことで、第二次大戦が勃発しました。

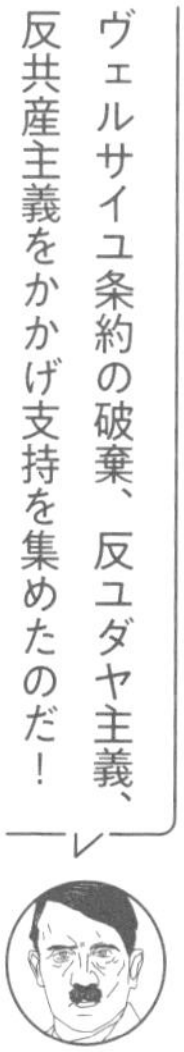
ヴェルサイユ条約の破棄、反ユダヤ主義、反共産主義をかかげ支持を集めたのだ！

自由主義 政治・経済・社会・文化面で、個人の自由を尊重する思想。資本主義の成長とともに19世紀以降、広がった。

第二次大戦のヨーロッパの戦況

一時は枢軸国がヨーロッパの大部分を占領したが、スターリングラードの戦いでドイツがソ連に敗北し、連合国が優勢となった。地図の色分けは1942年頃のもの。

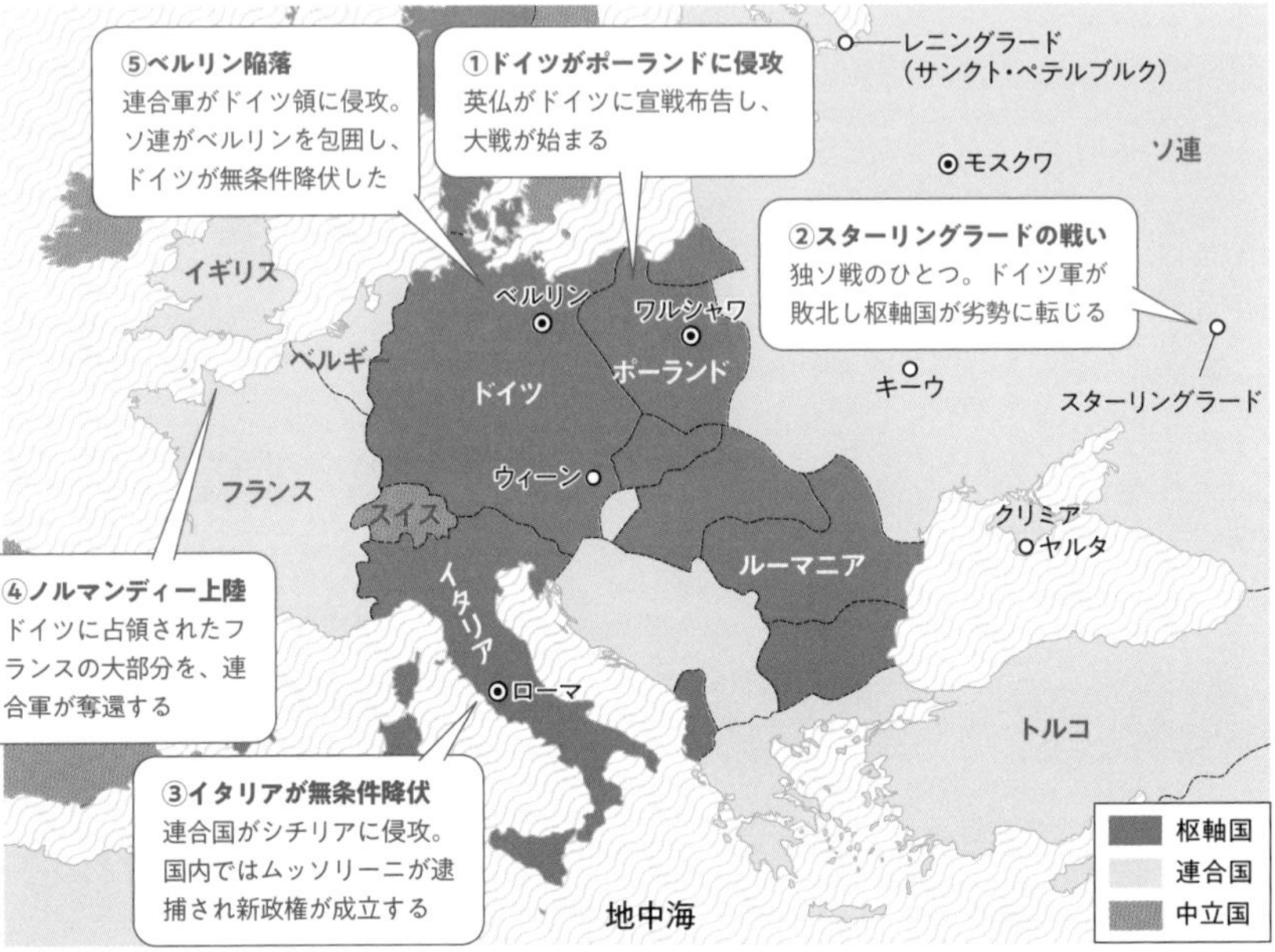

⑤ベルリン陥落
連合軍がドイツ領に侵攻。ソ連がベルリンを包囲し、ドイツが無条件降伏した
①ドイツがポーランドに侵攻
英仏がドイツに宣戦布告し、大戦が始まる
レニングラード（サンクト・ペテルブルク）
モスクワ
ソ連
②スターリングラードの戦い
独ソ戦のひとつ。ドイツ軍が敗北し枢軸国が劣勢に転じる
スターリングラード
イギリス
ベルリン
ワルシャワ
ベルギー
ドイツ
ポーランド
キーウ
フランス
ウィーン
スイス
クリミア
ヤルタ
イタリア
ルーマニア
④ノルマンディー上陸
ドイツに占領されたフランスの大部分を、連合軍が奪還する
ローマ
トルコ
③イタリアが無条件降伏
連合国がシチリアに侵攻。国内ではムッソリーニが逮捕され新政権が成立する
地中海
枢軸国
連合国
中立国

どう なった？

ファシズムは倒れるが冷戦の時代に…

ドイツ軍は快進撃を続け、1940年6月にはパリを占領。フランスにはドイツの傀儡政権であるヴィシー政府が樹立されました。そんななか、イギリスに亡命した政治家**ド・ゴール**はロンドンに自由フランス政府を組織して抵抗を呼びかけ、ドイツの占領地では抵抗運動（レジスタンス）が行われました。チャーチル首相が指導するイギリスはドイツの侵攻を免れましたが、ヨーロッパ大陸の過半は枢軸国の手に落ちました。

ドイツはポーランドに侵攻する前に、その準備としてソ連と不可侵条約を結んでいました。しかし1941年6月、ヒトラーはその条約を破ってソ連に侵攻。ところがソ連軍の抵抗はドイツの予想を上回っており、戦闘は長期化します。

1943年、ドイツはスターリングラードの戦い（上図②）でソ連に敗れ、連合国の反撃が始まります。同年、ムッソリーニが失脚し、イタリアが降伏。翌年6月には、連合国がノルマンディー

ド・ゴール　第二次大戦でフランスの降伏に反対してロンドンに亡命し、自由フランス政府を建てドイツに抵抗した政治家。

第二次大戦後の世界の変化

戦勝国のアメリカとソ連の対立による東西冷戦が、戦後の世界情勢を左右した。

東西冷戦の始まり

アメリカが率いる資本主義陣営（西側）とソ連が率いる社会主義陣営（東側）が対立。直接交戦にはいたらなかったが、東西ドイツの分断や朝鮮戦争、ベトナム戦争など、各地で分断や代理戦争が起こった。

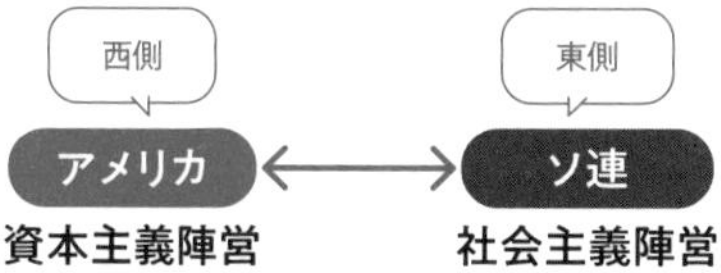

核兵器の脅威

戦後、米ソによる核兵器開発競争が始まった。その後、英仏中やその他各国が開発を行い、世界は核戦争の脅威にさらされた。核兵器をもつことで、敵国に核兵器の使用を躊躇させる核抑止論が生まれた。

国際連合の発足

1945年、国際社会の平和と安全の維持を目指して51か国の加盟国で設立。戦勝国である米ソ(露)英仏中が、安全保障理事会の常任理事国として大きな役割をもった。日本は1956年に加盟。

アジア・アフリカ諸国の独立

1947年に独立したインドをはじめ、植民地となっていたアジア・アフリカ諸国が、1940年代後半〜1960年代にかけて独立を果たした。しかし、大国の干渉や、民族・宗教の違いから内戦も多数。

上陸作戦を決行し、フランスが解放されます。

ドイツは東西から攻め込まれ、ヒトラーは1945年4月に自殺をとげます。ドイツは降伏し、ヨーロッパにおける戦闘は終結をむかえます。

終戦後、アメリカの資本主義陣営（西側）とソ連の社会主義陣営（東側）の対立が深刻になり冷戦が始まります。直接衝突は起こりませんでしたが、朝鮮戦争、ベトナム戦争をはじめ各地で米ソの代理戦争が起こりました。一方、アジア・アフリカでは、独立運動がさかんになり、多くの国が1940〜1960年代に独立。しかし、独立にともない印パのカシミール問題やスーダン内戦をはじめ、新たな衝突も生まれています（⬇P216）。

また第二次大戦中で、初めて核兵器が使用され、その威力が証明されました。戦後、各国が開発を進めたため、世界は核戦争の危機にさらされます。このように未曾有の大戦は終結したものの、戦後に多くの課題が生まれてしまいました。

後世への影響

ファシズム諸国は打倒されたが、戦場となったヨーロッパの国々は弱体化。アメリカ・ソ連の二大国の対立につながっていく。

ノルマンディー上陸作戦　米英連合軍がドイツに占領されていた北仏の上陸に成功。ドイツを後退させ、第二次大戦を終結に導いた。

現在の日米関係のもととなった戦い！

太平洋戦争

1941〜1945年

【日本】

1937年に日中戦争を開始し、アジア地域に進出したことで連合国と対立。1940年に独・伊と三国同盟を結ぶ。

東《とう》条《じょう》英《ひで》機《き》
内閣総理大臣

VS

【アメリカほか】

米・英・ソなどがアジア地域をめぐり日本と対立。アメリカは日本の真珠湾攻撃を受け第二次大戦に参戦した。

ローズヴェルト
アメリカ合衆国大統領

なぜ対立した？

日中戦争が英米との対立を生む！

太平洋戦争は、第二次世界大戦の局面の一部です。おもに日本とアメリカ・イギリス・オランダ・中国・オーストラリアなどの連合国が戦いました。戦場の広さから「アジア・太平洋戦争」とも呼ばれます。

　１４８ページでも述べたように、１９２０年代は国際協調の時代でした。アジア・太平洋地域においても、中国の主権を尊重することや、領土の保全などを盛り込んだ「九カ国条約」、太平洋の現状維持を示した「四カ国条約」が日米などの大国間で結ばれます。これを**ワシントン体制**といいます。四カ国条約により、日英同盟は解消されました。また、軍縮の話し合いも進んでいました。

　ところが、関東軍の独断で満洲事変（➡Ｐ１４５）が起きると、ワシントン体制を維持したい英米と日本は対立します。国際連盟が満洲国を承認しなかったので日本は国連を脱退。１９３７年に日中戦争（➡Ｐ１４４）が始まり、終結の見

ワシントン体制　第一次大戦後の東アジア・太平洋の国際秩序。日本は軍縮や中国における利権の返還などを求められた。

【日本を囲むABCD包囲陣】

日本は援蔣ルートの遮断と東南アジアの進出を目論み、南部フランス領インドシナに進駐。これを受け、アメリカはじめ連合国は日本に輸出制限などの制裁を行った。

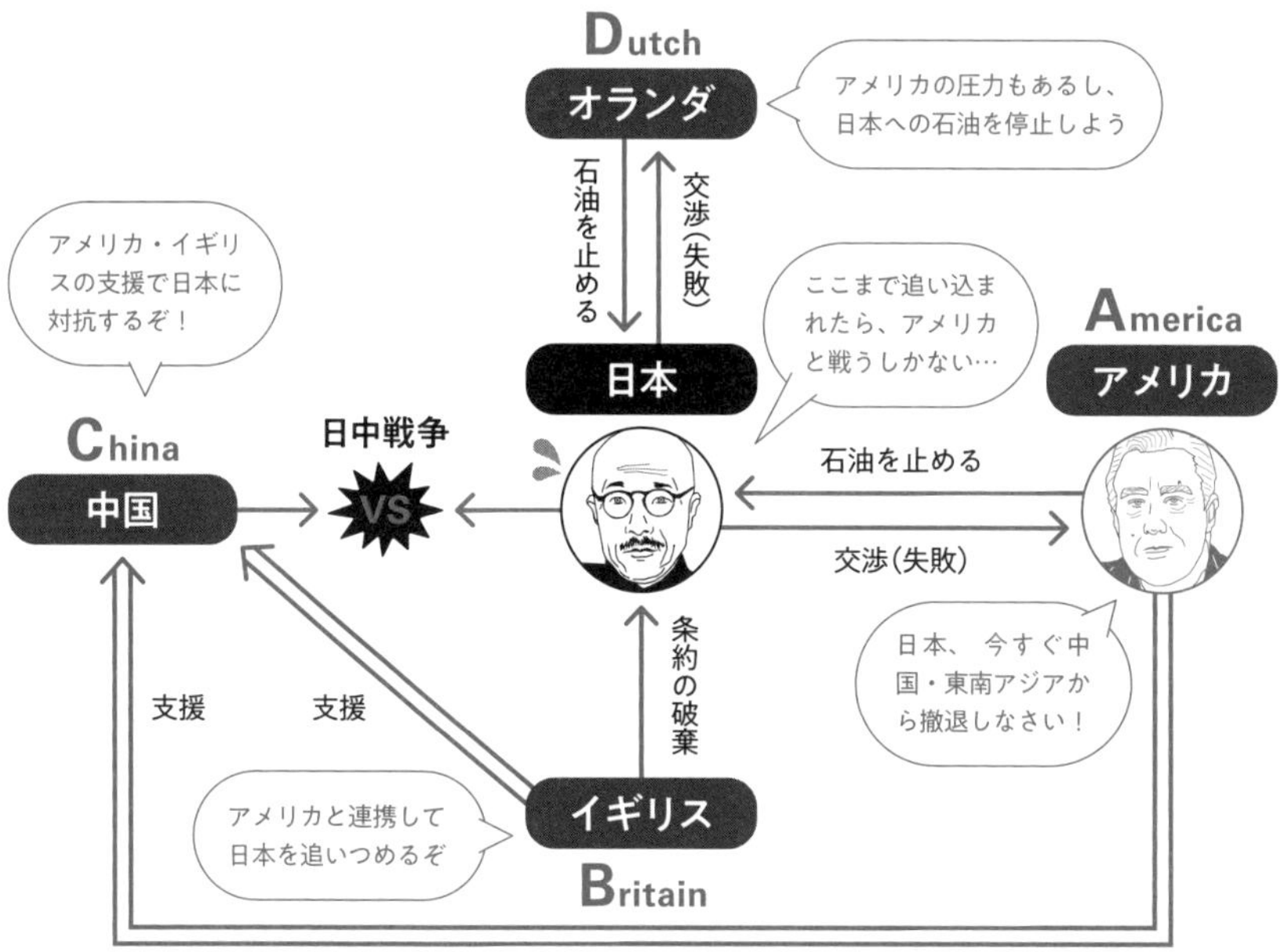
Dutch
オランダ
アメリカの圧力もあるし、日本への石油を停止しよう
石油を止める
交渉(失敗)
アメリカ・イギリスの支援で日本に対抗するぞ！
ここまで追い込まれたら、アメリカと戦うしかない…
日本
America
アメリカ
China
中国
日中戦争
VS
石油を止める
交渉(失敗)
条約の破棄
日本、今すぐ中国・東南アジアから撤退しなさい！
支援
支援
アメリカと連携して日本を追いつめるぞ
イギリス
Britain

通しが立たないまま泥沼化しました。

そのころヨーロッパでは第二次大戦が勃発し、ドイツがオランダ・フランスを降伏させます。日本はドイツの勝利に期待し、1940年に日独伊三国同盟を締結。同じ年、日本は援蔣ルート（➡P147）を遮断するため、フランス領インドシナ（現在のベトナムあたり）を攻めます。これが当時の米大統領フランクリン・ローズヴェルトを怒らせ、燃料や屑鉄の輸入を制限されることになり、これにイギリス・オランダも追従。日本はこの経済封鎖を「ABCD包囲陣」と呼びました。日米交渉が行きづまったため、近衛文麿《このえふみまろ》内閣は総辞職。対米思想の強い**東条英機**内閣が成立します。

1941年、アメリカは日本に対して中国からの日本軍の撤退と、日独伊三国同盟の解消を求めました。日本はこれを受け入れず開戦を決断し、イギリス領マレー半島とハワイ真珠湾を攻撃。第二次大戦に日米が参戦することになり、戦域はアジア・太平洋地域にまで拡大ました。

日中戦争の窮状を打開し、アメリカに一矢報いるために、宣戦布告だ！

東条英機｜対米戦争を主張して、1941年に首相となり、太平洋戦争を引き起こした。戦後にA級戦犯として処刑された。

太平洋戦争の流れ

日本は泥沼化した日中戦争に勝つため、フランス領インドシナに侵攻するが、
これがイギリスとアメリカの反発を呼び、太平洋戦争にいたる。

1937年
日中戦争
満洲国の日本軍と中国軍が衝突し、開戦。日本は戦況を有利に進めるが、イギリスやアメリカが中国を支援したため勝ち切れず泥沼化。

1939年
第二次大戦
ドイツがポーランドに侵攻したため、イギリス・フランスが宣戦布告し開戦。1942年にはドイツはヨーロッパの大部分を支配した。

1940年
日独伊三国同盟
ドイツ・イタリア・日本の間で結ばれた軍事同盟。日中戦争や世界大戦に参加していない国から攻撃された時は、相互援助することを約束した。

1940年
日本とアメリカの対立激化
日本は、英・米による中国への支援ルートを遮断するため、フランス領インドシナに侵攻。アメリカは日本への石油や資源の輸出をストップ。

太平洋戦争
1941年、日本がイギリス領マレー半島とハワイ真珠湾を攻撃し開戦した。

どうなった？
日本は敗北し現在の日米関係が形成！

開戦当初の日本は順調に勝利を重ね、アメリカ領であるフィリピンやオランダ領インドネシアなどに占領地を広げました。日本は欧米の植民地支配からアジアを解放するという名目をもっていました。しかし、フィリピンはすでにアメリカからの独立を約束されており、日本の侵攻はかえって独立を遅らせました。日本は戦争のために占領地から資源や労働力を搾取し、シンガポールでは**華僑**《かきょう》を虐殺するなどの事件を起こします。こうして現地の民衆の支持は日本から離れ、抗日運動が激化していきます。

1942年6月、日本海軍はミッドウェー海戦で敗北すると、戦局は連合国側に有利に傾いていきます。日本は少しでもよい条件で講和しようと反撃を試みますが、終戦のタイミングを逃すばかり。前年に中立条約を結んでいたソ連の仲介による講和に望みをつなぎますが、ソ連はヤルタ会談ですでに対日参戦を決めていました。

華僑　海外に移住した中国系住民。19世紀に東南アジアやアメリカへの労働者の移民が増加した。

【太平洋戦争の被害】

**相次ぐ本土への空襲や、広島・長崎への原爆投下により、多くの民間人が犠牲となった。
8月15日、日本の降伏が国民に伝えられた。**

東京大空襲（1945年3月10日）

300機以上の米爆撃機B29が東京を襲った。２時間にわたって無差別爆撃を行い、約10万人が犠牲になった。

広島への原爆投下（1945年8月6日）

史上初、核兵器が投下され14万人以上が亡くなった。その３日後には長崎にも投下された。

ドイツが降伏すると、枢軸国は日本だけとなります。連合国はポツダム宣言を発し、日本に無条件降伏を求めました。さらに１９４５年８月、広島・長崎に原子爆弾が投下されます。このタイミングでソ連が日ソ中立条約を破棄して参戦し、満洲や樺太・千島に侵攻。これによって日本はポツダム宣言を受諾し、太平洋戦争は終結します。

戦後、日本はアメリカを中心とする連合国軍に占領されました。連合国軍最高司令官総司令部（ＧＨＱ）の指導のもと、国民の権利を保障し戦争放棄などを定めた「日本国憲法」の制定をはじめ、民主化政策が進められます。そして１９５１年、日本はサンフランシスコ平和条約に調印し主権を回復。同時に**日米安全保障条約**も締結し、米軍の駐留と日本国内の基地使用を認めます。アメリカの防衛力を頼ることで、日本は復興に集中し、急速に経済成長を遂げることができましたが、対米依存や米軍基地問題などの課題も生まれました。

後世への影響

敗戦し連合国軍に占領された日本では、「日本国憲法」の制定をはじめ、今につながるさまざまな民主化改革が行われた。

日米安全保障条約　1951年締結。米軍の駐留や、日本への武力攻撃・内乱の際の出動などを内容としたが、防衛義務はなかった。

20世紀の
戦争の主役

総力戦に駆り出された大衆

20世紀に至るまで、戦争に関わるのは政治家や軍人のみでした。ところが、技術の発展によって戦争そのものが大きく変わってしまいます。大量生産や長距離輸送などの技術の進化で戦争そのものが長期化、それにともなって武器弾薬、戦車や戦闘機などの兵器、物資大量消費につながっていったのです。それらの生産や輸送などに多くの企業、民間人、いわゆる「大衆」が動員されることとなりました。

こうした大衆が動員される「総力戦」のはじまりが、第一次世界大戦とされます。だれもが予想できなかったほどの戦線拡大と長期化、戦争被害をもたらした結果、敗戦は国家の破滅につながるという印象を決定づけました。そのため第二次世界大戦はさらに国家的な総動員が行われることとなります。日本ではとくに「国家総動員法」により、学生も含む若者が徴兵され、労働力不足の工場には女性が集められました。民間企業も軍需工場などに転換させられるなど、政府によって人や物が統制されました。

一方、戦争を労働力として支えた女性には、参政権の獲得など社会進出につながったという側面があります。第一次大戦後にはじめて英米などで認められ、そのほかの国も多くは第二次大戦後に女性参政権が実現しています。

戦時中のアメリカで労働者を鼓舞することを目的としてつくられたポスター「We Can Do it !」。

PART 5

現代

世界大戦の最中に生まれた社会主義国家は、
欧米の資本主義国家と対立し、途上国を巻き込んだ
「冷戦」と呼ばれる代理戦争が行われました。
冷戦はその後終結しますが、
世界にはまだまだ対立の火種がくすぶっています。

資本主義と社会主義の対立

第二次世界大戦後、アメリカをリーダーとする資本主義陣営とソ連をリーダーとする社会主義陣営が対立しました。いわゆる東西冷戦です。

金銭や土地、工場などの生産手段を資本といいます。これらをもつ資本家が利益を追求する経済のあり方が資本主義で、産業革命を経て確立しました。イギリスの経済学者のアダム・スミスは、『諸国民の富（国富論）』で需要と供給は市場の価格によって自動的に調整されるのだから、個人の自由にまかせればよいと論じました。これが自由競争の考え方です。

しかし、資本主義の進展は貧富の格差の拡大や、劣悪な労働環境などの社会問題を生み出しました。これを受けて、19世紀には経済格差のない社会を目指す社会主義が登場します。社会主義は利益を国が管理して、国民に分配するという平等を目指す考え方です。さらに、ドイツのマルクスは、『資本論』で社会主義思想を進化させ、生産手段を社会で共有する「共産主義」を唱えます。彼の思想をロシアのレーニンが発展させ、

マルクス・レーニン主義となります。

１９１７年のロシア革命により、マルクス・レーニン主義を実現するための社会主義国家であるソヴィエト連邦（ソ連）が成立しました。ほかの国は革命の影響を受けることを恐れ、ソ連と対立します。

資本主義国でも、恐慌や経済格差などの問題に直面し、自由競争に基づくあり方を見直す動きが生まれました。１９３０年代アメリカのニューディール政策はその代表例です。具体的には公共事業や労働者保護を取り入れるなどの政策です。これを「修正資本主義」といいます。

第二次世界大戦で、米英とソ連は反ファシズムで連携しました。しかし、大戦が終結すると米ソ両大国の対立が表面化します。ソ連は、ナチスから解放した東欧諸国を社会主義化し、味方に引き入れようとしました。これに対し、アメリカは西欧諸国や日本、トルコなどを積極的に経済支援しました。これ以上社会主義国が拡大しないようにするためです。これを「封じ込め政策」といいます。

ヨーロッパの西と東がそれぞれ資本主義・社会主義陣営に分かれたことから、米ソの対立は「東西冷戦」と呼ばれることになりました。

現在の中国と台湾の関係が生まれる！

中国国共《こっきょう》内戦

①1927～1937年／②1945～1949年

【国民党】

孫文を指導者として1919年に結成。孫文の死後は蒋介石が後継となり、1928年に南京に国民政府を樹立した。

【共産党】

1921年に、陳独秀らによって上海で結成された。毛沢東が主導権を握り、日中戦争では国民党と協力した。

毛沢東《もうたくとう》
共産党の指導者
VS
蒋介石《しょうかいせき》
国民党の指導者

なぜ対立した？

基盤も考え方も違う2つの党が国を二分！

中 国国共内戦とは、中国の2つの政党「国民党」「共産党」を軸に巻き起こった2度にわたる内戦です。なぜ、2度も政党同士が争うことになったのか、その経緯を見ていきましょう。

日清戦争（➡P126）の結果、清の弱体化が各国にばれて列強が進出。1912年に、清は滅亡して孫文《そんぶん》が臨時大総統となり、アジア初の共和国である中華民国が成立します。しかし、国内は安定せず、軍事力によって各地を支配する**軍閥《ぐんばつ》**が割拠する状態に。日本をはじめとした列強は、軍閥とつながり中国における利権をねらいました。

第一次世界大戦後、民族主義がアジア各地に広がります。そんななか、孫文が中国国民党を結成。さらに革命家・陳独秀《ちんどくしゅう》が、ソ連の指導のもと中国共産党を結成しました。孫文は中国を統一するため、共産党と連携します（第1次国共合作）。

孫文が病死した後、蒋介石が国民党の指導者になります。孫文や蒋介石ら国民党の有力者は、上

軍閥　袁世凱(えんせいがい)の北洋軍閥をはじめ各地で形成された軍事集団。1916～28年の間に北京政府の実権をめぐり争った。

中国を二分した国民党と共産党

党の方針や支持基盤が全く異なる国民党と共産党は、
国防のために2度にわたって協力関係を結ぶが、最終的に対立。

国民党
- 浙江財閥 → 支持
- アメリカ → 支援

●1919年、孫文が中心となり中華革命党を改組して結成された。

●三民主義(民族の独立、民権の伸張、民生の安定の三原則)に基づいた国家を目指す。

共産党
- 労働者・農民 → 支持
- ソ連 → 支援

●1921年、コミンテルン(共産党の国際組織)の中国支部として陳独秀らを中心に上海で結成された。

●マルクス主義に基づいた共産国家を目指す。

第1次・第2次 国共合作

VS

第1次・第2次 国共内戦

孫文《そんぶん》
(1866〜1925年)
革命家。辛亥革命により清朝が滅びると、中華民国の臨時大統領となる。中国国民党を組織して第1次国共合作で軍閥打倒を目指すが、その途中で死去。

陳独秀《ちんどくしゅう》
(1879〜1942年)
中国の古い文化を批判し欧米の近代的な思想を取り入れようとする新文化運動を指導。その後、マルクス主義に関心をもち、中国共産党を組織した。

海の富豪・**浙江財閥《せっこうざいばつ》**の支援を受けており、いわば資本主義よりの考え方をもっていました。そのため、連携しているとはいえ共産主義の共産党とは相いれませんでした。1926年、蒋介石率いる国民政府（国民党の政府）は、軍閥を倒すべく中国統一を目指し戦闘を開始（北伐《ほくばつ》）。その戦いの最中、蒋介石は上海でクーデタを起こし共産党を攻撃、第1次国共内戦となります。

　その後、共産党で頭角を現したのが毛沢東です。毛沢東は農村部からの支持が厚く、1931年には瑞金《ずいきん》に中華ソヴィエト共和国臨時政府という政権を樹立します。しかし、国民党からの攻撃を受け、共産党は瑞金をおわれることになります。

　この頃、日本は満洲事変を起こし、満洲国を建国していました。当初、蒋介石は日本に抵抗しようとしていませんでしたが、同じ国民党の張学良《ちょうがくりょう》は、過去に父を日本軍に殺されており、共産党との共闘をうったえます。張学良は孫文を説得し、ふたたび国共が協力体制になるのです。

考え方の合わない共産党はきらいだが、日本が攻めてくるので仕方ない。協力だ！

浙江財閥　上海での外国商人との取引で、莫大な富を得た。孫文や蒋介石の妻は浙江財閥のひとつ・宋家の娘。

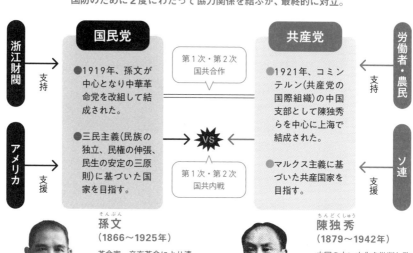

中華人民共和国成立の流れ

日中戦争で日本と戦うために、第2次国共合作で協力した国民党と共産党だが、第二次大戦後は再び対立。共産党が勝利して、中華人民共和国を建国した。

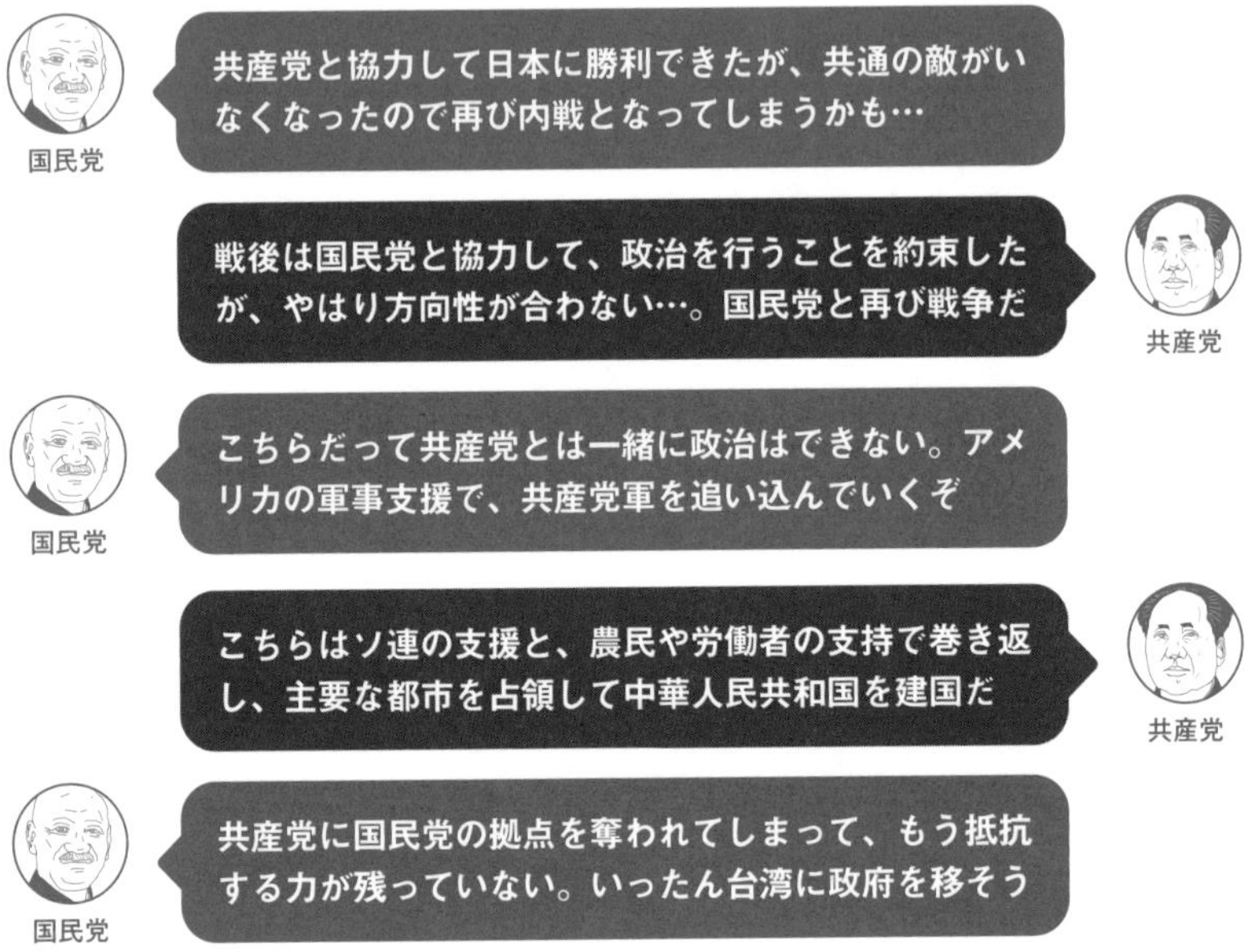
国民党
共産党と協力して日本に勝利できたが、共通の敵がいなくなったので再び内戦となってしまうかも…
共産党
戦後は国民党と協力して、政治を行うことを約束したが、やはり方向性が合わない…。国民党と再び戦争だ
国民党
こちらだって共産党とは一緒に政治はできない。アメリカの軍事支援で、共産党軍を追い込んでいくぞ
共産党
こちらはソ連の支援と、農民や労働者の支持で巻き返し、主要な都市を占領して中華人民共和国を建国だ
国民党
共産党に国民党の拠点を奪われてしまって、もう抵抗する力が残っていない。いったん台湾に政府を移そう

どう なった？

共産党が勝利し現在の中国と台湾の関係に

1937年に日中戦争が始まると、国民党と共産党は抗日民族統一戦線を結成し、本格的に協力して日本と戦うことになります（第2次国共合作）。しかし、第二次世界大戦で日本が降伏すると、共通の敵がいなくなった国民党と共産党は、再び内戦に突入します（第2次国共内戦）。

当初は、米英の支援を受けた国民党が優勢でした。しかし、農村で広く支持を得た共産党は、毛沢東のゲリラ戦術などで最終的に勝利を収めます。1949年、毛沢東は中華人民共和国（中国）の建国を宣言しました。一方、敗れた蔣介石は、**台湾**に逃れ台北（台湾北部の都市）に中華民国政府を移転します。

北京の共産党政府（中国）と台北の国民党政府（台湾）は、ともに自らが中国の正統な政府であると主張し、対立。中国は、アメリカが東アジアの国々の共産主義化を防ぐために台湾の後ろ盾になったことから、武力による台湾統一に踏み切れません

台湾　日清戦争で敗北した清が日本に譲り、1895年以降、日本の植民地に。第二次大戦後は中華民国に返還された。

台湾有事と日米の関係

中国が台湾に軍事侵攻を行う「台湾有事」が起こった場合、アメリカが軍事介入し、大規模な戦闘となることが懸念されている。アメリカとの関係が強い日本も巻き込まれる危険性がある。

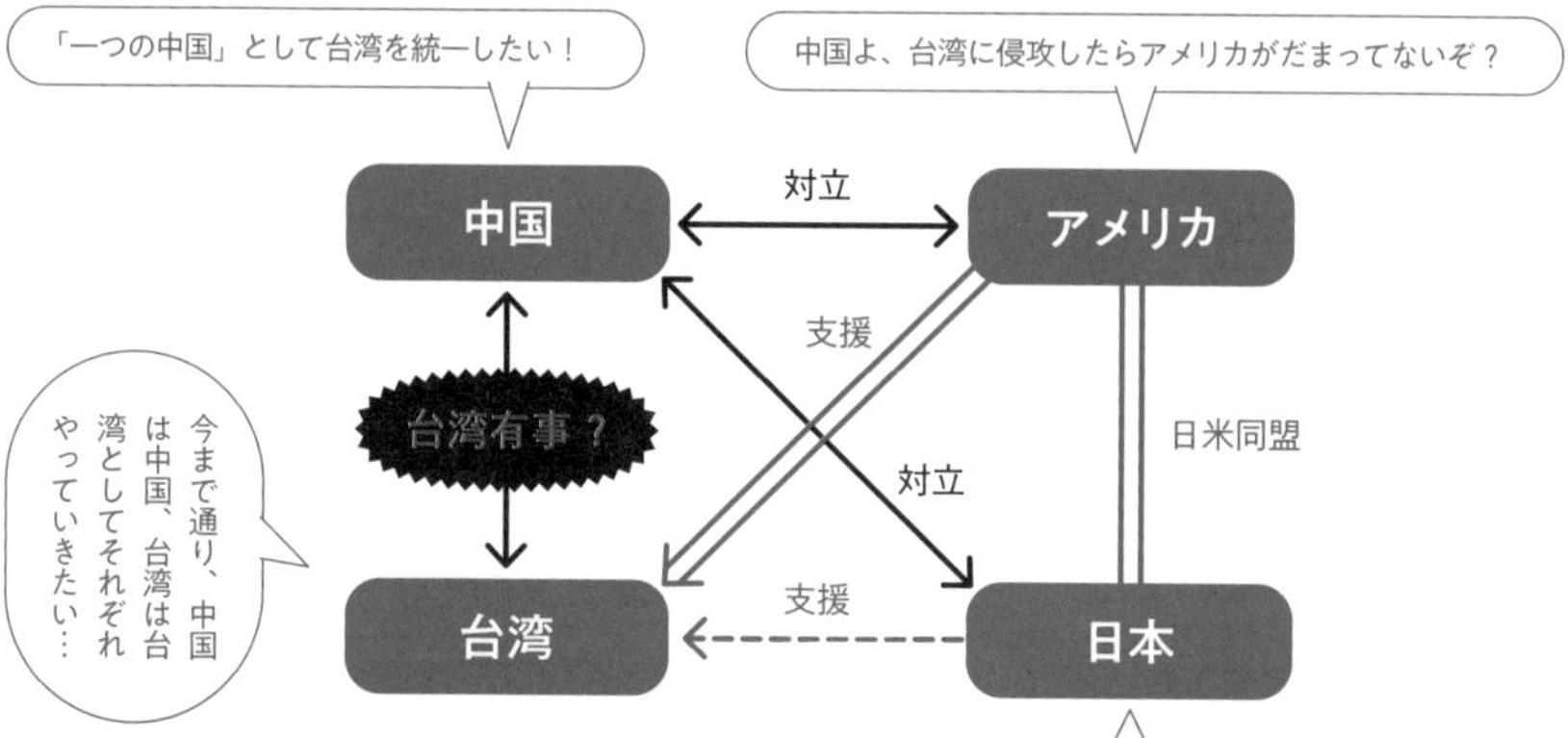
「一つの中国」として台湾を統一したい！
中国よ、台湾に侵攻したらアメリカがだまってないぞ？
中国
アメリカ
対立
支援
日米同盟
対立
台湾有事？
今まで通り、中国は中国、台湾は台湾としてそれぞれやっていきたい…
台湾
支援
日本
台湾有事が起こったらきっと日本は巻き込まれる。日本も軍備を増強しないと…

頼清徳《ライチントー》
2024年、台湾総統選で新総統に当選。中国からは「独立派」とみなされ、警戒されている。

でした。こうして現在まで、中国と台湾は分断されることとなりました。なお、日本は1972年に中国と国交を結び、一方の台湾を国とは認めていません。

　中国と台湾はこれまでも何度か軍事衝突がありましたが、近年では中国が軍事力を強化させ、台湾への圧力を強めています。中国の**習近平**《しゅうきんぺい》国家主席は「一つの中国」を強調し、戦争による台湾の統一をちらつかせています。これに対して、中国の拡大を抑えたいアメリカは、台湾有事（中国が台湾統一のために軍事侵攻を行うこと）が起きた場合、軍事的に台湾を支援する姿勢を見せており、米中の軍事衝突の危機が高まっています。

　もし台湾有事が起きたら、米軍基地のある日本も巻き込まれる危険性があります。日本は、有事に備えて軍事費を増やしていますが、軍備を増強すればかえって緊張を高めるという考えもあり、議論が分かれています。

後世への影響

勝者となった共産党が中国大陸を支配し、中華人民共和国を建国。台湾に逃れた国民党政府とは、現在まで対立が続いている…。

習近平　中国の国家主席(2013年〜)。絶対的な権力を握り、対外政策では周辺国に圧力をかける姿勢を見せる。

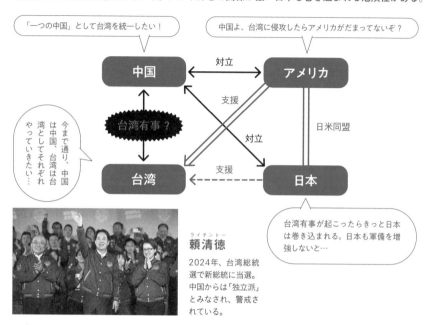

イギリスの分離政策が禍根を残し、現在も未解決…

印パ戦争

①1947〜1948年／②1965年／③1971年

【インド】

インドの国民会議派が、イギリスの植民地政策に反発し、1947年インド連邦として独立した。

【パキスタン】

国民会議派と宗教的に対立する全インド・ムスリム連盟は、1947年パキスタンとして独立する。

なぜ対立した？

イギリスからインド・パキスタンが分離独立！

第二次世界大戦後、イギリスから独立したインドとパキスタンの間で、3度にわたる戦争が起きました。これが印パ戦争です。

インドはイギリスの植民地でしたが（➡P110）、19世紀後半には民族主義が強まり、独立運動が起きます。イギリスは独立運動をまるめこむため、1885年、民衆が政府に意見や要望を述べる国民会議を開催しました。この集まりが、「国民会議派」という政治グループに成長していきます。

イギリスはさらに、独立運動を抑え込むために**ヒンドゥー教**徒とイスラーム教徒の対立を利用しようとします。1905年には、ベンガル分割令という法令で、**ベンガル州**をヒンドゥー教徒居住域とイスラーム教徒居住域に分断しました。さらに、植民地のイスラーム教徒（ムスリム）によって「全インド＝ムスリム連盟」を結成。これも宗教によってインド住民を分断する目的でした。

第一次世界大戦が始まると、イギリスはインド

ヒンドゥー教　インド土着の神々を祀る多神教。現在、インドの人口の約80%がヒンドゥー教徒である。

宗教対立を起こしたイギリスのインド統治

イギリスはヒンドゥー教徒とイスラーム教徒の対立を煽ることで、イギリスに批判が向かないようにした。結果、イギリスの植民地支配が終わると両宗教は激しく対立することになる。

全インド＝ムスリム連盟

インドに住むイスラーム教徒の政治参加の場としてイギリスが結成。ヒンドゥー教徒を主とする国民会議と対立。

ヒンドゥー教徒
（インド土着の宗教）

VS

イスラーム教徒
（インド外来の宗教）

国民会議

イギリス植民地政府に対し、インド人エリート層が意見を発するための会議。ヒンドゥー教をインド人のアイデンティティとした。

ヒンドゥー教とイスラーム教

ヒンドゥー教はインド古来の神々を信仰する多神教で、インドの民衆の間で定着した宗教だ。一方、イスラーム教は7世紀にアラビア半島で起きた宗教で、唯一神（アッラー）を信仰する一神教である。16世紀にイスラーム教徒がインドにムガル帝国を建国して以来、インドは支配者層がイスラーム教徒、民衆がヒンドゥー教徒と、両宗教が共存する形となった。

ガンディー

国民会議派のメンバーとして「非暴力・不服従」をスローガンに、宗教の垣根を超えた独立運動を主導した。最期はヒンドゥー教過激派の青年に暗殺される。

に兵士や物資を提供させ、大きな犠牲を払ったインドに対し、戦後の独立を約束します。しかし、その約束は果たされず、インドの独立運動は激化していきます。この時に運動を指導したのがガンディーです。イギリスの塩の専売を批判し、自ら塩をつくろうとした「塩の行進」に代表される非暴力・不服従の運動で知られます。

第二次大戦が終わると、大戦で疲弊したイギリスは植民地を維持する力を失います。イギリスはインドの独立を認めますが、ヒンドゥー教徒を主体とするインドと、イスラーム教徒を主体とするパキスタンに分かれて独立することになりました。なお、独立当初のパキスタンは、西パキスタンと東パキスタン（現バングラデシュ）からなっていました。この分離独立の際、パキスタン領のヒンドゥー教徒とインド領のイスラーム教徒は、それぞれ移動させられます。この時、カシミールという地方の帰属が問題になり、それが原因で戦争へと発展していくことになります。

我々イスラーム教徒は、インドではなく、パキスタンとして独立する！

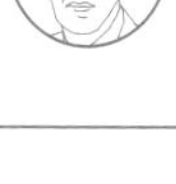

ベンガル州　インドの西側に位置する西ベンガル州とバングラデシュにあたる地域。

【3度起こった印パ戦争】

分離独立したインドとパキスタンは、カシミール地方や東パキスタンの帰属をめぐり、3度の戦争を繰り広げた。

	原因	結果
第1次印パ戦争（1947年）	インド・パキスタンの分離独立のなかで、カシミール地方の藩王がインドへの所属を決定。反発するイスラーム系住民をパキスタンが支援し勃発。	1年以上の戦闘の末、インド軍が優勢のまま、国連安全保障理事会の決議により停戦。カシミール地方はインドが実効支配することとなる。
第2次印パ戦争（1965年）	1965年、インドが支配していたカシミール地方の完全統治を宣言。その後、インドが中印国境紛争（チベットをめぐるインドと中国の戦争）に敗北したのを機に、パキスタンがカシミール地方へ侵攻。	国連の調停で停戦。国連によってカシミール地方に停戦ラインが引かれ、3分の2がインド、3分の1がパキスタンの領土となる。
第3次印パ戦争（1971年）	当時のパキスタンはインドをはさんで東西に分裂しており、政治の中心は西側にあった。それに不満をもった東パキスタンがパキスタンからの独立を宣言し、これをインドが支援。	インド・パキスタン両軍が東パキスタンで戦闘。インド軍が勝利し、東パキスタンはバングラデシュとして独立。

どうなった？

カシミール地方の帰属は現在も未解決のまま…

インドを植民地として支配していたイギリスは、一部の地域を藩王と呼ばれる地方の領主に間接統治させていました。その土地のひとつが**カシミール地方**のカシミール藩王国です。インドの独立にあたり、各地の藩王国はインドかパキスタンのいずれかに帰属しました。しかし、カシミールでは藩王がヒンドゥー教徒、住民の多くがイスラーム教徒だったため、藩王は帰属を決めかねていました。そうしたなか、1947年にパキスタンがカシミール地方に攻撃をしかけます。藩王はインドに支援を求め、第1次印パ戦争が始まります。戦闘は翌年に国連の調停によって休戦しました。

そして1965年、同じくカシミール地方の帰属をめぐって第2次印パ戦争が勃発します。2度の戦争を通じて、インドが同地方の約3分の2、パキスタンが約3分の1を支配することになり、事実上の国境になっています。

1971年、東パキスタンの独立運動が激化。

カシミール地方｜ヒマラヤ山脈西部から南に広がる地域。インド・パキスタンの間に位置し、今なお帰属問題が残る。

現在の南アジアの宗教分布と対立

南アジアでは、さまざまな宗教が信仰されている。
そのためインドやパキスタンをはじめ、さまざまな地域で宗教的な対立が生まれた。

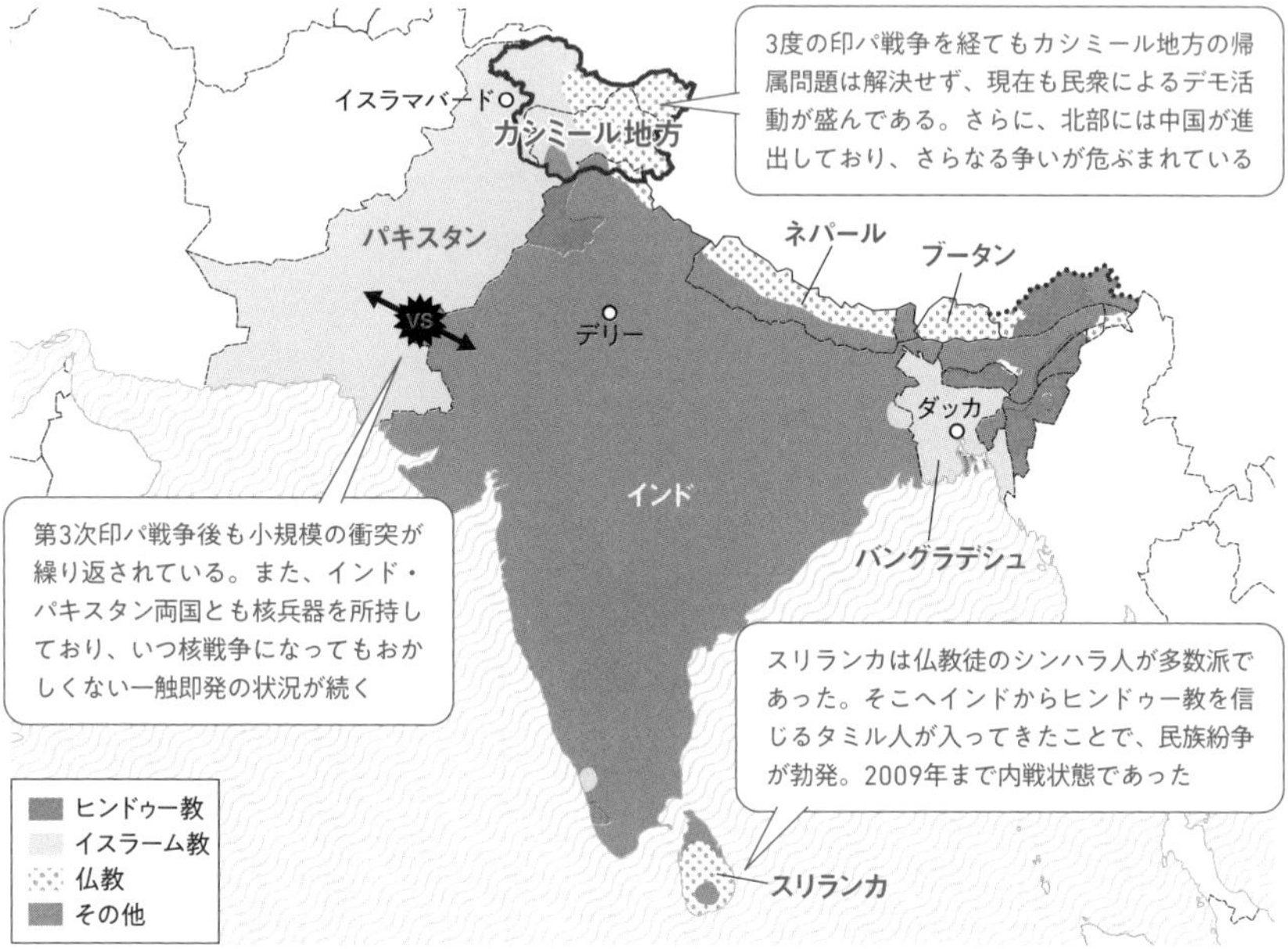
3度の印パ戦争を経てもカシミール地方の帰属問題は解決せず、現在も民衆によるデモ活動が盛んである。さらに、北部には中国が進出しており、さらなる争いが危ぶまれている
イスラマバード
カシミール地方
パキスタン
ネパール
ブータン
VS
デリー
ダッカ
インド
バングラデシュ
第3次印パ戦争後も小規模の衝突が繰り返されている。また、インド・パキスタン両国とも核兵器を所持しており、いつ核戦争になってもおかしくない一触即発の状況が続く
スリランカは仏教徒のシンハラ人が多数派であった。そこへインドからヒンドゥー教を信じるタミル人が入ってきたことで、民族紛争が勃発。2009年まで内戦状態であった
スリランカ
ヒンドゥー教
イスラーム教
仏教
その他

パキスタン政府が運動を抑えようとするなか、インドが独立運動を支援したため、第3次印パ戦争が起きます。インド軍がパキスタン軍を破り、東パキスタンは**バングラデシュ**として独立します。

その後は全面戦争こそ起きていないものの、印パ両国は互いに核兵器の保有を宣言しており、一触即発の状況です。そんななか、2019年8月に、熱心なヒンドゥー教徒としても知られるインドのモディ首相が憲法を改正し、カシミール南部の自治権を一方的に撤廃。以降、イスラーム過激派組織がインド側へのテロ攻撃を行うなど、争いが表面化しています。

さらに、カシミール地方北部には中国が進出しており、パキスタンから中国に領土の一部が割譲されるなど、中国がその存在感を強めています。これにより、中国とインドの対立が激化し、国境付近で軍事衝突が起こっています。カシミール地方の情勢は、より一層混迷を極めています。

後世への影響

カシミール問題は未解決のまま。印パ両国の核武装や、イスラーム過激派のテロ、さらに中国の進出で混迷している。

バングラデシュ　東パキスタン（ベンガル地方）が独立。言語はベンガル語で、ほとんどがイスラーム教徒。

3宗教の聖地をめぐり、ユダヤ人とアラブ人の争いが今も続く

中東戦争

①1948～1949年／②1956年／③1967年／④1973年

【イスラエル】

パレスチナに建国されたユダヤ人国家。パレスチナにはユダヤ教の聖地イェルサレムがある。

グリオン
初代イスラエル首相

VS

【アラブ諸国】

エジプトやレバノン、イラク、ヨルダン、シリアなどが中東戦争に参戦。うちエジプトがリーダーであった。

ナセル
エジプト大統領

なぜ対立した？

ユダヤ人の移住でアラブ人の土地が奪われた

中東戦争は、パレスチナをめぐって、イスラエルとアラブ諸国が戦った戦争です。パレスチナには、ユダヤ教・キリスト教・イスラーム教それぞれの聖地であるイェルサレムがあり、あらゆる民族・宗教において非常に重要な土地です。

かつてパレスチナにはユダヤ人（➡P28）が住んでいましたが、彼らは国を失って各地で迫害を受けたという歴史があります。19世紀後半から、ユダヤ人の間では「約束の地」であるパレスチナに帰還し、ユダヤ人の国をつくろうというシオニズム運動が盛んになります。この頃、パレスチナを支配していたのはトルコ系のオスマン帝国で、パレスチナの住民の多くはアラブ人のイスラーム教徒（パレスチナ人）でした。

第一次世界大戦が始まると、オスマン帝国はイギリスと対立。イギリスはオスマン帝国にいるアラブ人に反乱をけしかけるため、アラブ人に独立を約束しました（フセイン・マクマホン協定）。そ

パレスチナ　地中海東端の沿岸地域。ユダヤ教では神から与えられた「約束の地」と呼ばれ、かつてユダヤ人の国があった。

イギリスが結んだ3つの約束

イギリスはパレスチナに関して
ユダヤ人、アラブ人、フランス・ロシアと、それぞれ3つの約束を結んだ。

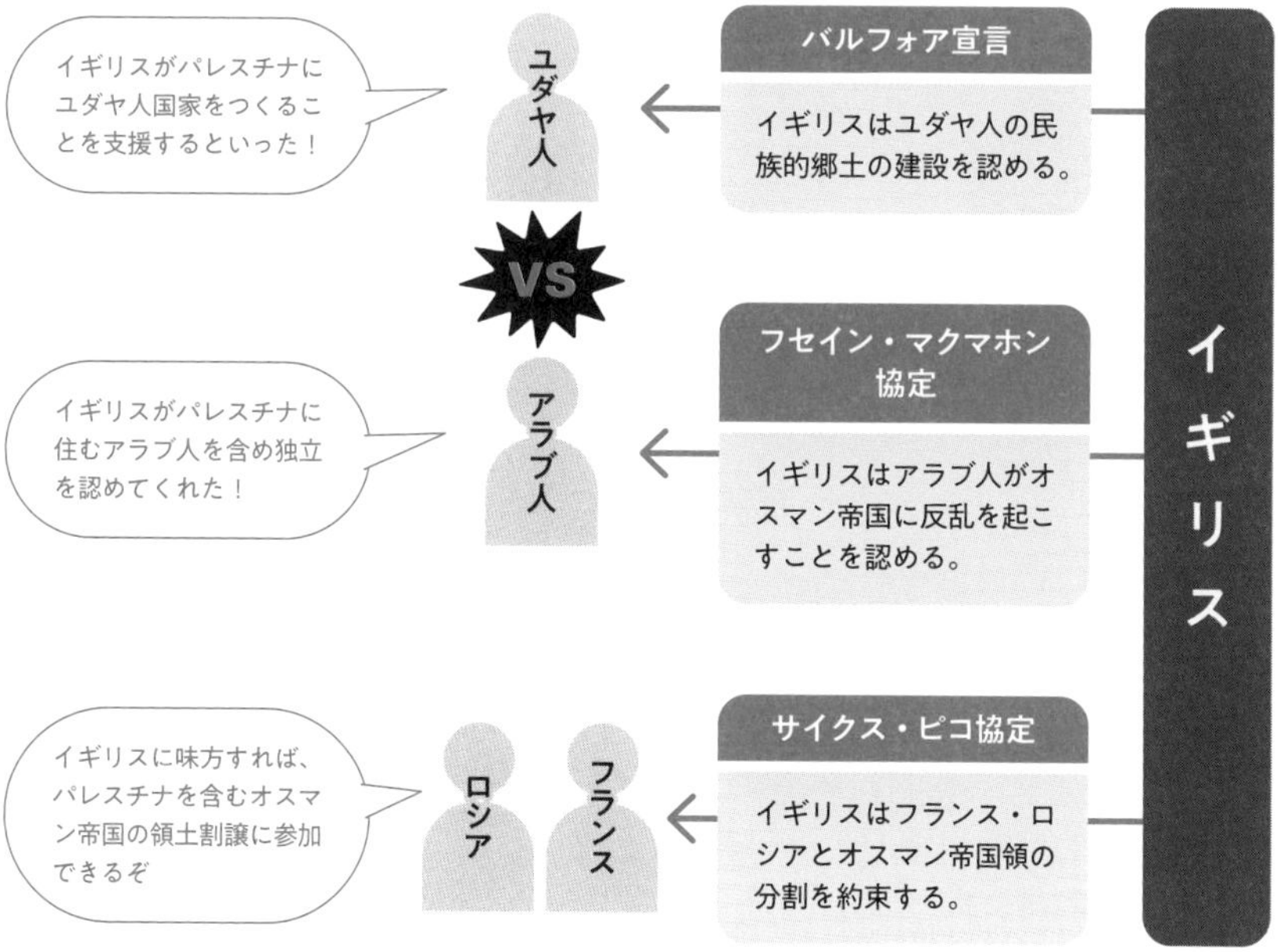
イギリスがパレスチナにユダヤ人国家をつくることを支援するといった！
ユダヤ人
VS
イギリスがパレスチナに住むアラブ人を含め独立を認めてくれた！
アラブ人
イギリスに味方すれば、パレスチナを含むオスマン帝国の領土割譲に参加できるぞ
ロシア
フランス
バルフォア宣言
イギリスはユダヤ人の民族的郷土の建設を認める。
フセイン・マクマホン協定
イギリスはアラブ人がオスマン帝国に反乱を起こすことを認める。
サイクス・ピコ協定
イギリスはフランス・ロシアとオスマン帝国領の分割を約束する。
イギリス

の一方で、イギリスはユダヤ人にも協力を得るため、パレスチナにユダヤ人の**民族的郷土**の建設も約束します（バルフォア宣言）。さらに、ロシア・フランスに対しては、戦後のオスマン帝国領の分割を密約していました（サイクス・ピコ条約）。

第一次大戦後にオスマン帝国は滅亡し、パレスチナはイギリスが支配することになります。パレスチナには約束を信じたユダヤ人の移住が増加。さらにナチスによるユダヤ人の迫害によって移民が急増し、ユダヤ人とアラブ人が争うようになっていきます。

第二次大戦後、イギリスはパレスチナ問題の解決を放棄し、国際連合にゆだねました。１９４７年、国連はパレスチナ分割案を定めます。国際世論は迫害されたユダヤ人に同情的で、人口の少ないユダヤ人に多くの土地を配分する不公平な内容でした。翌年、グリオンを初代首相としてイスラエルの建国が宣言されますが、これに、パレスチナ人や周辺アラブ諸国が反発します。

ついに、故郷パレスチナにユダヤ人の国をつくるという夢がかなったぞ！

民族的郷土　「ナショナル・ホーム」とも。バルフォア宣言ではイギリスは厳密には「ユダヤ人国家の建設」は約束していない。

4度にわたる中東戦争の原因と流れ

中東戦争は4度ともイスラエル優位で進み、パレスチナ地域の多くは今もイスラエルが実効支配している。

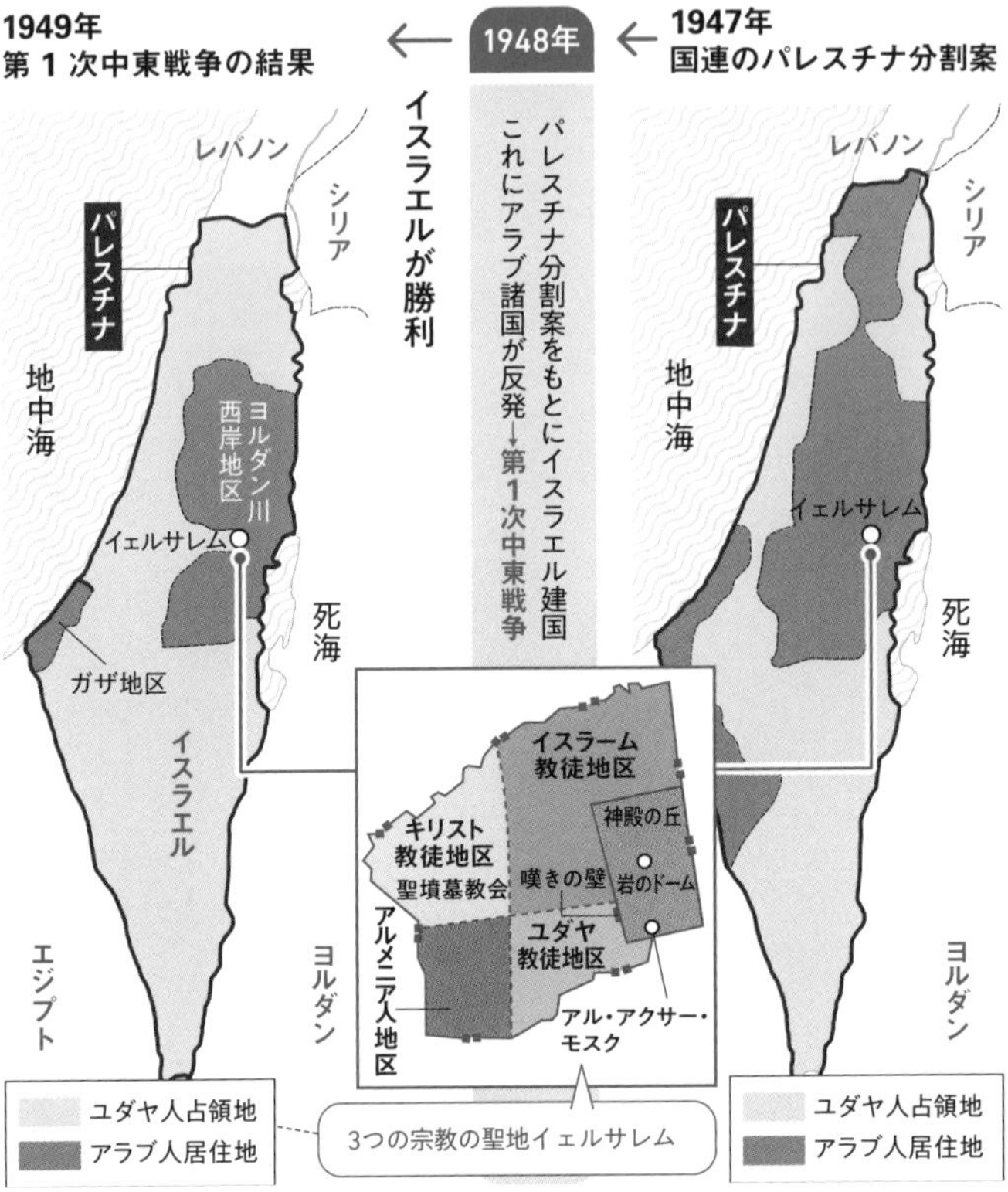
1947年
国連のパレスチナ分割案
1948年
パレスチナ分割案をもとにイスラエル建国
これにアラブ諸国が反発→第1次中東戦争
1949年
第1次中東戦争の結果
イスラエルが勝利
レバノン
シリア
パレスチナ
地中海
イェルサレム
死海
ヨルダン
ユダヤ人占領地
アラブ人居住地
ヨルダン川西岸地区
ガザ地区
イスラエル
エジプト
イスラーム教徒地区
キリスト教徒地区
神殿の丘
嘆きの壁
岩のドーム
聖墳墓教会
アルメニア人地区
ユダヤ教徒地区
アル・アクサー・モスク
3つの宗教の聖地イェルサレム

どうなった？
平和条約は結ばれるが現在も争いは続く…

イスラエルの建国宣言に対し、エジプト・ヨルダン・シリア・イラク・レバノンなどの国が反発し、第1次中東戦争が勃発しました。イスラエルはアラブ諸国を撃破し、国連の分割案を上回る領域を占領します。この過程で、100万人以上のパレスチナ人（アラブ人）が故郷を追われ、難民となりました。敗北したアラブ諸国では、改革を求める動きが活発になり、エジプトでは王政が崩壊。ナセルが大統領となり、**アラブ民族主義**の指導者となりました。

1956年、ナセルはイギリス・フランスが管理していたスエズ運河の国有化を宣言。英仏はイスラエルと共同して出兵し、第2次中東戦争（スエズ戦争）が始まります。この時は米ソがエジプト側に立ったため、3国は撤退することに。外交的に勝利したナセルは、アラブ世界の指導者として名声を高めます。

巻き返しを図るイスラエルは、1967年にア

アラブ民族主義　アラビア語やイスラーム教など、アラブの文化や伝統をベースに、アラブ人の統一を目指す思想。

1956年

エジプトがスエズ運河の国有化を宣言。これにイスラエルが反発→第2次中東戦争

イスラエル・イギリス・フランスの侵攻は失敗

1967年

巻き返しを図るイスラエルがパレスチナやシナイ半島を奇襲→第3次中東戦争

1967年 第3次中東戦争の結果

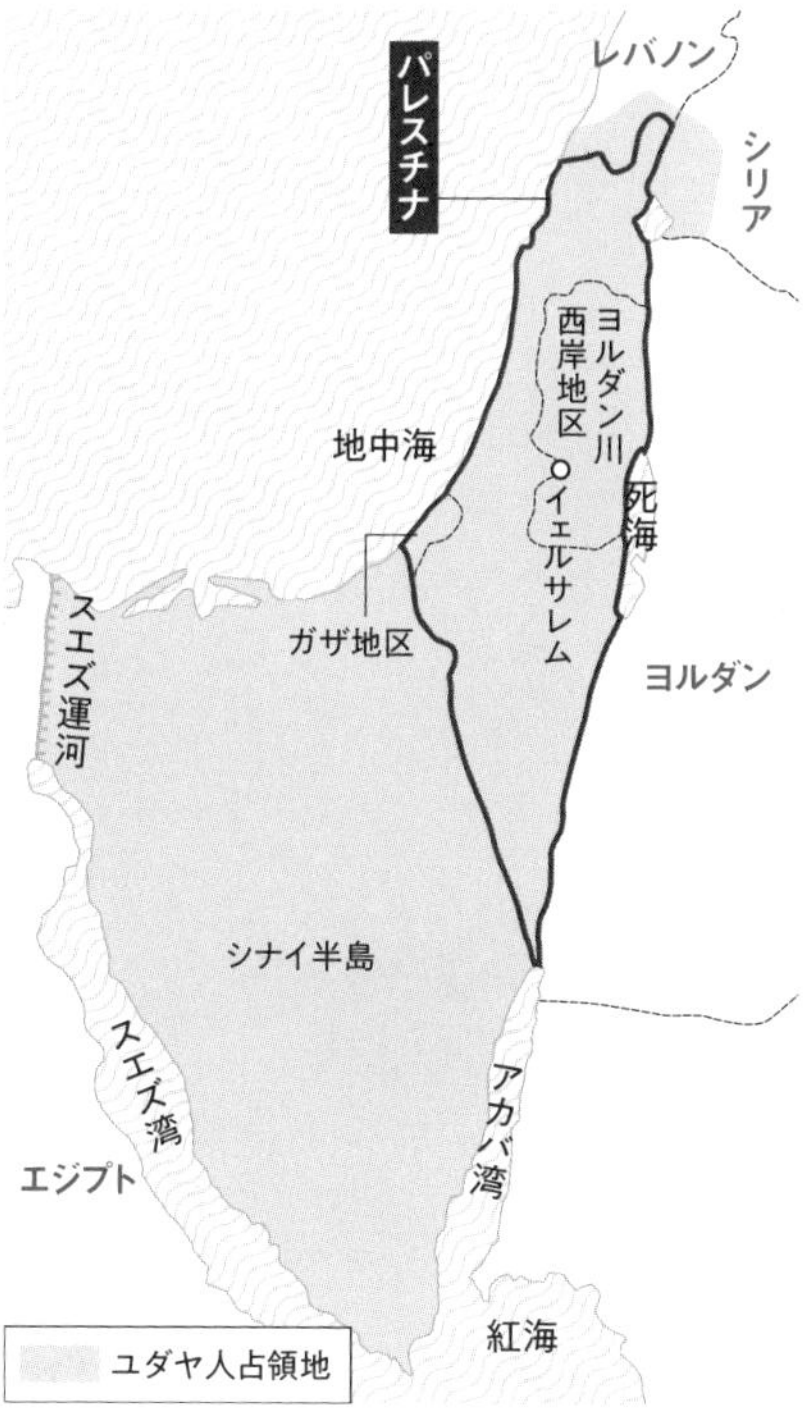
レバノン
シリア
パレスチナ
ヨルダン川西岸地区
地中海
死海
イェルサレム
ガザ地区
ヨルダン
スエズ運河
シナイ半島
スエズ湾
アカバ湾
エジプト
紅海
ユダヤ人占領地

1973年

シナイ半島を取り戻すためエジプト・シリアが奇襲攻撃→第4次中東戦争

中東優位で停戦するもシナイ半島はエジプトに返還されず

1979年

エジプト・イスラエル平和条約でシナイ半島が返還されエジプトがイスラエルを承認

ラブ諸国に奇襲攻撃をしかけます（第3次中東戦争）。わずか6日間の戦闘で、イスラエルはヨルダン川西岸・ガザ・シナイ半島などの領域を占領。大敗を喫したナセルは権威を低下させ、3年後に病死しました。

アラブ側は奪われた土地を取り返すべく、1973年にはエジプト・シリアがイスラエルを奇襲攻撃（第4次中東戦争）。この時、中東の産油国がイスラエル支援国に石油輸出を制限する戦略をとり、**石油危機**が発生。先進国の経済に打撃を与えることに成功しますが、シナイ半島の返還にはいたりませんでした。

1979年、エジプトはシナイ半島の返還を条件に、イスラエルと平和条約を結びます。しかし、パレスチナ人が土地を奪われているという状況は、4度の中東戦争を経ても解決しませんでした。今も続くパレスチナをめぐる対立については、212ページでくわしく説明します。

後世への影響

イスラエルによるパレスチナ占領の状況は、基本的に現在まで変わらず。パレスチナ人の抵抗とイスラエルの報復の連鎖が続く…。

石油危機 中東の産油国が石油の輸出を制限したことで、石油価格が大暴騰したこと。日本でも物不足が危ぶまれた。

いまだに終結していない米ソの代理戦争

朝鮮戦争

1950〜53年

【韓国】

朝鮮半島は南をアメリカが、北をソ連が占領。うち南側は独立して資本主義国家の大韓民国となった。

【北朝鮮】

北側はソ連・中国の影響が強い共産主義国家、朝鮮民主主義人民共和国として独立した。

金《キム》日《イル》成《ソン》
初代北朝鮮国家主席
VS
李《イ》承《スン》晩《マン》
初代韓国大統領

なぜ対立した？

アメリカとソ連による分断支配がきっかけ！

朝鮮戦争は、朝鮮半島を二分する北朝鮮（朝鮮民主主義人民共和国）と韓国（大韓民国）による同じ民族同士の戦争です。

1910年から1945年まで日本の植民地だった朝鮮半島は、日本が太平洋戦争に負けて解放されましたが、独立については戦争に勝った連合国にゆだねられていました。戦後、ソ連はドイツの支配下にあった東欧諸国を軍事力と共産主義の**イデオロギー**によって味方につけます。アジアでも中国共産党がソ連と強く結びつき、朝鮮半島にまで影響力をもち始めていました。これを恐れたアメリカは、ソ連に共同で朝鮮半島を**信託統治**することを提案。この一方的な決定に朝鮮人は反発しましたが、結局、北緯38度線を境界にして、北側をソ連、南側をアメリカが支配することになります。

しばらくしてアメリカが、朝鮮のすべての政党が参加して統一の臨時政府を樹立させるべきだと主張します。一方、ソ連は信託統治に賛成する政

イデオロギー　政治や宗教など社会に対する考え方。世界観。観念（idea）と思想（logos）を組み合わせた言葉。

朝鮮半島をめぐる両陣営の考え方

韓国大統領・李承晩はアメリカ側の、
北朝鮮首相・金日成はソ連側の意向を汲み、対立していった。

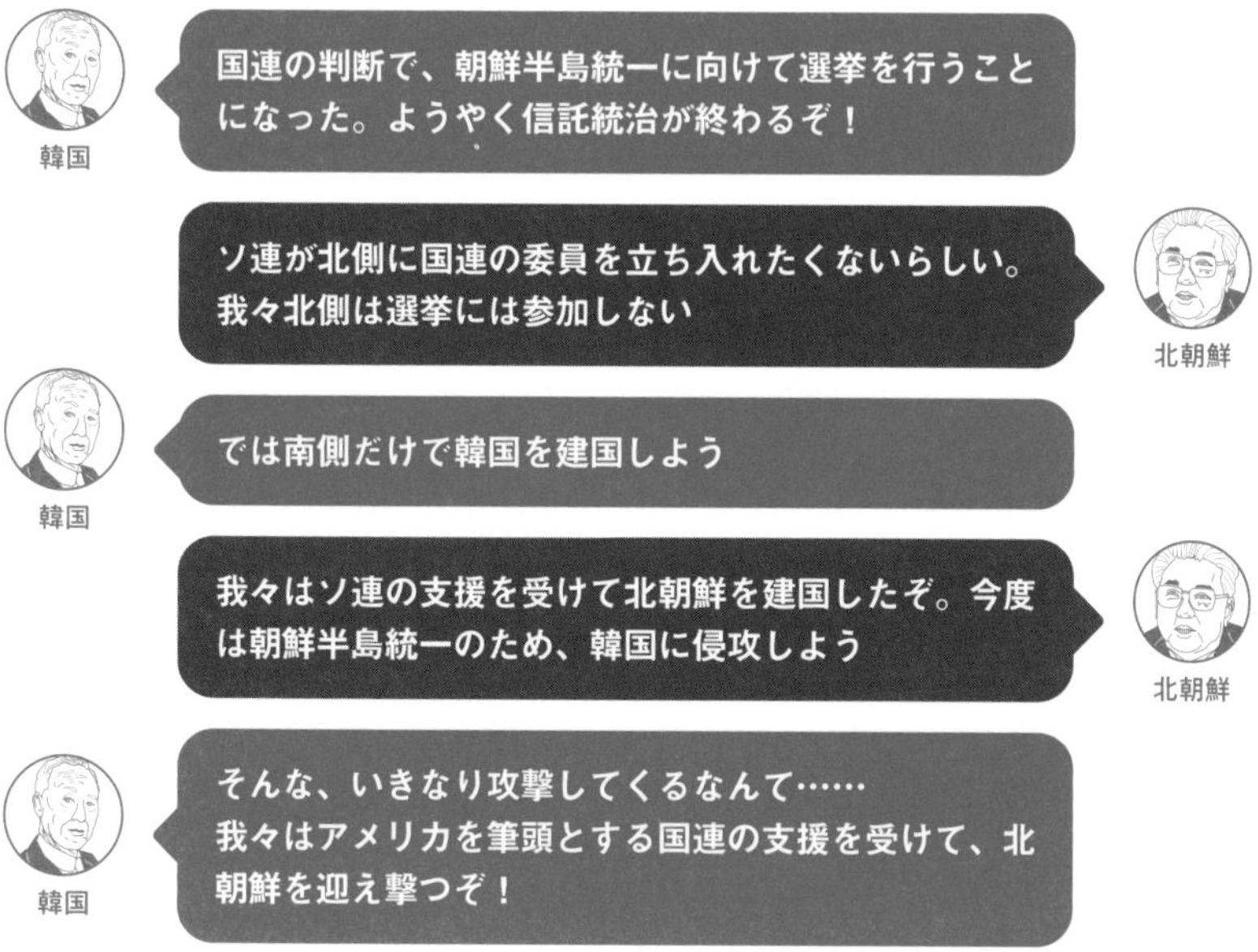
韓国
国連の判断で、朝鮮半島統一に向けて選挙を行うことになった。ようやく信託統治が終わるぞ！
北朝鮮
ソ連が北側に国連の委員を立ち入れたくないらしい。我々北側は選挙には参加しない
韓国
では南側だけで韓国を建国しよう
北朝鮮
我々はソ連の支援を受けて北朝鮮を建国したぞ。今度は朝鮮半島統一のため、韓国に侵攻しよう
韓国
そんな、いきなり攻撃してくるなんて……
我々はアメリカを筆頭とする国連の支援を受けて、北朝鮮を迎え撃つぞ！

党だけで臨時政府をつくることを主張します。話し合いはまとまらず、結論は国連にゆだねられました。国連ではソ連が反対したものの賛成多数で「国連の監視のもと、朝鮮半島で選挙を行って統一政府をつくる」ことが決定されました。

しかし、ソ連はアメリカ寄りの政権が誕生することを恐れました。そして北朝鮮はその意向をくんで、国連の選挙委員が国内に立ち入ることを拒否したのです。仕方なく選挙は南朝鮮だけで開催されます。この単独選挙について南側では反対運動が起きましたが、結局、「親米」と「反共」を掲げる李承晩が大統領となり、韓国の建国を宣言します。すると翌月には北側で、ソ連の後押しを受けた金日成が北朝鮮の建国を宣言します。

どちらも米ソという大国が背後にいて、資本主義と社会主義の対立という冷戦構造をそのまま代理する形になってしまったのです。そして1950年、北朝鮮の金日成がソ連や中国の承認のもと、韓国に攻撃を開始します。

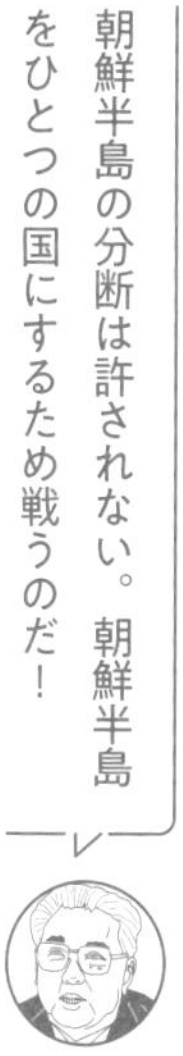
朝鮮半島の分断は許されない。朝鮮半島をひとつの国にするため戦うのだ！

信託統治 ここでは、朝鮮人が自分たちで半島の統治ができるようになるまで、米ソが統治を代行するというもの。

【朝鮮戦争の動向】

**朝鮮戦争はアメリカが韓国を、ソ連・中国が北朝鮮を支援したため大規模となる。
一進一退の攻防の末に、北緯38度線で南北が分断された。**

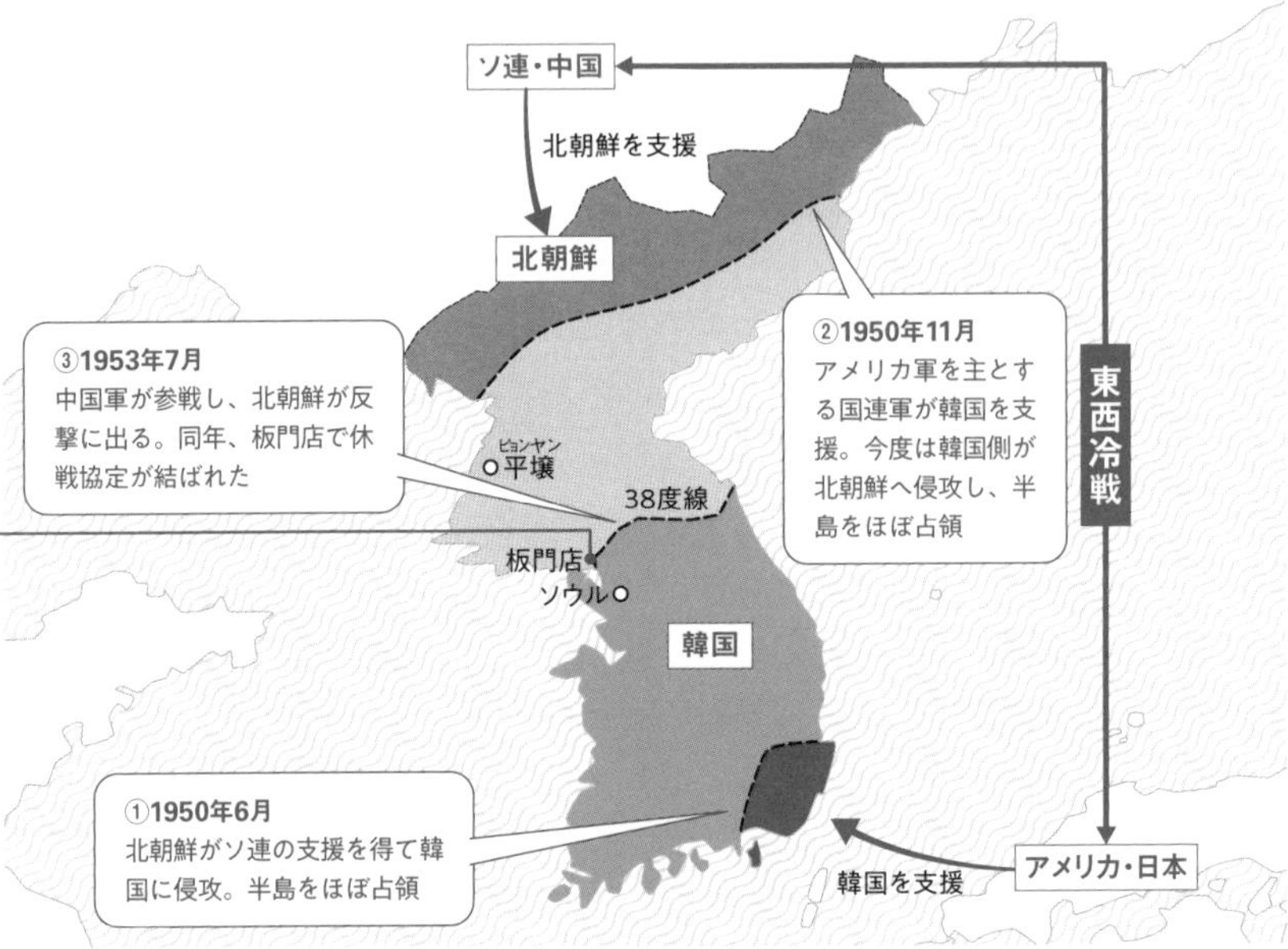
ソ連・中国
北朝鮮を支援
北朝鮮
東西冷戦
②1950年11月
アメリカ軍を主とする国連軍が韓国を支援。今度は韓国側が北朝鮮へ侵攻し、半島をほぼ占領
③1953年7月
中国軍が参戦し、北朝鮮が反撃に出る。同年、板門店で休戦協定が結ばれた
平壌《ピョンヤン》
38度線
板門店
ソウル
韓国
①1950年6月
北朝鮮がソ連の支援を得て韓国に侵攻。半島をほぼ占領
アメリカ・日本
韓国を支援

どう なった？
南北の分断が決定的になる

北朝鮮はソ連から最新兵器を提供されており、序盤から快進撃を続けました。韓国の首都ソウルは陥落。韓国政府はソウルを捨てて退却することになります。

その頃、国連では**安全保障理事会**が開かれ、北朝鮮を侵略者と認定し、軍の撤退を求める決議が採択されました。さらに国連は韓国を守るために国連加盟国に協力を求め、**マッカーサー**を司令官とするアメリカ軍を中心に国連軍が編成されます。一時は朝鮮半島南東部の釜山にまで後退した国連軍ですが、仁川から上陸して敵の背後をつく作戦が大成功。国連軍の侵攻が始まり、勢いに乗った韓国軍は逆に北側の統一を計画。国連軍も38度線を超えて進軍します。

金日成はスターリンを頼りましたが、アメリカを刺激することを恐れ、中国に支援を求めるように助言しました。結果、中国の毛沢東は参戦を決定。北朝鮮は息を吹き返し、その後は38度線付近

安全保障理事会 | 米英仏中露の常任理事国と10か国の非常任理事国で構成される。加盟国は理事会の決定に従う。

現在も残る朝鮮の南北問題

朝鮮戦争はまだ停戦中であり、韓国と北朝鮮は戦争状態が続いている。とくに北朝鮮の核開発は国際的に問題となっている。

北緯38度線

韓国と北朝鮮の国境。もとはソ連とアメリカが朝鮮半島を分割統治する際に仮で引いたラインである。現在も韓国と北朝鮮の両国の軍が厳重警戒を行なっている。

核開発を進める北朝鮮

北朝鮮は現在も核開発を進めており、日本海には試射された弾道ミサイルがいくつも着弾している。写真は朝鮮労働党の創建75周年を祝う軍事パレードで披露されたミサイル。

で一進一退を繰り返します。戦闘はおよそ3年続きましたが、休戦。平和条約は結ばれていないため、現在も終戦を迎えていない状態です。なお、朝鮮戦争がきっかけで日本では警察予備隊（のちの自衛隊）が組織されました。

北朝鮮のトップである朝鮮労働党総書記は、金日成の一族が後を継ぐ世襲制になっており、現在は孫である金正恩《キムジョンウン》が総書記になっています。冷戦時代の韓国と北朝鮮の関係は対立と緊張が続きましたが、2000年にはじめて両国による南北首脳会談が開催され、経済的に協力をするなど、かなりの歩み寄りがありました。この時の韓国の大統領である金大中《キムデジュン》はノーベル平和賞を受賞しています。しかし、北朝鮮による韓国人の拉致被害、核開発問題、繰り返されるミサイル実験などで現在はふたたび緊張が高まっています。これらの問題は韓国だけでなく日本でも同様に起きており、脅威になっています。

後世への影響

朝鮮戦争はいまだに終結しておらず、北朝鮮による核実験や拉致問題など、日朝関係も問題を抱えている。

マッカーサー 連合国軍最高司令官。戦後の日本を占領下に置き、日本国憲法制定に影響を与えた。

結果的に米ソの歩み寄りになった人類最大の危機！

キューバ危機

1962年

【ソ連】

冷戦において東側陣営を牽引。この時代のソ連は人類初の有人宇宙飛行を成功させるなどしている。

【アメリカ】

冷戦において西側陣営を牽引。60年代のアメリカは、黒人が自由と平等のために運動していた。

なぜ対立した？

革命が起きたキューバがソ連に近づいた！

キューバ危機とは、冷戦期の1962年、アメリカとソ連が核戦争寸前にまで対立したできごとです。なぜ、キューバが対立の焦点になったのでしょうか。もともとキューバはスペイン領でしたが、19世紀末の**米西戦争**の結果、アメリカが保護国としていました。キューバの砂糖産業はアメリカに独占され、政治的・経済的に従属させられている状況でした。また、アメリカに支援されたバティスタ政権は腐敗した独裁政権で、国内では国民の不満が高まっていました。

1959年、カストロらを指導者としてキューバ革命が起き、バティスタ政権が倒れます。権益を失いたくないアメリカは、国交を断絶するなどキューバの革命政府に圧力をかけます。

革命政府はアメリカに対抗するために、社会主義を目指すことを宣言してソ連を味方につけます。アメリカはフロリダ海峡をはさんだ至近距離に、敵国を抱えることになったのです。

米西戦争｜アメリカ・スペイン戦争。キューバがスペインからの独立を掲げ、アメリカがこれを支持してスペインに宣戦した。

【キューバの位置とミサイルの到達範囲】

アメリカからほど近いキューバにソ連製ミサイルが設置されたことは、
アメリカにとって大きな脅威であり、なんとしてもソ連の武器輸送を止める必要があった。

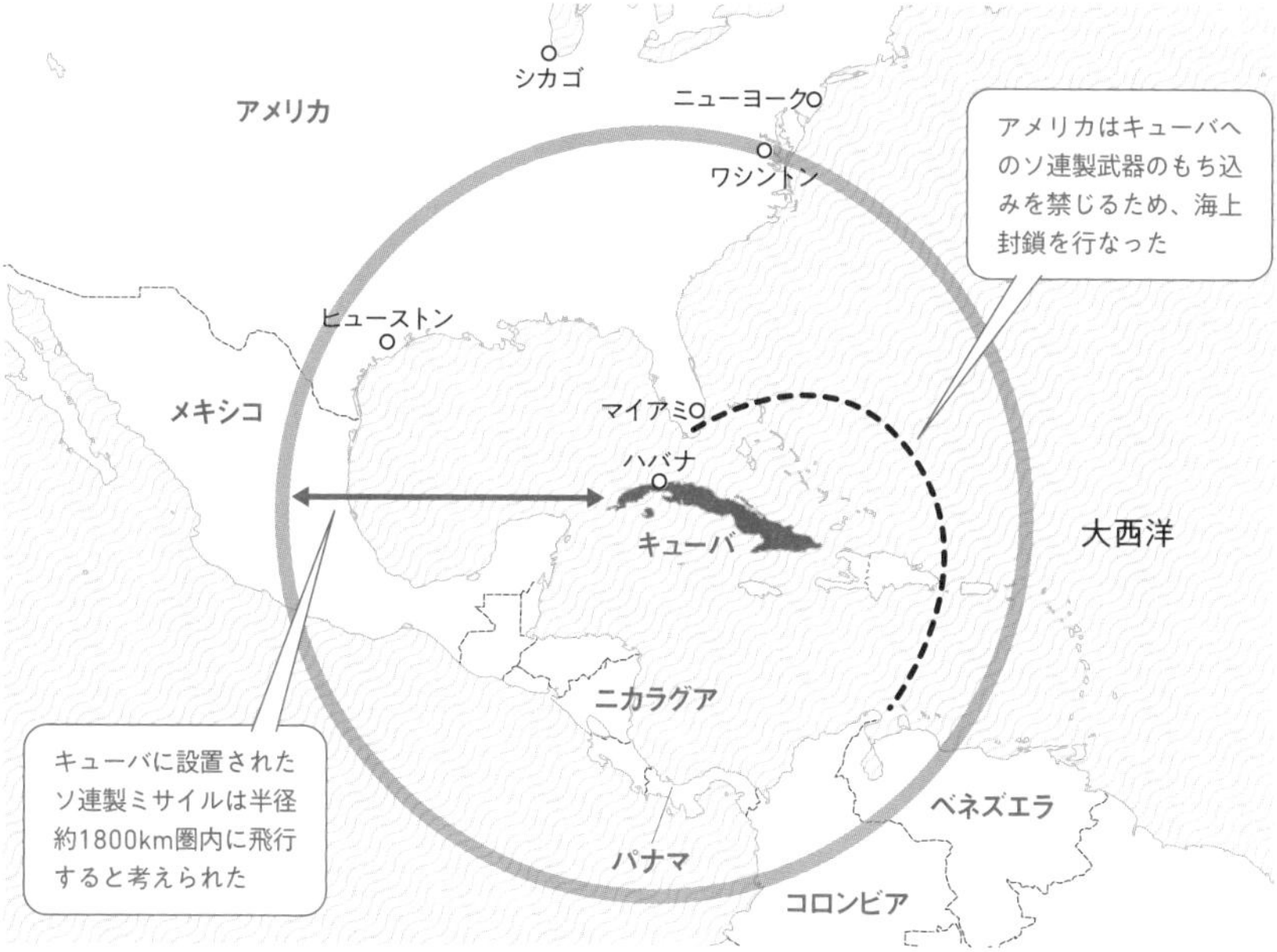
シカゴ
ニューヨーク
アメリカ
ワシントン
アメリカはキューバへのソ連製武器のもち込みを禁じるため、海上封鎖を行なった
ヒューストン
メキシコ
マイアミ
ハバナ
キューバ
大西洋
ニカラグア
キューバに設置されたソ連製ミサイルは半径約1800km圏内に飛行すると考えられた
ベネズエラ
パナマ
コロンビア

どうなった？

米ソの核戦争はギリギリで回避された

キューバの同盟国となったソ連の指導者フルシチョフは、革命政府をアメリカから守る名目で、密かにキューバにミサイル基地を建設します。1962年、アメリカはその事実を知ります。キューバにミサイル基地があれば、アメリカ本土がソ連の核兵器の射程内に入ります。アメリカのケネディ大統領はキューバの海上を軍事力で封鎖。キューバからミサイル攻撃があればソ連に報復するという強気な姿勢をとります。結局、ソ連がキューバのミサイル基地を撤去するかわりに、アメリカはキューバに侵攻しないという条件で両者は合意します。米ソの緊張は頂点に達しましたが、核戦争は回避。両国には**ホットライン**が設置され、核実験を一部停止する条約も結ばれました。

後世への影響

キューバ危機によって米ソは歩み寄り、ホットラインの設置や、部分的核実験停止条約といった成果につながった！

ホットライン アメリカ大統領とソ連の共産党第一書記、つまり両国のトップが緊急時に直接電話で話せるシステム。

アジアの国々に大きな影響をあたえ、ASEANも生まれる！

ベトナム戦争

1964〜1975年

【ベトナム民主共和国】

北ベトナム。元はフランス領で独立運動が活発化。
社会主義国家へ統一しようとする動きが高まる。

【アメリカ】

ベトナムの共産化を阻止する口実で南ベトナムを支援。
しかし、国内では反戦運動が高まる。

ジョンソン
アメリカ大統領

ホー・チ・ミン
初代ベトナム大統領

なぜ 対立した？

ベトナムの独立にアメリカが介入！

ベトナム戦争は、北ベトナム（ベトナム民主共和国）と南ベトナム（ベトナム共和国）の対立が発展し、北ベトナムとアメリカの間で起きた戦争です。まずは、戦いに至る経緯を説明します。

　もともと、ベトナムはフランスの植民地（仏領インドシナ）でした。20世紀前半になると民族主義運動が強まり、ホー・チ・ミンがベトナム共産党を結成。太平洋戦争の時には、一時日本に占領されますが、日本が降伏するとベトナム民主共和国として独立を宣言します。この時フランスはベトナムの独立を認めず、戦争が勃発します（インドシナ戦争）。そして、中国に続いて社会主義の共産国が生まれることを恐れたアメリカも戦争に介入し、南部に傀儡国家のベトナム国を建国します。この戦争は、1954年に**ジュネーヴ休戦協定**が結ばれ、北緯17度線が停戦ラインとなり休戦。ホー・チ・ミンを大統領とする社会主義のベトナム民主共和国（北ベトナム）と、ゴ・ディン・ジ

ジュネーヴ休戦協定　1954年に成立したインドシナ戦争の停戦協定。これによりベトナム・カンボジア・ラオスが独立した。

ベトナムの統一を阻害するアメリカ

アメリカはベトナムが共産主義国になるのを止めるため、南ベトナムを支援した。

北ベトナム

ベトナムでも統一に向けて初めての選挙が行われることになったぞ！

アメリカ

このままでは、ホー・チ・ミンら共産党が選挙に勝って、ベトナムは共産主義国化してしまう…よし、南ベトナムに選挙をボイコットさせよう

北ベトナム

くそ！　アメリカのせいで南北統一できなかった…アメリカがつくったベトナム共和国の独裁に対抗して、南ベトナム民族解放戦線が結成されたらしい。我々もこれを援助し、ベトナム統一に向けて戦うぞ！

アメリカ

ベトナム国民が反抗的だ。アメリカ軍もベトナムに行って鎮圧するぞ！

エムを大統領とする資本主義のベトナム共和国（南ベトナム）が成立します。ジュネーヴ協定では南北統一選挙を行うことが定められていましたが、アメリカは南ベトナムに選挙をボイコットさせ、南北の統一はなされませんでした。

その後、南ベトナムのジエム大統領はアメリカの後ろ盾のもとで独裁を行います。国民の不満は高まり、ジエム政権の打倒を目指して**南ベトナム解放民族戦線**が結成されることに。これを北ベトナムが支援します。南ベトナム解放戦線は南ベトナム各地でゲリラ戦を展開。クーデタによってジエムは殺害されます。こうして南ベトナムの政情が不安定になったため、アメリカは直接戦争に介入していくことになります。１９６４年、ベトナム近海のトンキン湾でアメリカの軍艦が攻撃されたとアメリカ国務省が発表し、ジョンソン大統領は宣戦布告。ベトナム戦争がはじまります。しかし、宣戦布告までの一連の事件は、アメリカ側の自作自演だったことがのちに明らかになりました。

ベトナムの社会主義国化を止めなければならない…。南ベトナムを援護するぞ！

南ベトナム解放民族戦線｜南ベトナムの親米政権を倒すために結成され、北ベトナムの支援を受け拡大した。

【南北で対立したベトナム】

ベトナム戦争は、アメリカとソ連が南北ベトナムをそれぞれ支援したことで長期化した。

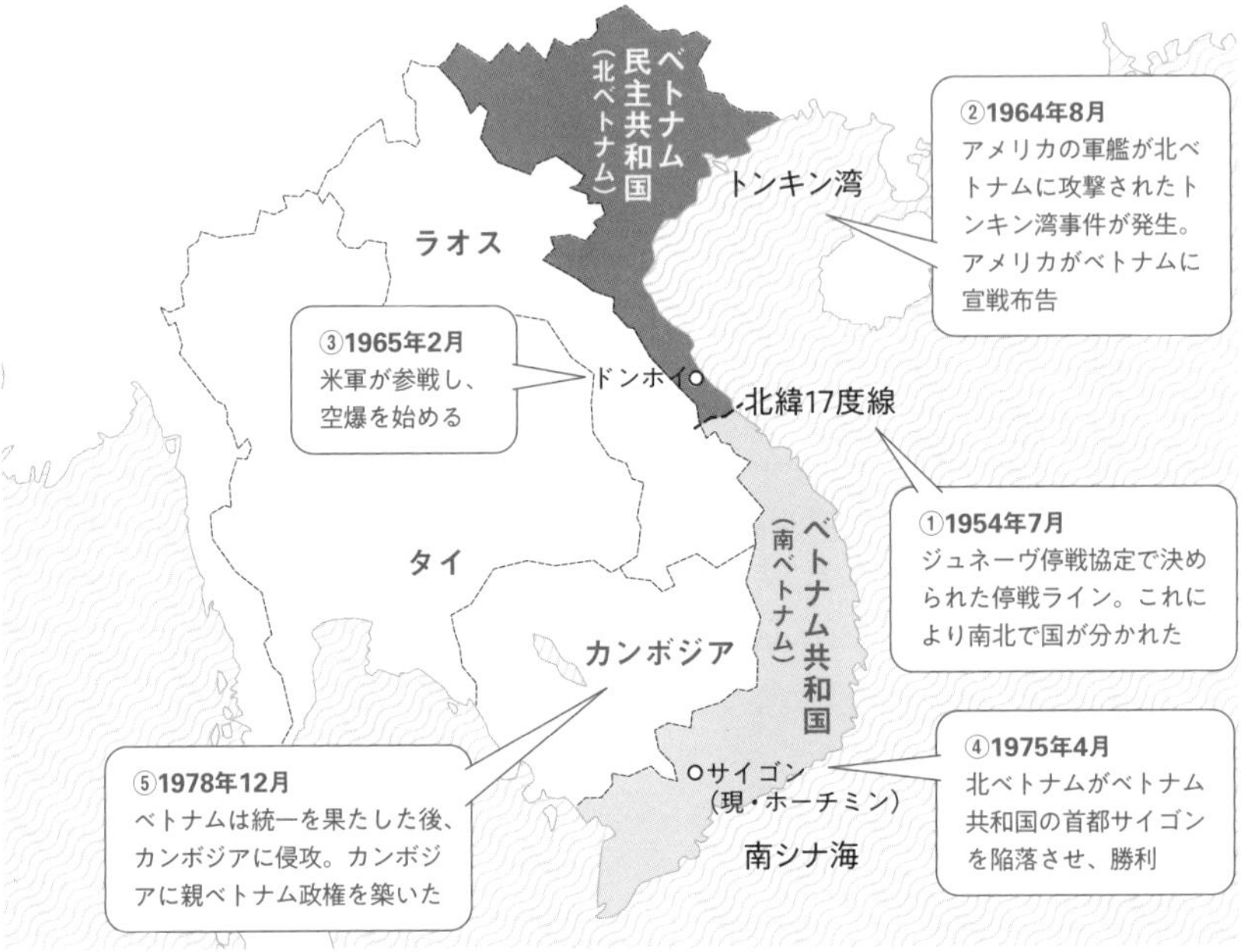

ベトナム民主共和国（北ベトナム）
トンキン湾
②1964年8月
アメリカの軍艦が北ベトナムに攻撃されたトンキン湾事件が発生。アメリカがベトナムに宣戦布告
ラオス
③1965年2月
米軍が参戦し、空爆を始める
ドンホイ
北緯17度線
①1954年7月
ジュネーヴ停戦協定で決められた停戦ライン。これにより南北で国が分かれた
タイ
ベトナム共和国（南ベトナム）
カンボジア
④1975年4月
北ベトナムがベトナム共和国の首都サイゴンを陥落させ、勝利
サイゴン（現・ホーチミン）
⑤1978年12月
ベトナムは統一を果たした後、カンボジアに侵攻。カンボジアに親ベトナム政権を築いた
南シナ海

どう なった？

米軍は大損害を受けて撤退 アメリカの権威が弱まる…

戦線布告の翌年、アメリカは北ベトナムへの爆撃を開始しました。しかし、北ベトナム軍や解放戦線はジャングルを舞台に抵抗して米軍を苦しめました。ソ連や中国といった社会主義国も北ベトナムを支援し、戦争は泥沼化していきます。戦争が長期化し、米軍の苦境が知らされたアメリカ国内では、戦争をやめるべきという意見が広がりました。さらに米軍が引き起こした**ソンミ村虐殺事件**など、悲惨な戦場のできごとが報道されたことで、アメリカのみならず世界中でベトナム反戦運動が盛り上がります。

こうしたなか、ジョンソンの後を継いだニクソン大統領は、**中ソ対立**の最中にあった中国に、北ベトナムを支援するのをやめるように求めます。戦火はカンボジアやラオスにも飛び火しましたが、1973年にようやくベトナム（パリ）和平協定が結ばれ、アメリカ軍はベトナムから撤退することに。しかしその後も、ベトナムでは解放戦線と南ベト

ソンミ村虐殺事件 | アメリカ軍が南ベトナムのソンミ村に暮らす500人以上を虐殺した事件。多くは民間人だった。

【ベトナム戦争の関係図】

アメリカは戦況が悪化したため、敵対していたはずの中国に譲歩を求めた。

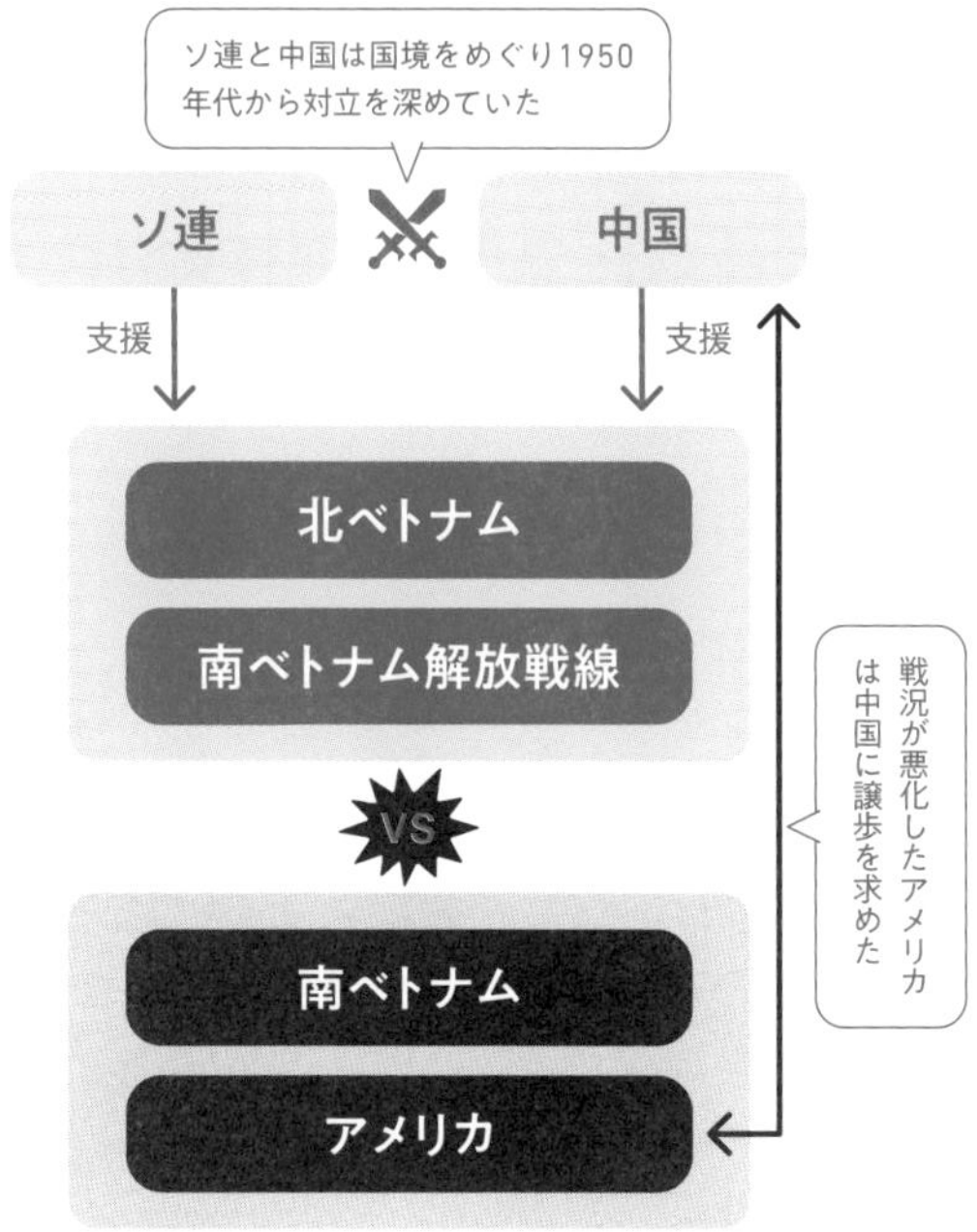
ソ連と中国は国境をめぐり1950年代から対立を深めていた
ソ連
中国
支援
支援
北ベトナム
南ベトナム解放戦線
VS
南ベトナム
アメリカ
戦況が悪化したアメリカは中国に譲歩を求めた

中国へ接近した
ニクソン大統領

1972年、ニクソンは中国を電撃訪問。ソ連と対立する中国を利用して、北ベトナムを抑える目的だった。これはのちに米中の正式な国交回復につながる。

ニクソンはベトナム戦争からの完全撤退を実現した。

ナム政府軍との間で戦闘が続き、1975年にサイゴンが陥落。ベトナム戦争は解放戦線の勝利に終わりました。翌年、ベトナムは悲願の統一を果たし、ベトナム社会主義共和国が成立します。

ベトナムはその後、国境侵犯を理由に隣国カンボジアを侵攻するなどします。しかし、冷戦後のベトナムは経済を自由化するなどして資本主義経済を取り入れていくようになりました。この戦争の最中、アジアには経済や軍事などで連携するASEAN（東南アジア諸国連合）が誕生します。発足時にはアジアの共産化を阻止したいアメリカが支援しました。しかし、1995年に社会主義国となったベトナムが加盟し、現在の10か国連合となりました。ASEAN諸国の多くは、南シナ海に面する国で、現代においては中国の軍事的脅威にさらされています。中国は南シナ海に軍事拠点として人工島をつくっており、こうした緊張のなか、ASEAN諸国は結束を強め、対抗しています。

後世への影響

ベトナムが統一され社会主義国に。アメリカが中国に協力をあおぎ、アメリカの覇権がゆらいだ…。

中ソ対立　1960年代からソ連は中国への支援をやめる。1969年より中ソは国境をめぐり紛争を始める。

イスラーム国家イランが誕生し、反米意識が強く残る

イラン革命

1978〜1979年

【パフレヴィー朝】

イランを統治した最後の王朝で、欧米の指導のもとで近代化が進められていた。

【イスラーム主義勢力】

イスラーム主義の勃興で反欧米の考え方が広まり、親欧米のパフレヴィー朝への批判の声が上がった。

なぜ
対立した？

アメリカのもと独裁する王朝に民衆の不満が爆発

1979年のイラン革命は、アメリカとつながりの深い王朝であるパフレヴィー朝が倒れ、**イスラーム主義**の政権が成立したできごとです。

まず、イランの歴史を簡単に説明します。19世紀末のイランは、南下を目指すロシアとそれを阻止したいイギリスに挟まれ抑圧されていました。1925年、イランの軍人レザー・ハーンが当時の王朝カージャール朝を倒し、自ら国王に即位してパフレヴィー朝を開きます。そして、積極的に近代化・西洋化を進めました。しかし、その手法は独裁的で、イスラームの伝統に反していたため反発を生みます。また、イランの石油はイギリスに独占されており、経済的には従属した状態が続きます。第二次世界大戦後には、民族主義者のモサデグが選挙で選ばれて首相となり、石油を国有化しようとします。しかし、モサデグがソ連と連携することを恐れたアメリカが、**CIA**を使って政権を転覆。民主的に選ばれた政権をアメリカが

イスラーム主義　イスラーム教の伝統に基づき統治を行う「イスラーム国家」の建設を目指す思想・運動。

シーア派とスンナ派

欧米化を進める王に対して国民の不満が爆発し、イラン革命が勃発。
もともとシーア派だったイランは指導者ホメイニにより厳格なシーア派国家となる。

ムハンマドの後継者であるカリフ（イスラーム教最高指導者）の4代目アリーが暗殺されたのが発端で分裂！

シーア派（アリー党の意）		スンナ派（慣行の意）
アリーの子孫だけがイマーム（指導）になれると主張（血統を重視）	後継者について	最初のイスラーム王朝（ウマイヤ朝）の王がカリフを引き継ぐと主張（ムハンマドの言葉や行動を重視）
イスラーム教徒の約1割（ただしイラン国内では約9割）	信者数	イスラーム教の約9割（イスラーム帝国とともに拡大したため）
◯アリーの子孫12代をイマームとして尊崇する十二イマーム派が最大宗派 ◯イマーム不在の間はイスラーム法学者が宗教的指導者	その他	◯近代までオスマン帝国のスルタン（君主）がカリフ ◯オスマン帝国の滅亡により、1924年にカリフ制は廃止

つぶしたことは、イラン人にとって苦い記憶となりました。以後は、レザー・ハーンの息子であるパフレヴィー2世が、アメリカの後ろ盾のもとで独裁者となり、近代化を推進しました（白色革命）。

第4次中東戦争（➡P168）が始まると、アラブ諸国の石油戦略によって石油価格が高騰します。イランもその恩恵を受け、経済的に発展しました。アメリカの支援もあり、1970年代のイランは中東で最も近代化の進んだ国になります。しかし、経済的成長の陰で貧富の差は拡大しており、貧困層の不満が高まっていました。

こうしたなか、イスラーム法学者でありシーア派のホメイニが国王の独裁を批判し、国外追放になります。これ以来、ホメイニはイランの反体制派のシンボルとなり革命につながっていきます。ちなみに、シーア派とはイスラーム教のおもな2つの宗派のうちのひとつで、もうひとつはスンナ派です。この2つの宗派の対立も中東問題の焦点のひとつとなっていきます。

イスラームの伝統を軽んじ、アメリカのもと独裁を進めるパフレヴィーゆるせん！

CIA アメリカ中央情報局のこと。第二次世界大戦中に活動した諜報活動を前身に、1947年に創設された。

イランに根強く残る女性抑圧

イランが強硬なイスラーム主義国家となったことで、新たな問題が生まれている。とくに女性抑圧については大きな問題になっている。

女性のために活躍するイラン人

ナルゲス・モハンマディ

イランの人権活動家。女性をはじめ、イラン政府が抑圧する人権擁護を求めて活動するが、イラン政府によって拘束され、禁固刑に処された。2023年にはノーベル平和賞を受賞しているが、服役中のため授賞式には参加できなかった。

イランの「ヒジャブデモ」

イランではイスラーム教の戒律にもとづき女性はヒジャブ(髪を隠すスカーフ)の着用が義務付けられている。2022年、イラン政府は「ヒジャブを適切に着用していなかった」として一人の女性を逮捕、のち死亡が確認された。この事件以来、イランでは大規模な反政府デモが行われている。

どう なった？

イスラーム主義国家が成立 現在も反米意識が残る

1

1978年から、学生を中心とする反体制的なデモや暴動がイラン全土に広がります。翌年にはついにパフレヴィー2世がエジプトに亡命し、王朝が倒れました。代わりにホメイニが亡命先のフランスから帰国し政権を奪取します。こうしてイスラーム教シーア派政権のイラン・イスラーム共和国が成立しました。これがイラン革命です。

ホメイニは「法学者（ウラマー）の統治」、つまり西洋近代の法ではなく、**イスラーム法**による統治を唱えます。そのため、女性にヒジャブ（顔や体を覆うスカーフのような衣類）の着用を義務づけるなど、伝統的なイスラームの規律が適用されました。このことが女性抑圧につながるなど、新たな問題を現在に残しています。

イラン革命によって生まれたイランは、東側にも西側にも属さない国ということで、当時世界的に類を見ない国でした。しかし、アメリカの支援のもと独裁していた王朝を打倒して生まれたことから、

イスラーム法　「シャリーア」とも。イスラーム教の経典『コーラン』などに示された戒律などを基本に体系化された法。

アラブ諸国のシーア派・スンナ派の分布

イランは厳格なシーア派国家となったことで、中東各地のシーア派組織を支援。スンナ派の盟主ともいえるサウジアラビアとは対立関係にある。

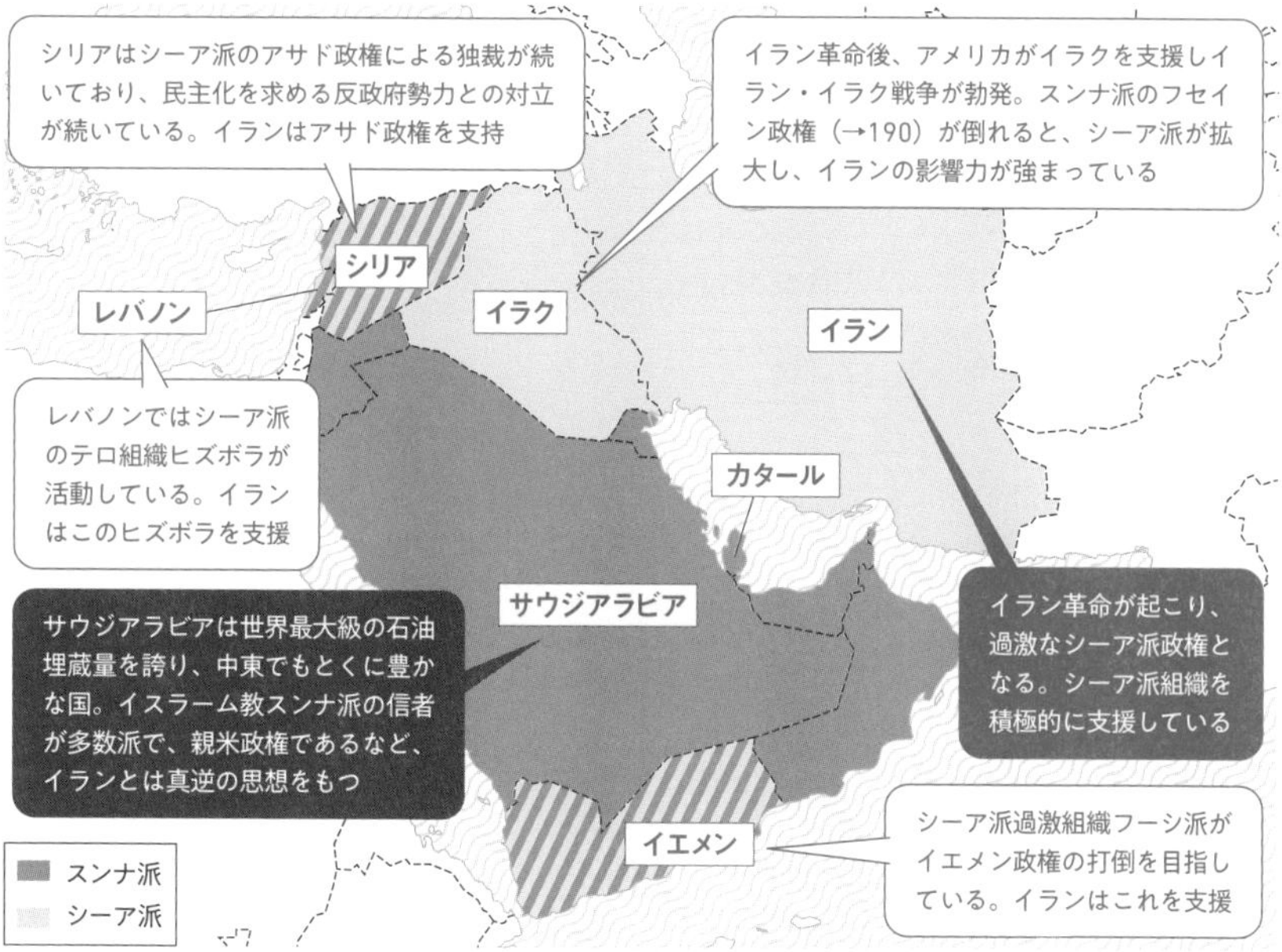
シリアはシーア派のアサド政権による独裁が続いており、民主化を求める反政府勢力との対立が続いている。イランはアサド政権を支持
イラン革命後、アメリカがイラクを支援しイラン・イラク戦争が勃発。スンナ派のフセイン政権（→190）が倒れると、シーア派が拡大し、イランの影響力が強まっている
シリア
レバノン
イラク
イラン
レバノンではシーア派のテロ組織ヒズボラが活動している。イランはこのヒズボラを支援
カタール
サウジアラビア
イラン革命が起こり、過激なシーア派政権となる。シーア派組織を積極的に支援している
サウジアラビアは世界最大級の石油埋蔵量を誇り、中東でもとくに豊かな国。イスラーム教スンナ派の信者が多数派で、親米政権であるなど、イランとは真逆の思想をもつ
イエメン
シーア派過激組織フーシ派がイエメン政権の打倒を目指している。イランはこれを支援
スンナ派
シーア派

イランには反米的な意識が強く残ります。1979年11月にはアメリカ大使館がイランの学生らに占拠され、館員が人質にされる事件が発生し、アメリカとイランの関係は完全に破綻。イランとのつながりを失ったアメリカは中東の戦略を見直し、イスラエルとの同盟関係を強化していくことになります。

現在もイランとアメリカの関係は、基本的に険悪なままです。21世紀に入ると**イランの核開発疑惑**が明らかになり、欧米を中心に経済制裁が行われました。2015年、イランが核開発を制限する代わりに制裁を解除するイラン核合意が成立しましたが、トランプ政権時代のアメリカが合意から離脱するなど、イランをめぐる状況はいまだ緊張をはらんでいます。

また、イランは最大のシーア派国として他国のシーア派組織を支援しています。そこにはテロ活動をしている組織も含まれ、いまも続く中東各国の紛争に大きく関わっています。

後世への影響

強烈な反米を掲げる国家が中東に誕生。イランは現在、プーチンのロシアと連携し、アメリカとの対立を強めている。

イランの核開発疑惑　査察など協力が得られず、どの程度の開発が進んでいるかは十分に検証されていない。

ソ連崩壊のきっかけに…そしてターリバーンの支配が始まる

アフガニスタン侵攻

1979〜1989年

【アフガニスタンの反政府組織】

アフガニスタンはイランの隣国。イラン革命が起こると、イスラーム勢力による反政府運動が活発化した。

ラッバーニー

アフガニスタン大統領

【ソ連】

隣国アフガニスタンでイスラーム主義が活発化し、親ソ連政権が転覆。侵攻を開始した。

ブレジネフ

ソ連指導者

なぜ対立した？

アフガンの親ソ政権が崩壊 ソ連が反乱勢力を攻撃！

アフガニスタン侵攻（アフガン侵攻）とは、ソ連がアフガニスタンという国に侵攻したできごとです。まずは、アフガニスタンという国について説明します。アフガニスタンは険しい山が多く存在する国で、イラン系の民族である**パシュトゥーン人**、**タジク人**などが混在しています。宗教は大多数がイスラーム教スンナ派ですが、民族間による考え方の違いから争いが絶えません。

東西の十字路に位置するアフガニスタンは、大国に翻弄されつづける歴史をたどりました。19世紀には、南下政策を進めるロシアに対して、イギリスが植民地インドを守るために隣国のアフガニスタンに侵攻。3度にわたるアフガン戦争を起こします。しかし、アフガニスタンでは、外敵からの侵攻には徹底的に戦い、持久戦の末に追い出してしまうのが通例。イギリスは思わぬ苦戦を強いられ、アフガニスタンの支配に失敗しました。第3次アフガン戦争後の1919年、独立を認められたアフガニスタ

パシュトゥーン人・タジク人　パシュトゥーン人は最も多く全体の４割を占める支配的な民族。それに次ぐタジク人と争っている。

【何度も戦争の舞台となったアフガニスタン】

アフガニスタンは北に大国ソ連(ロシア)、
南にイギリスの植民地であるインドがあったため、たびたび戦争の舞台となった。

	原因	結果
1838 ～ 1842 年 **第 1 次アフガン戦争**	イギリスがロシアの南下を止めるためにアフガニスタンに侵攻。	アフガニスタンがイギリス軍に激しく抵抗。イギリス軍の敗北に終わる。
1878 ～ 1880 年 **第 2 次アフガン戦争**	イギリスが再びロシアの南下を止めるため侵攻。	イギリスはアフガニスタンの新王を取り込み、アフガニスタンを保護国とした。
1919 年 **第 3 次アフガン戦争**	第一次世界大戦の直後、アフガニスタン王がイギリス領であるインドを攻撃。	同じ頃、インドでも独立運動が激化し、イギリスはアフガニスタンどころではなくなり、アフガニスタンの独立を認める。

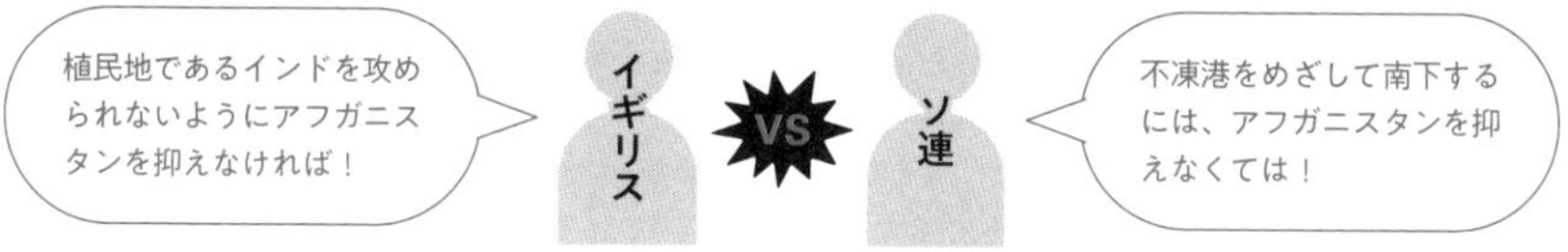
植民地であるインドを攻められないようにアフガニスタンを抑えなければ！
イギリス
VS
ソ連
不凍港をめざして南下するには、アフガニスタンを抑えなくては！

ンでは王政が誕生します。しかしここから政権をめぐる戦いがくり返されます。

1973年、国王ザヒル・シャーの独裁に対してクーデタが起き、王政が廃止。元首を選挙で選ぶ共和制になりましたが、これもクーデタで倒れます。その結果、ソ連と親密な共産主義政権であるアフガニスタン人民民主党政権が成立しました。しかしその後も、共産主義政権に反発する反政府勢力の反乱が国中に広がりました。

ブレジネフを指導者としていたソ連は、当初アフガニスタンへの介入に消極的でした。そんななか、1979年にイラン革命（⬇P182）が起こります。イスラーム主義がアフガニスタンや国内（ソ連にもムスリムは多かった）に飛び火することを恐れたソ連は、アフガニスタンの動乱に介入し共産主義政権を支援することにします。この頃、西側諸国の軍事同盟である**NATO**が軍備を増強し、冷戦の緊張が高まっていたこともソ連のアフガニスタンへの侵攻を後押ししました。

イラン革命の余波がアフガニスタンを経由してソ連に伝わったら危険だ！

NATO　北大西洋条約機構。アメリカと西欧諸国が、対ソ連のために結んだ軍事同盟。

アフガニスタン侵攻をめぐる各国の思惑

アフガニスタン侵攻は、イラン革命の影響がアフガニスタンに及ぶのを恐れたソ連が、アフガニスタンに侵攻したことから始まる。

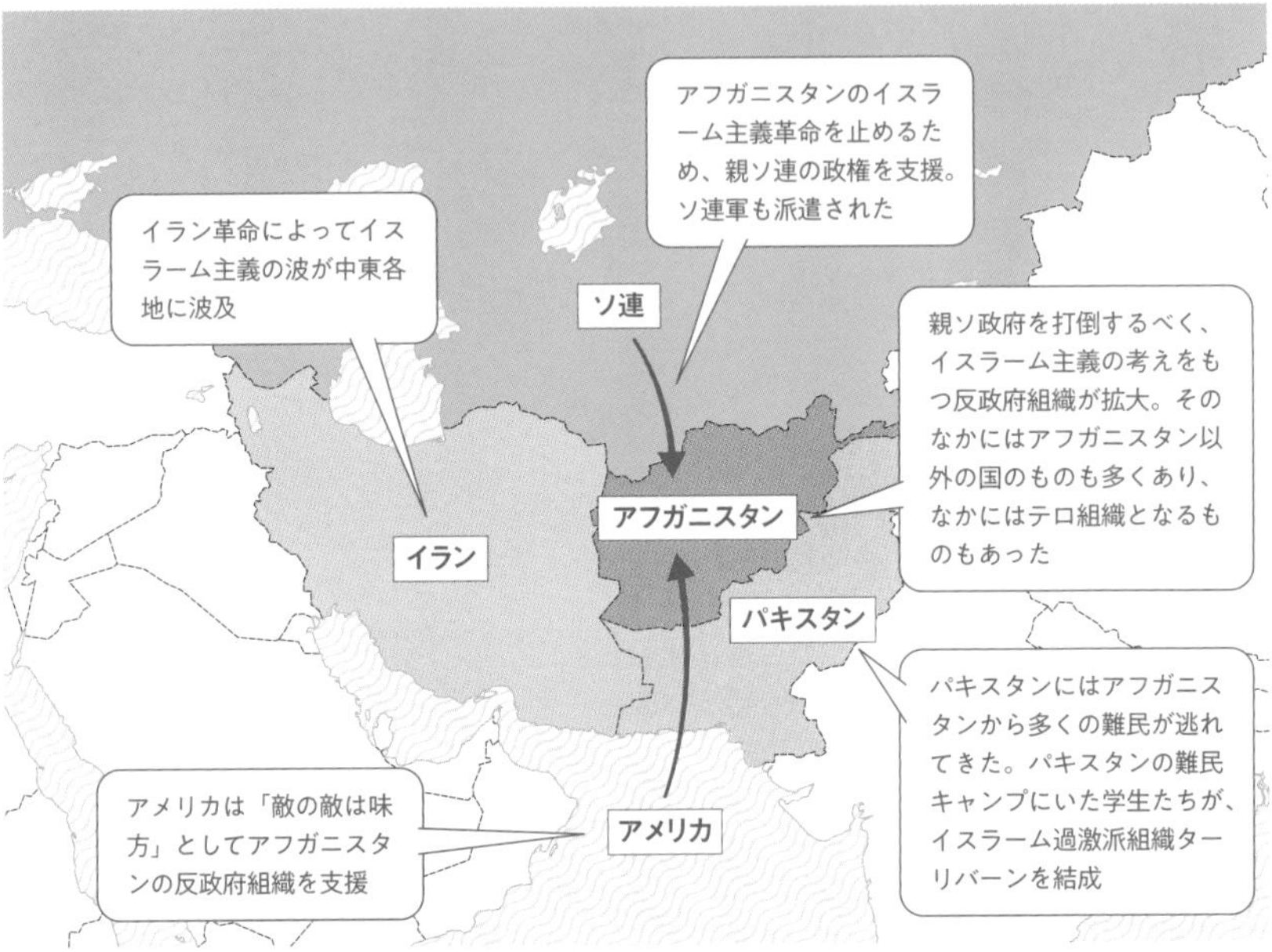
アフガニスタンのイスラーム主義革命を止めるため、親ソ連の政権を支援。ソ連軍も派遣された
イラン革命によってイスラーム主義の波が中東各地に波及
ソ連
親ソ政府を打倒するべく、イスラーム主義の考えをもつ反政府組織が拡大。そのなかにはアフガニスタン以外の国のものも多くあり、なかにはテロ組織となるものもあった
アフガニスタン
イラン
パキスタン
パキスタンにはアフガニスタンから多くの難民が逃れてきた。パキスタンの難民キャンプにいた学生たちが、イスラーム過激派組織ターリバーンを結成
アメリカは「敵の敵は味方」としてアフガニスタンの反政府組織を支援
アメリカ

どうなった？

ソ連は敗北し、崩壊…ターリバーンが政権を奪取

ソ連は近代兵器と圧倒的な兵力をもっており、すぐアフガニスタンを制圧するかと思われました。しかし、アフガニスタンの政府組織は険しい山地の地形を生かしてゲリラ戦を展開し、ソ連を苦しめました。この時のゲリラは、**「ムジャヒディン」**を名乗ります。これはひとつの組織ではなく、各部族や国外から集まった義勇兵たちのことです。そのなかには、サウジアラビア出身のビン・ラーディン（➡P204）もいました。ムジャヒディンを指揮した人物としては、宗教指導者であるラッバーニーが有名です。冷戦の最中、ソ連と対立するアメリカは、「敵の敵は味方」という論理からムジャヒディンに武器を提供します。アメリカは、のちに同時多発テロで自国を攻撃することになるテロ組織を育てたことになるのです。

戦争は長期化し、ソ連軍は大きな被害を受けました。ゴルバチョフが指導者となってペレストロイカ（政府を立て直すための改革）が始まったこと

ムジャヒディン　ムジャヒディンとは、「ジハード（イスラーム教の聖戦）を遂行する者」を意味する。

【アフガニスタン侵攻の結果】

アフガニスタン侵攻の結果、ソ連は軍事費がかさみ、アメリカに抵抗できる力を失った。結果、冷戦が終結にいたった。

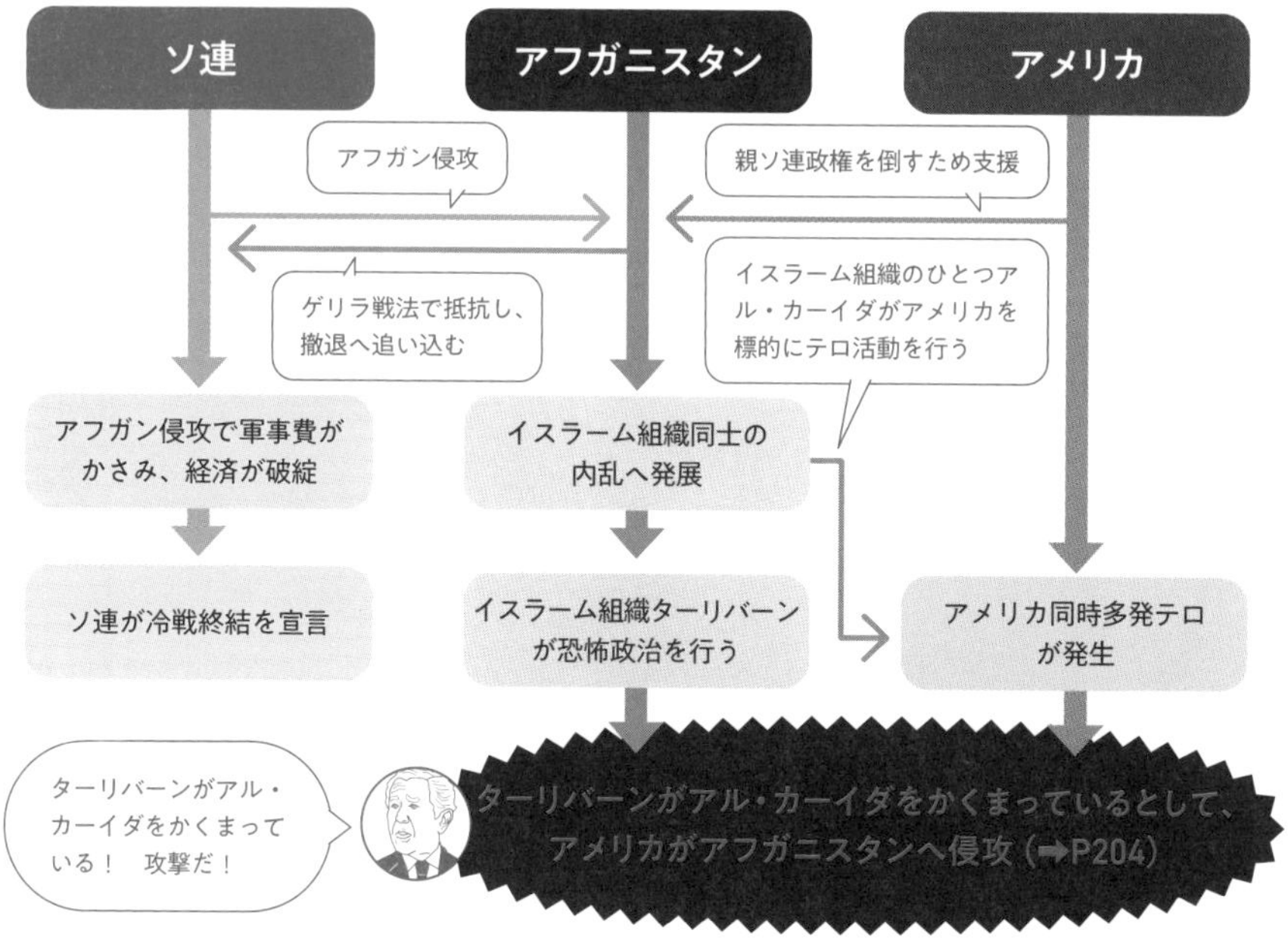
ソ連
アフガニスタン
アメリカ
アフガン侵攻
親ソ連政権を倒すため支援
ゲリラ戦法で抵抗し、撤退へ追い込む
イスラーム組織のひとつアル・カーイダがアメリカを標的にテロ活動を行う
アフガン侵攻で軍事費がかさみ、経済が破綻
イスラーム組織同士の内乱へ発展
ソ連が冷戦終結を宣言
イスラーム組織ターリバーンが恐怖政治を行う
アメリカ同時多発テロが発生
ターリバーンがアル・カーイダをかくまっている！　攻撃だ！
ターリバーンがアル・カーイダをかくまっているとして、アメリカがアフガニスタンへ侵攻（➡P204）

もあり、ソ連軍は1989年にアフガニスタンから撤退します。この戦争で財政が圧迫され、敗北で威信を傷つけられたソ連は崩壊への道をたどることになります。ソ連が撤退すると、アメリカもアフガニスタンを支援する意味を失います。

1992年、ラッバーニーが大統領となり、アフガニスタン・イスラム国が成立。しかし、各地に軍事勢力が割拠する状態になっており、すぐに内戦がはじまります。そこで台頭したのが、ターリバーンです。ターリバーンは、パキスタンにあった難民キャンプで教育を受けた神学生らが中心となったスンナ派の武装組織で、ターリバーンとは「学生たち」を意味します。1996年、ターリバーンは首都カーブルを制圧し、ラッバーニー政権を倒します。その後ターリバーンと反ターリバーン派との間で内戦状態に。ターリバーンがアメリカ同時多発テロを起こした**アル・カーイダ**を匿ったため、2001年のアフガニスタン戦争（⬇P204）につながっていきます。

後世への影響

ソ連はムジャヒディンの抵抗により撤退。アメリカの支援したゲリラがテロ組織へと成長し、アフガニスタンでは長い内戦が続く。

アル・カーイダ｜サウジアラビア生まれのイスラーム主義者ビン・ラーディンが組織した国際的テロ組織。

中東には混乱が残り、湾岸戦争へとつながっていく…

イラン・イラク戦争

1980-1988年

【イラク】

イランとは国境を巡って対立関係。イラン革命で混乱している隙をついて、イランへ侵攻した。

【イラン】

イラン革命でイスラーム主義的な反米政権が成立。アメリカや中東諸国が革命の余波を恐れた。

ホメイニ
イラン革命指導者
VS
フセイン
イラク大統領

なぜ対立した？

イラン革命を機にイランがイラクへ侵攻！

イラン・イラク戦争は、イラン革命（⬇P182）によってイスラーム主義国家となったイランと、サダム・フセイン政権のイラクが戦った戦争です。まずは、イラクの歴史を簡単に説明します。

第一次世界大戦の時、イギリスは**ハーシム家**出身でアラブ人の指導者フセインに、「アラブ人がオスマン帝国から独立し、アラブ人国家を建設すること」を約束しました（⬇P169）。しかし、その約束は果たされず、滅亡したオスマン帝国の領土はイギリスとフランスが委任統治します。1921年、イギリスはフセインの息子を国王にして、イラク王国を成立させました。

しかし、イラクの国境をイギリスが都合のよいように引いたせいで、イラクは多様な民族・宗教が混在する国家となりました。民族はアラブ人が主体ですが、北部にはイラン系山岳民族の**クルド人**が居住します。宗教としては、イスラーム教で多数派のスンナ派は少数派で、過半数がシーア派

ハーシム家｜イスラーム教の開祖ムハンマドの血を引く一族のこと。アラブで最も崇敬を受ける一族とされる。

イラン・イラク戦争勃発までの経緯

隣国イランで革命が起きたのを機に、イラクはイランへ侵攻。
アメリカやソ連、アラブ諸国はイラクを支援した。

我々イランはこれまでのアメリカのいいなりはやめ、イスラームの教理にもとづいた政治を行うシーア派国家として生まれ変わった！　周辺でイスラーム主義を掲げる国があったら、我々が援助しよう

イラン

イラク

国内のシーア派がイラン革命の影響を受けたらまずいな…。相手は革命後で国内が混乱しているし、今が攻撃のチャンスだ

イラク

今まで敵対していたアメリカやサウジアラビアもイラン革命の拡大を恐れて支援してくれるようだ…中東の盟主はイラクだ！

イラクが攻撃してきたが、我々にはイスラーム主義の国々や、イラク拡大を恐れる国が味方している。今こそイラクを倒し革命の成果を世界に示すぞ！

イラン

です。国内は不安定な状態が続き、1958年に軍がクーデタを起こして王政が崩壊します。

その後も暴力による政権の奪取が相次ぐなか、1968年にアラブ民族主義の政党であるバアス党が政権をとります。バアス党は、もとはシリアで設立された政党で、シリア・バアス党の支部からイラク・バアス党が成長しました。そして、1979年にバアス党でスンナ派のサダム・フセインが大統領に就任します。この年に、エジプトが敵対していたイスラエルと平和条約を締結（➡P171）。同じアラブ人国家のエジプトがイスラエルと和解したことで、フセインはこれを裏切りと非難します。そして、イラクをエジプトに代わるアラブの盟主にしようと考えました。さらに同じタイミングでイラン革命が勃発。隣国のイランで、ホメイニを指導者とするシーア派のイスラーム主義国家が誕生します。ホメイニは周辺国のシーア派信者に対してもイスラーム主義の政治改革を呼びかけます。スンナ派のフセインにとってこれは不都合でした。

ユダヤ人国家イスラエルと和解したエジプトをアラブの盟主と呼ぶのはおかしい！

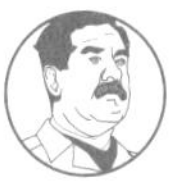

クルド人　トルコやイラク周辺に居住する民族。人口は1000万人以上いるが国家をもっておらず、各国で難民認定されている。

イラン・イラク戦争をめぐる国際関係

イラン革命が発端で起こったイラン・イラク戦争は、アメリカやソ連、サウジアラビアなどのアラブ諸国を巻き込み、中東情勢を大きく変えた。

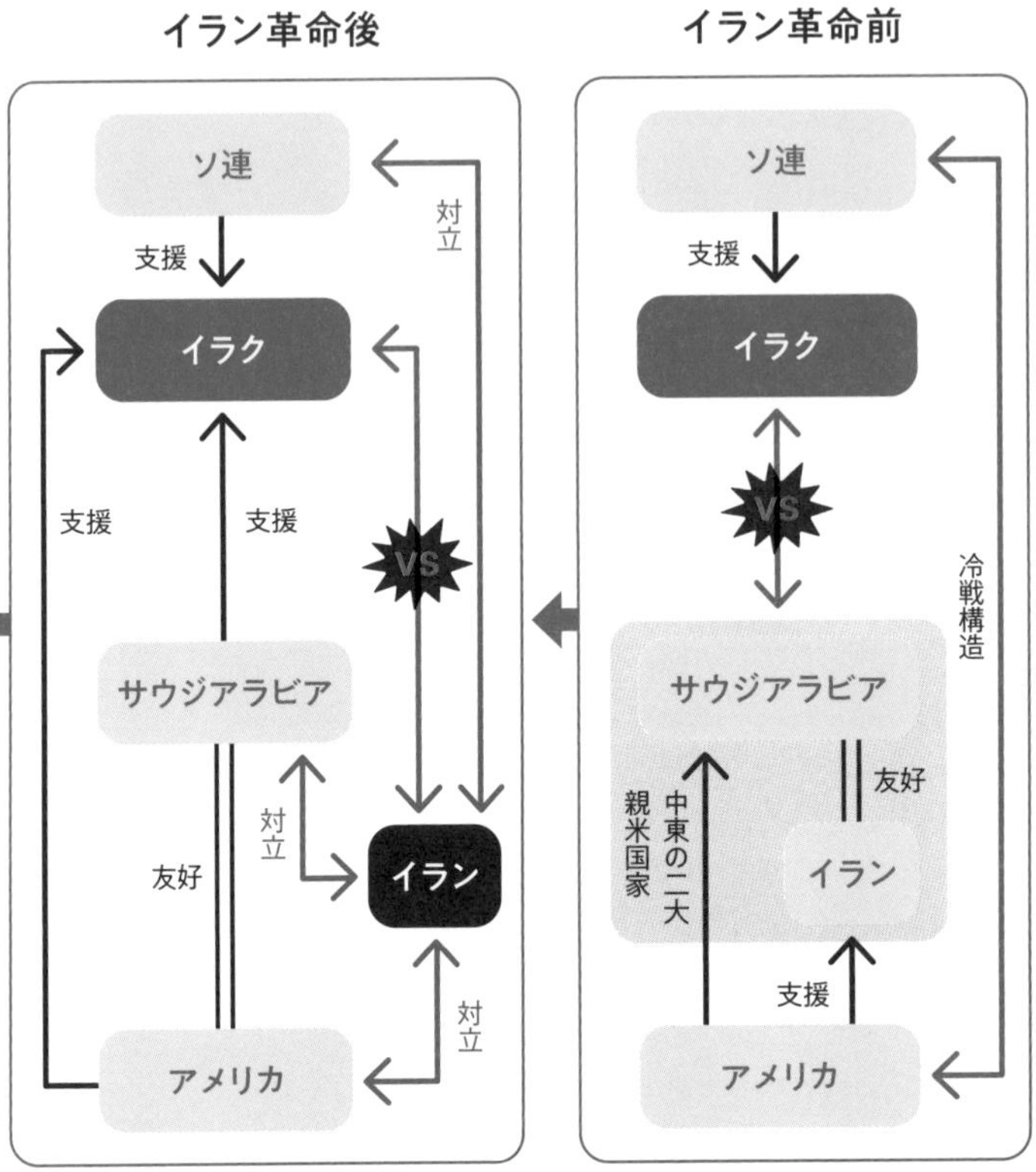

イラン革命前
ソ連
支援
イラク
VS
冷戦構造
サウジアラビア
友好
中東の二大親米国家
イラン
支援
アメリカ
イラン革命後
ソ連
対立
支援
イラク
支援
支援
VS
サウジアラビア
対立
友好
イラン
対立
アメリカ

どうなった？

150万人の死者を出しイラクには大量の兵器が

イラクとイランは、もともとシャットルアラブ川流域で国境をめぐって対立しており、フセインにはイランを破ってイラクを大国にするという野望もありました。そこにホメイニが、シーア派信者に対して政治変革を呼びかけたことが戦争を決定的にします。イラク国内では、スンナ派の支配層がシーア派やクルド人などを抑圧する体制になっており、イラン革命の動きがイラクのシーア派に波及することを恐れたのです。

1980年、イラクはイランへ侵攻を開始します。イランは、西側にも東側にも属さないイスラーム主義国家として国際的に孤立していました。アメリカなどの西側諸国とソ連、さらにサウジアラビアなどのアラブ諸国も、イスラーム主義の流れが広がることを恐れて、そろってイラクを支援しました。このため、戦争はイラク優勢で始まります。

一方、イラクの隣国である**シリア**はイラクを恐れてイランを支援しました。また、イランとは敵

シリア | 中東のシリア人の国。イスラーム教。2011年、民主化運動の弾圧から激しい内戦に陥っている。

イラン・イラク戦争後

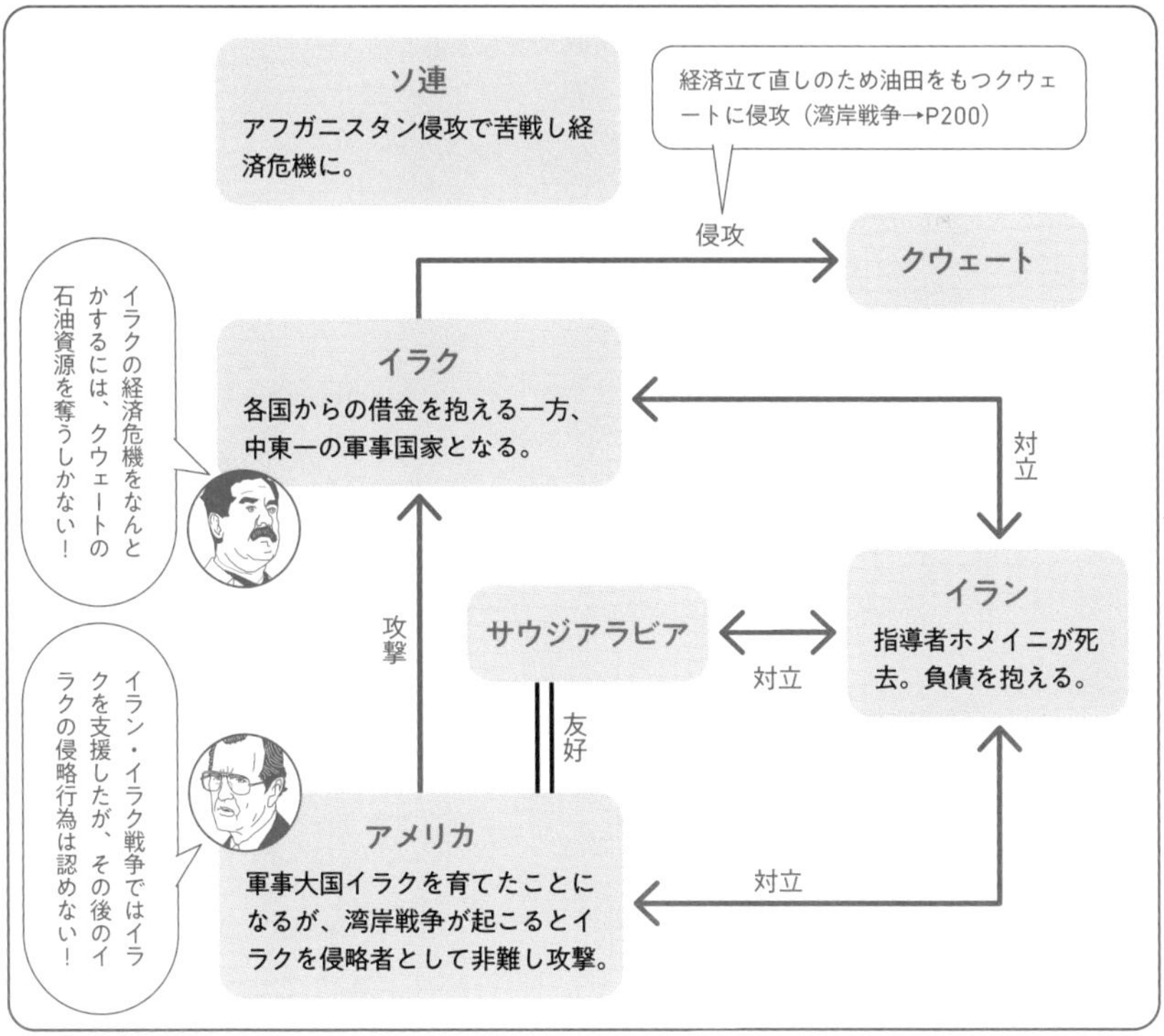
ソ連
アフガニスタン侵攻で苦戦し経済危機に。
経済立て直しのため油田をもつクウェートに侵攻（湾岸戦争→P200）
侵攻
クウェート
イラク
各国からの借金を抱える一方、中東一の軍事国家となる。
イラクの経済危機をなんとかするには、クウェートの石油資源を奪うしかない！
対立
イラン
指導者ホメイニが死去。負債を抱える。
サウジアラビア
対立
攻撃
友好
イラン・イラク戦争ではイラクを支援したが、その後のイラクの侵略行為は認めない！
アメリカ
軍事大国イラクを育てたことになるが、湾岸戦争が起こるとイラクを侵略者として非難し攻撃。
対立

対関係にあるイスラエルもイラクを攻撃し、間接的にイランを助けます。イスラーム主義国家のイランからすると、ユダヤ人国家のイスラエルは聖地を奪った憎き相手。両者は対立していましたが、イスラエルにとっては、地理的に近いイラクのほうが脅威だったのです。このように、イラン・イラク戦争は複雑な国際戦争でもありました。

　イラク国内ではクルド人がフセイン体制に反抗するなどして、戦争はこう着状態に。フセイン政権はクルド人に対して化学兵器を用い、多くの死者が出ました（**ハラブジャ事件**）。1988年、イランとイラクは国連が出した停戦決議を受け入れ、ようやくイラン・イラク戦争は終結。イラクには巨額の負債と欧米から得た兵器が残りました。このことが、イラクのクウェート侵攻と湾岸戦争を引き起こすことになります（➡P200）。そして現在はフセイン政権崩壊後のイラクの不安定な政情に、イランが影響力を強めています。

後世への影響

両国は大きな犠牲を払った末に停戦。西側諸国がイラクを支援したことで、フセインの力が大きくなり湾岸戦争につながった。

ハラブジャ事件　クルド人居住区のハラブジャを化学兵器で攻撃。負傷者は約１万人。いまでも後遺症に苦しむ人がいる。

自由主義と権威主義の対立

　1989年、米ソの首脳が地中海のマルタで会談し、冷戦の終結を宣言しました。さらに東欧諸国で社会主義体制が倒れ、ソ連も崩壊。東西冷戦はアメリカの勝利に終わりました。その後はアメリカが超大国として覇権を握り、資本主義を軸とした国際秩序ができるかに思われました。

　しかし、冷戦終結後も世界の対立がなくなることはありませんでした。まず、資本主義と社会主義の対立に代わり、民族や宗教を背景とする地域紛争が旧ユーゴスラヴィアなどの地域で多発しました。アメリカは自由主義・民主主義の拡大が世界の安定につながると信じ、内紛が起こっている中東やアフリカの国々などに介入しています。しかし、民主化が進まない地域もあり、アメリカの思惑通りにはいっていません。

　最近では、日本やアメリカ、EU諸国などの自由主義国家と、ロシア・中国など独裁的な権威（専制）主義国家の分断が起きています。自由主義国家とは、民主主義、個人の自由、経済的自由などを含む思想や制度

をもつ国です。一方、権威主義国家は独裁に近い体制をとる国家に対して使われることがある言葉です。中国やロシアは民主政治を名乗っていますが、欧米から見れば、「民主主義の危機」と見られています。

しかし、欧米的な価値観を押し付けるやり方には限界がみられます。世界規模の資本主義化が経済格差を大きくし、国内だけではなく国家間でも深刻となっていきます、自分の国だけを重視する「反グローバリズム」という考えが世界で広がっており、これがあらたな対立の火種になってきています。

一方、10億人以上の人口を抱える中国が急成長をとげ、ロシアもソ連崩壊後の経済の混乱から立ち直りました。しかし、中国の経済的影響や海洋進出や、ロシアのウクライナ侵攻などで、「自由主義対権威主義」という対立はいっそう明確になりました。

また、インドやＡＳＥＡＮ諸国など成長の著しい新興国の動向も見逃せません。自由主義と権威主義の対立が国際情勢に緊張をもたらす現在において、どちらの立場からも距離をとっているインドなどの存在は非常に重要だといわれています。

バルカン半島の国が次々に独立するも、民族の対立は今も…

ユーゴスラヴィア内戦

1991〜2001年

【セルビア】

連邦国家であるユーゴスラヴィア社会主義連邦共和国のなかでセルビアは中心的存在。

【コソヴォほか】

コソヴォはセルビアの自治州。そのほかクロアティアやボスニア・ヘルツェゴヴィナなどが独立を目指した。

ハシム・サチ
コソヴォ解放軍
VS
ミロシェビッチ
セルビア大統領

なぜ対立した？

ひとつの国に5つの民族…冷戦後に独立運動が激化

ユーゴスラヴィア内戦は、ユーゴスラヴィア社会主義連邦共和国の解体にともなって、異なる民族間で起きた一連の紛争です。まずは、**ユーゴスラヴィア**について簡単に説明します。

ユーゴスラビアのあるバルカン半島は、西欧・東欧・アジアが交わる要所で、昔から多数の民族が暮らしていました。19世紀頃までオスマン帝国に支配されていましたが、オスマン帝国は異教徒にも自治を認めており、多民族が共存できる環境でした。しかしオスマン帝国が衰退し、ヨーロッパから民族主義の流れを受けると、各民族に独立の意識が芽生え始めます。バルカン半島は民族・宗教などの対立から「ヨーロッパの火薬庫」と呼ばれるほどいつ戦争が起きてもおかしくない状況になり、第一次世界大戦のきっかけにもなりました（⬇P138）。第一次大戦が終わると、民族自決権が認められ、1929年にユーゴスラヴィア王国が誕生します。

ユーゴスラヴィア｜同盟しない政策をかかげ、東西どちらの陣営にも属さなかった。社会主義国だが経済分野で自由化を進めるなどをしていた。

【旧ユーゴスラヴィアの国と民族分布】

ユーゴスラヴィア社会主義連邦共和国は、その多様性から「7つの国境、6つの共和国、5つの民族、4つの言語、3つの宗教、2つの文字、1つの国家」と表された。

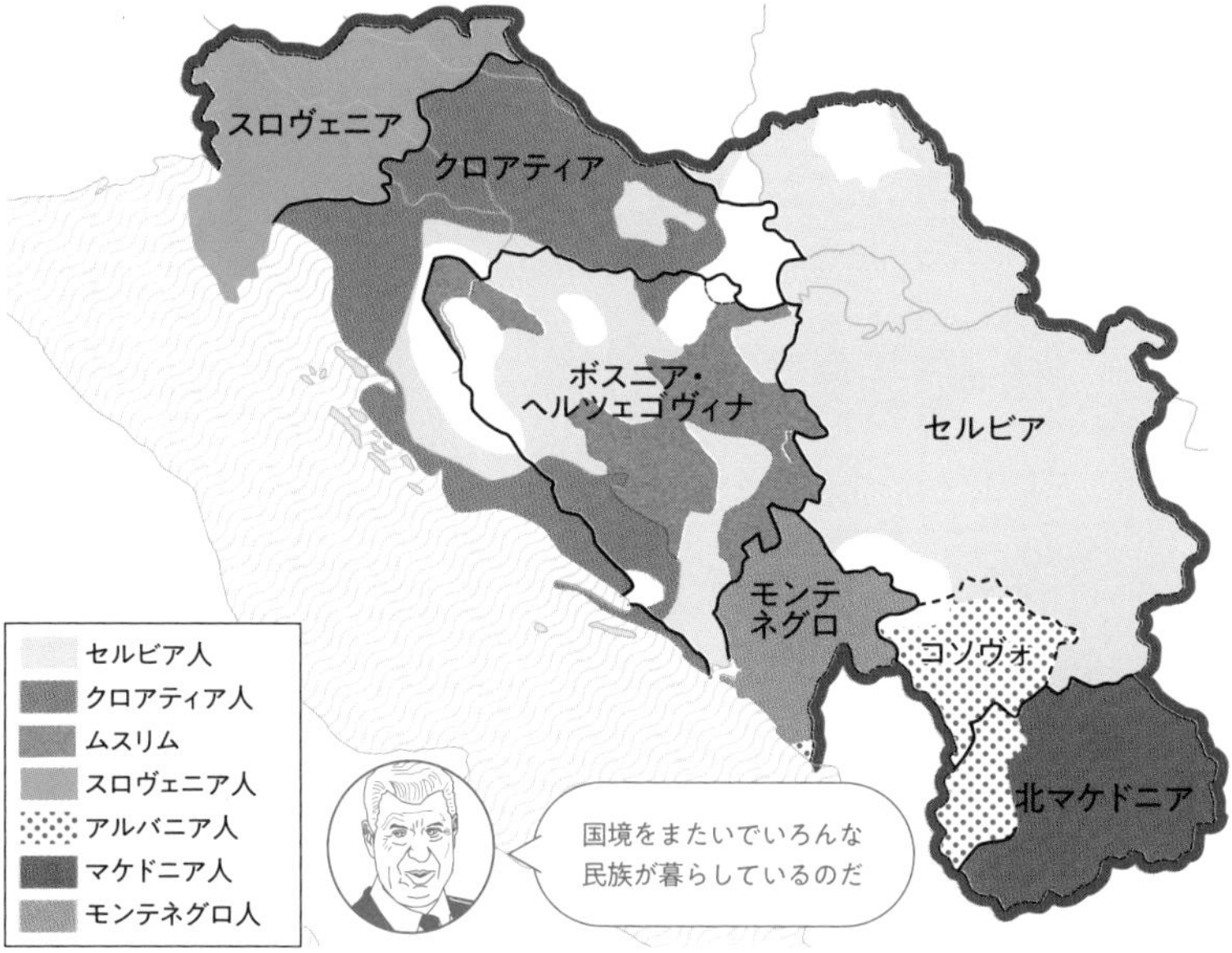
スロヴェニア
クロアティア
ボスニア・
ヘルツェゴヴィナ
セルビア
モンテ
ネグロ
コソヴォ
北マケドニア
セルビア人
クロアティア人
ムスリム
スロヴェニア人
アルバニア人
マケドニア人
モンテネグロ人
国境をまたいでいろんな
民族が暮らしているのだ

第二次世界大戦では、ナチス・ドイツに占領されます。この時に抵抗運動を指揮した人物が、のちに国家元首になるティトーです。大戦が終わると、ユーゴスラヴィアは社会主義を採用し、スロヴェニア、クロアティア、ボスニア・ヘルツェゴヴィナ、セルビア、モンテネグロ、マケドニアの6つの共和国と、セルビア共和国内のヴォイヴォディナとコソヴォの2つの自治州によって構成される連邦国家となりました。ソ連と同じ社会主義国家でしたが、ソ連とは異なる独自の道を歩み、距離を置きました。このように、東西いずれの陣営にも属さない国を「第三世界」と呼びます。

1980年にティトーが病死すると、民族同士の対立が目立つようになります。ティトーは民族間のパワーバランスに配慮して**セルビア人**の力を抑えていたため、セルビア人には不満がたまっていたのです。1989年になると、ソ連崩壊の流れで東欧の社会主義体制が次々と倒れ、ユーゴスラヴィアの各民族もそれに刺激を受けることになります。

ユーゴスラヴィアを維持するために、諸民族の独立運動を認めるわけにはいかない！

セルビア人｜旧ユーゴスラヴィア内では最多の人口を誇る民族。しかし、それでもその比率はわずか36％である。

ユーゴスラヴィア内戦の経過

ティトーの死後、ユーゴスラヴィアでは各民族・各地域で独立運動が活発化し、内戦が勃発。現在もコソヴォとセルビアの間で独立をめぐる対立が続いている。

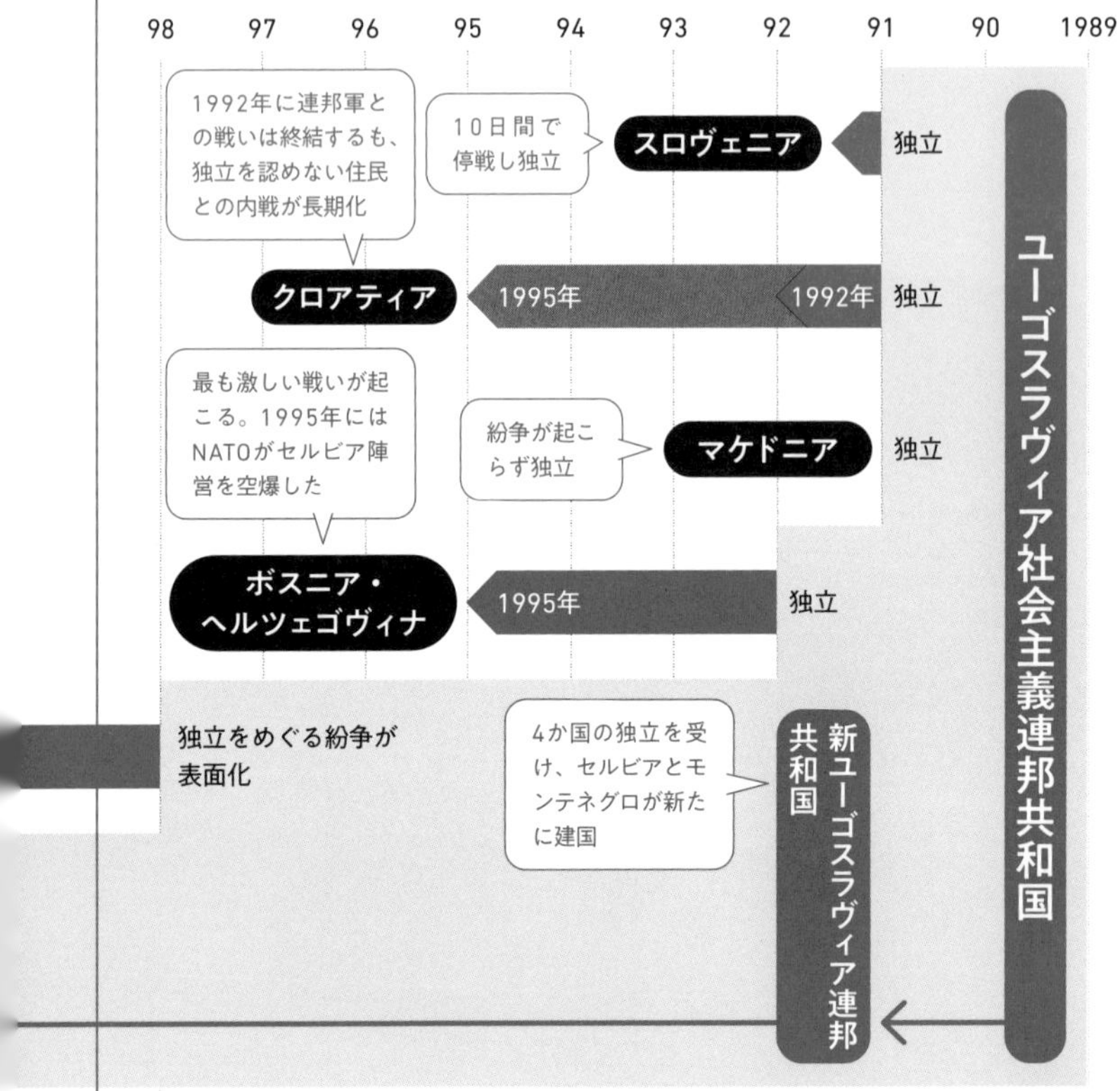

1989
90
91
92
93
94
95
96
97
98
ユーゴスラヴィア社会主義連邦共和国
独立
スロヴェニア
10日間で停戦し独立
独立
1992年
1995年
クロアティア
1992年に連邦軍との戦いは終結するも、独立を認めない住民との内戦が長期化
独立
マケドニア
紛争が起こらず独立
独立
1995年
ボスニア・ヘルツェゴヴィナ
最も激しい戦いが起こる。1995年にはNATOがセルビア陣営を空爆した
新ユーゴスラヴィア連邦共和国
4か国の独立を受け、セルビアとモンテネグロが新たに建国
独立をめぐる紛争が表面化

どう なった？

民族間の憎悪が起こしたコソヴォの問題は今も

1991年、クロアティアとスロベニアがユーゴスラヴィアからの独立を宣言します。しかし、セルビアのミロシェビッチ大統領は連邦の維持を望み、「セルビア人対非セルビア人」の対立構造ができあがります。バルカン半島では、さまざまな民族が入り組んで暮らしているため、ある国が独立しようとすると、その地域にどうしても異なる民族を抱えてしまいます。クロアティアでも、国内のセルビア人が独立に反発。セルビア政府が彼らを支援し、クロアティア紛争が起きます。

翌年にはボスニア・ヘルツェゴヴィナが独立し、こちらも紛争になります。ボスニアには、セルビア人、クロアティア人のほか、イスラーム教を信じるムスリムも混在しており、問題が非常に複雑になりました。セルビア人が多くのムスリムを殺害したスレブレニツァの虐殺など、ほかの民族を暴力で排除する「**民族浄化**」が横行。クロアティア紛争やボスニア・ヘルツェゴヴィナ紛争は

民族浄化 | 複数の民族が住む地域で、ある民族が武力を用いて他民族を虐殺、追放などをすること。

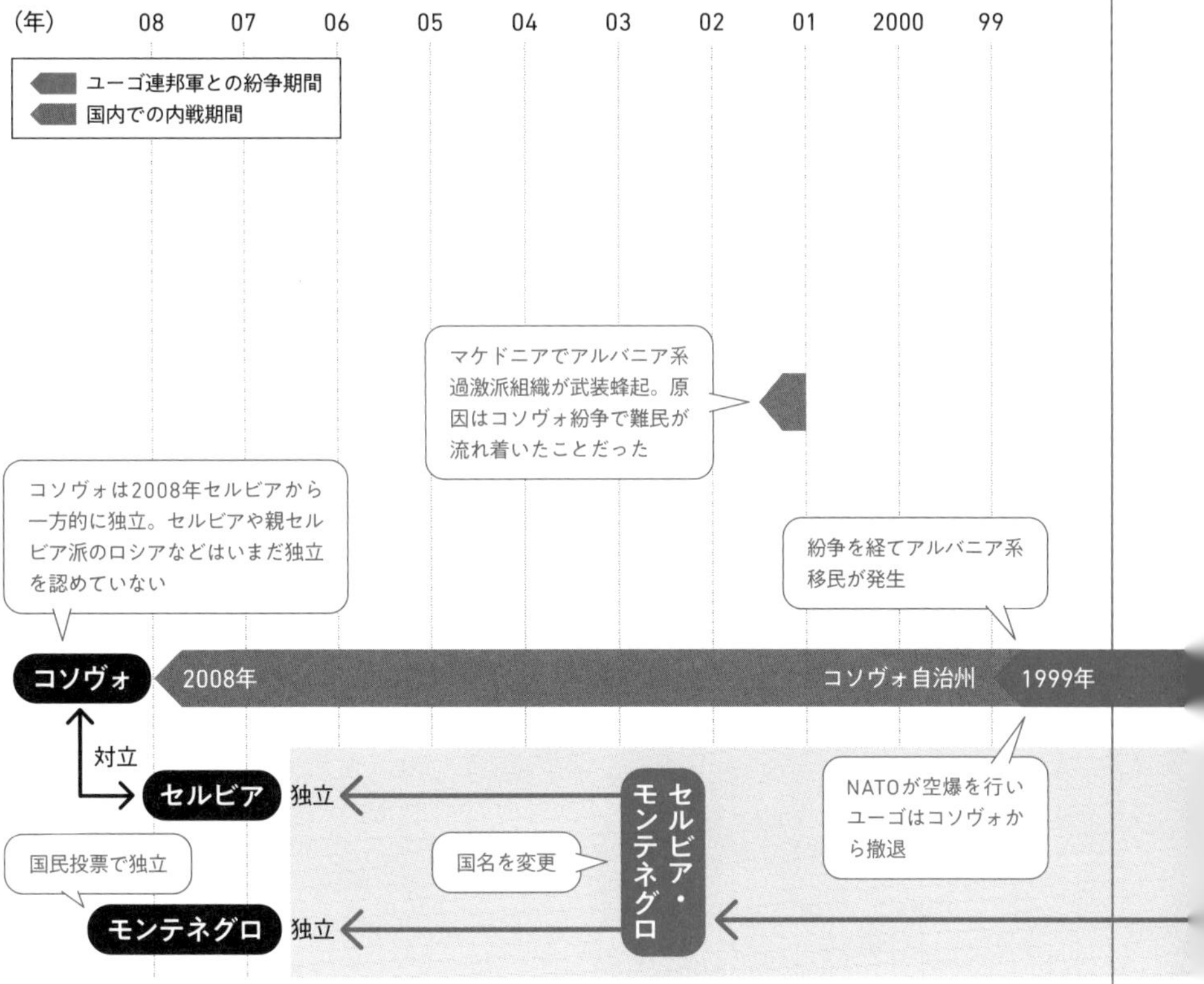
(年) 08 07 06 05 04 03 02 01 2000 99
ユーゴ連邦軍との紛争期間
国内での内戦期間
マケドニアでアルバニア系過激派組織が武装蜂起。原因はコソヴォ紛争で難民が流れ着いたことだった
コソヴォは2008年セルビアから一方的に独立。セルビアや親セルビア派のロシアなどはいまだ独立を認めていない
紛争を経てアルバニア系移民が発生
コソヴォ
2008年
コソヴォ自治州
1999年
対立
セルビア
独立
セルビア・モンテネグロ
NATOが空爆を行いユーゴはコソヴォから撤退
国民投票で独立
国名を変更
モンテネグロ
独立

1995年に終結しましたが、第二次大戦後に欧州で初めて起きた非常に悲惨な紛争となりました。

1990年代後半になると、セルビアの自治州だったコソヴォでも紛争が始まります。アルバニア人が多く住むコソヴォでは、セルビアからの独立を求める解放運動が起きました。ハシム・サチの率いるコソヴォ解放軍と、セルビア政府軍の衝突が激化。1999年には、セルビアがアルバニア人に民族浄化を行ったとして、NATOが介入することになります。NATO軍のセルビアへの空爆の結果、ミロシェビッチ政権は和平を受け入れます。

2006年、モンテネグロが独立したことにより、旧ユーゴスラヴィアは完全に解体されました。2008年にはコソヴォが一方的に独立を宣言し、**主要国**が承認します。しかし、セルビアはこれを承認していません。また、ロシア・中国など自国に少数民族の独立問題を抱える国々も承認しておらず、現在も国連に加盟できていません。

後世への影響

紛争を経てユーゴスラヴィアは解体。6か国が独立するも、セルビア人とアルバニア人など、民族の対立は今も続く…。

主要国 国連加盟国のうち115か国。コソヴォ独立を承認しなかったのは、セルビア、ロシア、スペイン、中国など。

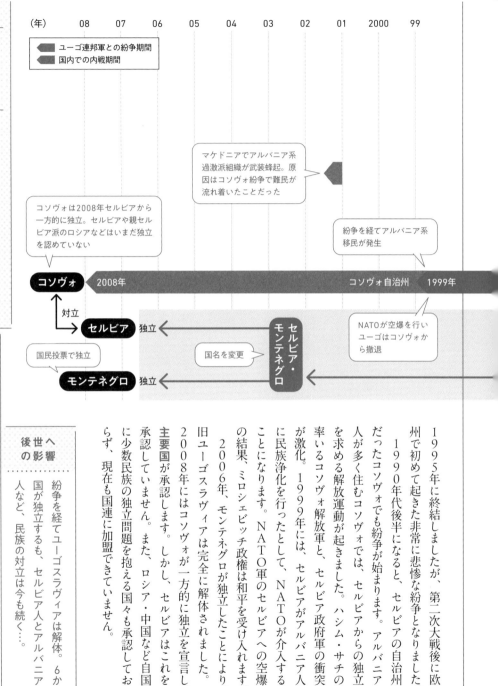

アメリカ一強の時代がくる。だが、中東の反米意識も高まる

湾岸戦争

1991年

【イラク】

イラン・イラク戦争の結果、軍事大国となった。経済の回復を目論み、隣国クウェートに侵攻する。

【アメリカ】

冷戦が終結したため、中東情勢に介入。湾岸戦争では多国籍軍の中心として多くのアメリカ兵を派遣した。

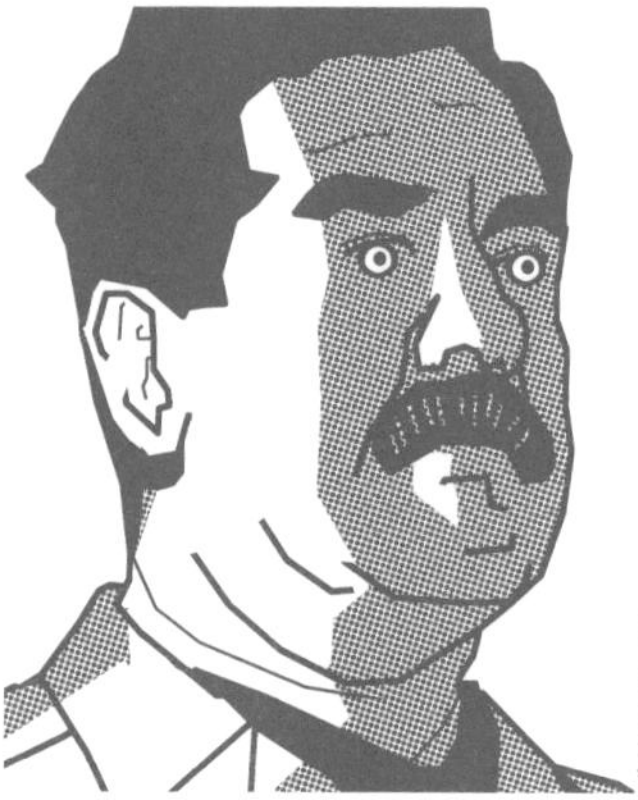

フセイン
イラク大統領

ジョージ・H・W・ブッシュ
アメリカ大統領

なぜ対立した？

大規模な油田をもつクウェートにイラクが侵攻

湾岸戦争は、イラクとアメリカを中心とする**多国籍軍**との戦争です。そのきっかけはイラクがクウェートに侵攻したことでした。

まず、クウェートという国について説明します。もともとオスマン帝国の支配下にあったクウェートと隣国のイラクは、第一次世界大戦後にイギリスの植民地になりました。イラクが独立した後もクウェートはイギリス領にとどまります。その後、世界第2位の規模をもつブルガン油田が発見され、クウェートは豊かな国になっていきます。

クウェートはイラクとペルシア湾に挟まれた場所に位置しており、イラクにとっては海への出口をふさぐ存在です。また、イラクとクウェートの国境線は、イギリスの都合のよいように引かれており、イラク側には「クウェートは本来イラクのもの」という意識がありました。1961年、クウェートがイギリスから独立すると、イラクのカシム首相はクウェートを自分たちの領土だと主張

多国籍軍 複数の国の軍で編成された軍のこと。なお日本は憲法違反にあたるとして、多国籍軍には参加しなかった。

多国籍軍に参加したアラブ諸国

国連が呼びかけた多国籍軍には、アメリカやイギリスのほか、イラクから攻撃を受けるのを恐れた中東の国々が参戦した。

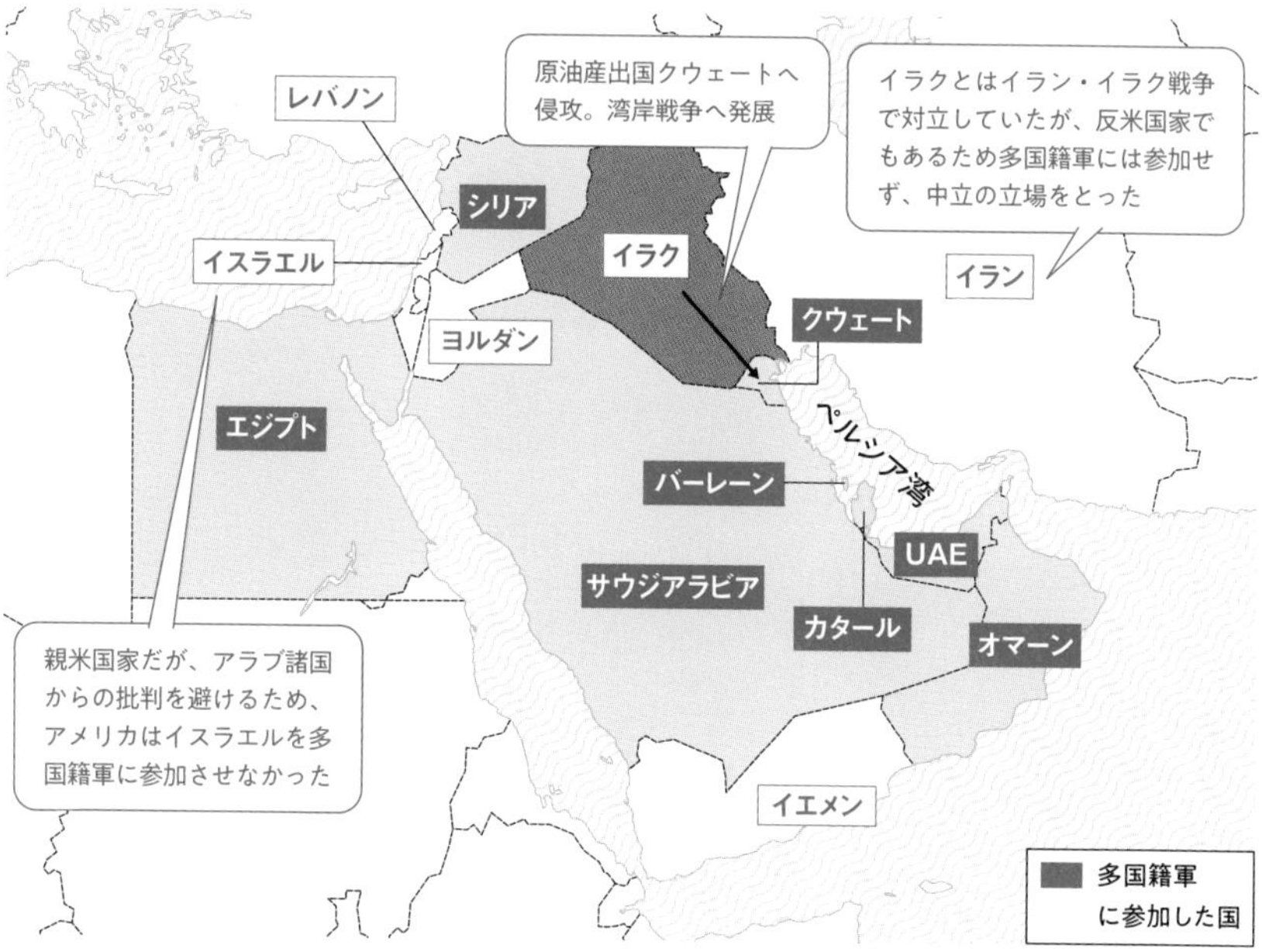
原油産出国クウェートへ侵攻。湾岸戦争へ発展
イラクとはイラン・イラク戦争で対立していたが、反米国家でもあるため多国籍軍には参加せず、中立の立場をとった
レバノン
シリア
イスラエル
イラク
イラン
クウェート
ヨルダン
エジプト
ペルシア湾
バーレーン
UAE
サウジアラビア
カタール
オマーン
親米国家だが、アラブ諸国からの批判を避けるため、アメリカはイスラエルを多国籍軍に参加させなかった
イエメン
多国籍軍に参加した国

します。しかし、イギリスやほかのアラブ諸国からの反対を受け断念することになります。

その後、イラクではフセインが独裁者となり、1980年にイラン・イラク戦争が始まります（⬇P190）。イラクは莫大な戦費を捻出するため、クウェートから巨額のお金を借りました。また、クウェートが原油を増産することによって、市場の原油価格が下がることに不満を募らせます。そして1990年、イラクはクウェートに侵攻します。

この間、国際環境は激変していました。ソ連ではゴルバチョフが指導者になり改革を実施。アメリカ大統領のジョージ・H・W・ブッシュと**マルタ会談**で、冷戦の終結を宣言します。冷戦終結の直後であり、「これまでの地域紛争のように米ソの強い介入はない」とフセインは読んでいたのでしょう。しかし、米ソが歩調を合わせてクウェート側に立ったため、イラクは国際的に孤立しました。国連の安全保障理事会はイラクに撤退を求め、経済制裁を発動。翌年に多国籍軍が編成されました。

冷戦が終結したのに、なんでイラクは国際協調を乱すんだ！

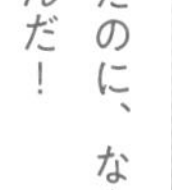

マルタ会談 ｜ ブッシュ大統領とソ連ゴルバチョフ書記長が新たな米ソ関係について会談。冷戦の終結を宣言した。

湾岸戦争の様子と影響

多国籍軍の猛攻により湾岸戦争はわずか42日で停戦。
その多国籍軍の多くはアメリカ兵であったことから、アメリカの影響力が強まる。

クウェートの油田火災

クウェートに侵攻したイラクは、600以上の油田に火をつけた。この火災が原因で大気汚染が進行したほか、石油がペルシア湾に流出し、生態系に悪影響を及ぼした。

中東に派遣されたアメリカ空軍

多国籍軍の多くはアメリカ兵で編成され、開戦時は54万人もの米兵が派遣された。アメリカ軍はクウェートで空爆を繰り返し、イラク軍を撤退させた。

どうなった？

多国籍軍が勝利しアメリカ一強の時代に

多国籍軍はアメリカを中心に結成され、イギリスやフランスに加え、サウジアラビアやエジプトなど一部のアラブ諸国も参加しました。ソ連は参加しなかったものの、多国籍軍の攻撃を容認します。フセインは、イスラエルがパレスチナを侵略していることをもち出し、同じアラブ人のアラブ諸国の支持を得ようとしました。しかし、アメリカはほかのアラブ諸国を味方につけるため、イスラエルを参戦させませんでした。アメリカの戦略のほうが一枚上手で、結果的に対立の構図は「イラク対国際社会」になります。

1991年1月、多国籍軍はイラクを空爆しました。こうして湾岸戦争が始まります。地上部隊が突入すると、クウェートはすぐに解放されます。わずか42日ほどの戦闘で、フセインは停戦を受諾しました。

国連が機能して圧倒的な勝利を収めたことで、大国が連携して地域紛争を解決できるという機運

ソ連崩壊　バルト三国がソ連から分離独立、ドイツ・ベルリンの壁崩壊、東欧の民主化などが相次ぎ、ソ連は消滅した。

湾岸戦争がきっかけで変化したこと

冷戦終結後初めての戦争である湾岸戦争は、それまでの戦争の構造や、国際情勢を一変させた。

	湾岸戦争以前の戦争	湾岸戦争
戦争の構造	アメリカ（西側陣営）とソ連（東側陣営）による冷戦構造。→	国連が組織した多国籍軍が、国際法違反の国に軍事制裁を行う構造が生まれる。
アメリカの立場	東側陣営の拡大を抑えるための外交・戦争を行う。→	ソ連が解体されたため唯一の軍事大国に。積極的に中東問題に介入することに。
中東諸国の状況	同じアラブ人・イスラーム国家として強く結束。→	イラクがクウェートへ、つまり同じアラブ人国家へ一方的に侵攻。親イラク・反イラク、親米・反米など各国の考え方の違いが浮き彫りになった。

が高まりました。ほどなく**ソ連崩壊**が起き、アメリカが世界唯一の超大国となります。そして、アメリカは中東の平和の実現に向けてパレスチナ問題（⬇P168）の仲介に積極的に乗り出していきます。アラブ諸国でも他国に攻撃的な態度をとる国々よりも、平和路線をとる国の発言力が増しました。このような流れで、1993年にはイスラエルとパレスチナの間で**オスロ合意**が成立。パレスチナ国家とイスラエル国家と共存が示されました。

湾岸戦争では、レーザー誘導爆弾などの最新兵器が投入されました。そのため、悲惨なベトナム戦争の報道とは対照的に、戦地から伝わる映像はゲームのようであり、アメリカ国民の戦争へのためらいをやわらげました。世界はアメリカの覇権のもと安定するかに思われましたが、アメリカの力が増すにつれて中東での反米意識が強まります。こうしてテロとの戦いが巻き起こっていくのです。

後世への影響

ソ連崩壊後、アメリカは唯一の超大国として中東への関与を深めた。しかし、同時にアメリカ支配への反感も強めた。

オスロ合意 イスラエルとPLO(パレスチナ解放機構)とで初めて成立した和平合意。パレスチナ自治政府が発足した。

テロを起こされたアメリカが報復するも戦争は泥沼化

アフガニスタン戦争

2001〜2021年

【アル・カーイダ】

ソ連のアフガニスタン侵攻(→P186)の際に、アフガニスタン側で戦ったイスラーム主義の過激派組織。

【アメリカ】

湾岸戦争以降、世界一の超大国として中東情勢に介入。イスラーム主義者から反感をもたれる。

ビン・ラーディン
アル・カーイダ指導者

VS

ジョージ・W・ブッシュ
アメリカ大統領

なぜ対立した？

アル・カイーダがアメリカを直接攻撃！

湾岸戦争後、世界唯一の大国となったアメリカは、ボスニア紛争やコソヴォ紛争などに**人道主義**を名目にして軍事介入していきます。しかし、アメリカ軍がイラクを監視するためにサウジアラビアなどのアラブ諸国に駐留し続けたことは、現地の民衆の反感を買いました。ソ連のアフガニスタン侵攻（➡P186）の義勇兵で、イスラーム原理主義組織アル・カーイダを結成したウサマ・ビン・ラーディンは、米軍のサウジアラビア駐在に怒りを覚え、アメリカやアラブの親米国家の打倒を目指すようになったといいます。アル・カーイダは、ケニア・タンザニアの米大使館を爆破するなどのテロを引き起こします。そして2001年9月11日、アメリカ同時多発テロが発生。ニューヨークの世界貿易センタービルやアメリカ国防総省（ペンタゴン）などが攻撃され、約3000人が死亡。アメリカはビン・ラーディンを首謀者と断定し、彼らをかくまうアフガニスタンのターリバーン政権を攻撃します。

人道主義　人間の尊厳を重視する考え方。アメリカは反民主主義による国民の抑圧、対立する民族の虐殺などを介入の名目とした。

アメリカ同時多発テロの爪痕

イスラーム過激派組織アル・カーイダによるアメリカ同時多発テロに、
ブッシュ大統領は激怒し「テロとの戦い」を掲げてアフガニスタンに兵を派遣した。

炎上する世界貿易センタービル

2001年９月11日、民間旅客機４機がハイジャックされた。うち２機は世界貿易センタービルへ、１機はペンタゴンに突入した。残る１機はテロ実行前に墜落する。被害者は約3000人にものぼった。

アフガンから撤退するアメリカ兵

テロの実行犯とされたビン・ラーディンは2011年にアメリカの特殊部隊に殺害された。その後もアメリカ兵はアフガンの民主化を掲げ、2021年まで撤退しなかった。ようやくアメリカ兵が撤退した後も、アフガニスタンの民主化は進んでおらず、再びターリバーンが政権を奪還した。

どうなった？

戦争が長期化し、ターリバーン政権が復活！

当時、ターリバーン政権は内戦状況にあるアフガニスタンのほぼ全域を支配していました。しかし、「テロとの戦い」を掲げるアメリカ軍に、イギリス軍なども加わり激しい攻撃がなされ、ターリバーン政権はまもなく崩壊。ところが、ビン・ラーディンを見つけ出すことはできませんでした。テロから10年後の２０１１年、ビン・ラーディンは、パキスタンで発見され殺害されます。

ターリバーン政権崩壊後、アメリカはカルザイを大統領に据えて復興しようとします。しかし、ターリバーンは壊滅することなくゲリラ的な抵抗が長期化。アメリカの目指した民主化と治安回復は達成されず、２０２１年にアメリカはアフガニスタンから撤退。ターリバーンが政権を取り返しました。

後世への影響

ターリバーン政権は崩壊するがアフガニスタンはますます混迷。民主化が失敗し、イスラーム主義が復権する…。

ターリバーン｜過激派イスラーム主義の組織。ソ連撤退後のアフガニスタンの内戦を制した。

「世界の警察」となったアメリカが暴走し、権威が失われる

イラク戦争

2003〜2011年

【イラク】

湾岸戦争で敗北した後もフセイン大統領による独裁政権が続き、アメリカから「悪の枢軸」と呼ばれる。

【アメリカ】

世界唯一の超大国となり、「世界の警察」と呼ばれる。イラクが大量破壊兵器を所持していると疑う。

フセイン
イラク大統領
VS
ジョージ・W・ブッシュ
アメリカ大統領

なぜ対立した？

やられる前にやる！という理論でイラク攻撃

イラク戦争は、アメリカがイラクのフセイン政権を攻撃・崩壊させた戦争です。

フセインは湾岸戦争（⬇P200）で敗北し、国連の求める核兵器や化学兵器などの大量破壊兵器の廃棄を受け入れました。しかし、その後もフセインは権力を握り続け、シーア派やクルド人を抑圧する恐怖政治を行います。また、大量破壊兵器に関する国連の調査も拒否・妨害します。

アメリカ同時多発テロが起きると、ブッシュ政権は「テロとの戦い」に傾倒。ブッシュはイラク・イラン・北朝鮮を「悪の枢軸《すうじく》」として名指しし「イラクがまだ大量破壊兵器を隠しもっている」と非難しました。イラクから大量破壊兵器がテロ組織に流出し、テロ攻撃を受ける危険があるというのです。アメリカはイラクを民主化し、自国への脅威を減らそうと考えます。フランスやドイツは慎重な姿勢でしたが、2003年3月、アメリカは**有志連合**を結成しイラクを攻撃します。

有志連合 | イラクへの攻撃に賛同したアメリカ・イギリス・ポーランド・オーストラリアによって編成された多国籍軍。

イラクの大量破壊兵器所持を疑うアメリカ

アメリカは確かな証拠もないまま、
イラクが大量破壊兵器を隠しもっていると決めつけ攻撃した。

アメリカ

あの湾岸戦争を起こしたフセイン政権はまだ倒れていない。核兵器などもっていないか調査しよう

イラク

ばれたなら仕方ない。国連の指導のもと、ミサイルや核関連施設は撤去するから信じてくれ

アメリカ

うそだ！イラクはまだ大量破壊兵器を隠しもっているにちがいない！イラクを攻撃するぞ！

イラク

もうもっていないと言ってるだろう！

アメリカ

国連ではイラク攻撃の賛成が得られなかった…こうなったら我々アメリカと有志たちのみで「悪の枢軸」イラクを攻撃する！

どうなった？

独裁者はいなくなるがイラクは内戦状態に…

有志連合の兵力は圧倒的で、まもなくフセイン政権は崩壊。5月には戦闘が終わります。フセインはその後逮捕され、「人道に対する罪」により2006年に処刑されました。しかし、独裁者のフセインがいなくなったことで、イラク国内はかえって混乱します。また、アメリカの主張した大量破壊兵器は結局見つからず、アメリカは権威を失うことになります。2011年、ブッシュから政権を引き継いだオバマ政権はほとんどの米軍をイラクから撤退させ、イラク戦争終結を宣言します。すると、**イスラーム国（IS）**が台頭して国内はさらに混迷します。イラク政府がアメリカなどの支援を受けてISの勢力を削ぎましたが、現在もイラクは安定とはほど遠い状態です。

後世への影響

フセイン政権の崩壊でイラク国内の対立が激化。アメリカの威信は傷つき、米軍撤退後には「イスラーム国」の出現も許した。

イスラーム国(IS)　イスラーム過激派組織。反米を掲げて結成され、イラクの隣国シリアで内戦が起こると反政府活動を行い拡大した。

世界が驚愕した現代に起こった大国による侵略

ウクライナ侵攻

2022年～

【ウクライナ】

ロシア帝国時代からロシア領にされ、ソ連崩壊後に独立。親欧米路線へと転換しようとしていた。

ゼレンスキー
ウクライナ大統領

VS

【ロシア】

ソ連崩壊後にロシア連邦となる。資本主義化を進めて経済を再建させた。国連の安全保障理事会常任理事国。

プーチン
ロシア大統領

なぜ
対立した？

欧米に傾くウクライナにロシアが待ったをかけた

まずは、ロシアとウクライナの歴史を簡単に解説します。両国は異なる文化をもっていますが、長い間同じ国でした。18世紀後半までに、ウクライナの大半は**ロシア帝国**の領土になります。ロシア革命（⬇P142）が起こるとウクライナでは独立運動が起こりますが、ソヴィエト政府によって抑えられ、ソ連の構成国のひとつになりました。そのため、現在でもロシア側には「ウクライナは本来ロシアのもの」という意識があります。１９９１年、ソ連崩壊にともない、ウクライナは悲願の独立を達成します。しかし、歴史的にロシアとの結びつきが強い東部ではロシア語を話す住民が多く、独立後のウクライナでは親ロシア派と**親欧米派**の間で対立が生まれました。

ソ連崩壊後、旧ソ連の国々や東欧諸国は次々に欧米に近づき、ＥＵやＮＡＴＯへの加入が相次ぎました。ウクライナはロシアとヨーロッパ諸国に挟まれる場所に位置しており、ロシアからすると

ロシア帝国　17世紀からロマノフ王朝となり、領土を拡大。この時、リトアニアからウクライナ東部とキーウを奪還している。

ロシアがウクライナに侵攻した理由

ウクライナとロシアには成立から現在まで歴史的因縁がある。プーチンが侵攻した背景には間違った認識もあった。

ウクライナとロシアはルーツを同じくするひとつの民族だ
もともとウクライナはロシア発祥の土地だ
軍事でも経済でもアメリカやEUにすり寄るのは許せない！
地理的に重要な干渉地帯であるウクライナがNATOに加盟するのは脅威だ

EUとは？

欧州連合。27の国が参加している。すべての国に適応される法制度をもち、とくに経済・通貨においてはEUが主導する。

NATOとは？

北大西洋条約機構。欧米32か国が参加する軍事同盟。2024年2月にあらたにスウェーデンの加盟が承認された。

地理的にも経済的にも絶対に死守したい国でした。そんななか、2004年の大統領選では親欧米派のユシチェンコ政権が誕生します。しかし、内部分裂で政権が倒れると、次の大統領選では親ロシア派のヤヌコーヴィチが勝利します。ヤヌコーヴィチはEU加盟に近づく連合協定への署名を見送り、親欧米派の反発を受けました。2014年、激しい抗議デモの結果、ヤヌコーヴィチはロシアに亡命します。親ロシア派政権の崩壊を受け、ロシアは行動を起こします。ウクライナのクリミア半島で親ロシア派の住民が議会を占拠。ロシア軍の管理のもと住民投票が行われ、ロシアへのクリミア併合が宣言されました。クリミアはロシアにとって、黒海へとつながる重要な土地です（➡P106）。また、国境付近のドネツク州・ルハンスク州を合わせたドンバス地方でも、ロシアの支援を受けた親ロシア派が反乱を起こします。ドネツク及びルハンスク人民共和国の独立が宣言され、ウクライナは内戦状態に入ります。

ウクライナがNATOに加盟する前に、親欧米派の動きを止めねばならん！

親欧米派　ヨーロッパとロシアに挟まれているウクライナは西側が親欧米派、東が親露派で対立している。

現在のウクライナの戦況（2024年3月）

ロシアの軍侵攻時には東部を中心に多くの地域が奪われたが、
ウクライナの反転攻勢により半分近くが奪還された。

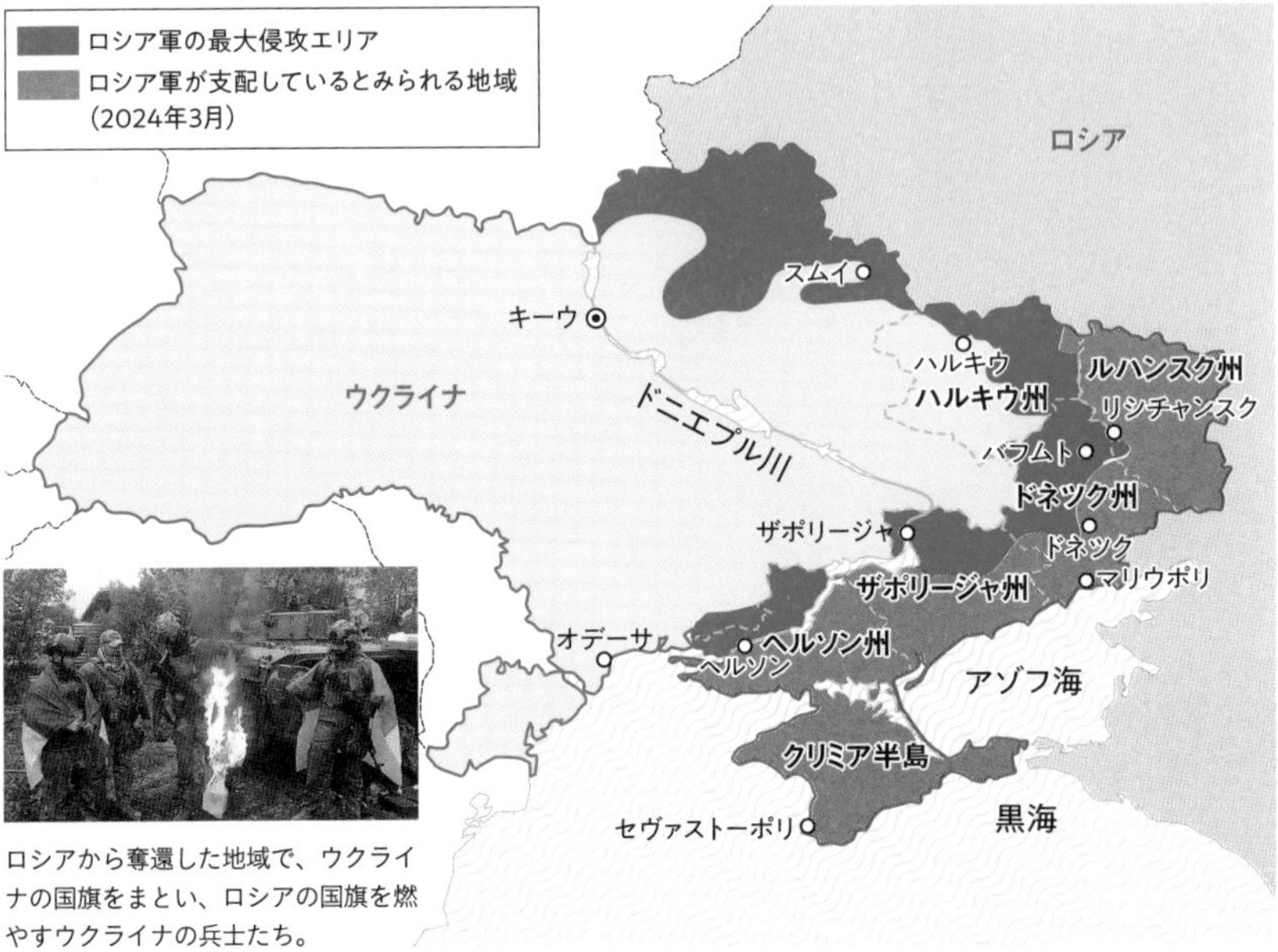
ロシア軍の最大侵攻エリア
ロシア軍が支配しているとみられる地域（2024年3月）
ロシア
スムイ
キーウ
ハルキウ
ハルキウ州
ルハンスク州
リシチャンスク
ウクライナ
ドニエプル川
バフムト
ドネツク州
ザポリージャ
ドネツク
マリウポリ
ザポリージャ州
オデーサ
ヘルソン州
ヘルソン
アゾフ海
クリミア半島
セヴァストーポリ
黒海

ロシアから奪還した地域で、ウクライナの国旗をまとい、ロシアの国旗を燃やすウクライナの兵士たち。

どう
なった？

ロシアには国際的な非難が集中も、戦争はこう着状態

その後、2015年にミンスク合意を結んで、ウクライナ東部は停戦します。しかし、2021年以降ロシアはウクライナ国境で軍事演習を繰り返し、2022年20万人の兵力を動員してウクライナに侵攻しました。「ウクライナが、ドネツク及びルハンスク人民共和国でロシア系住民を虐殺している」というのがロシア側の主張です。当初、軍事力で勝るロシアがウクライナを圧倒するかと思われましたが、国民が結束したウクライナの抵抗は強力で、首都キーウ近郊からロシア軍を押し戻しました。そんななか、欧米諸国や日本は、ロシアに対して経済制裁を行います。国連総会では、ロシアの即時撤退を求める決議が**141か国の賛成**で可決されるなど、ロシアは国際的に孤立することになりました。対して、ウクライナのゼレンスキー大統領は、国連や各国の議会で巧みな宣伝能力を発揮して諸外国からの支援を引き出します。

当初のプーチンの意図としては、NATOの拡大

ミンスク合意｜ウクライナ政府による国境の管理や、親ロシア派が占領する東部地方の自治の認可などが取り決められた。

【ウクライナ侵攻をめぐる各国の思惑】

ロシアの軍事侵攻は絶対に止めたい、しかし、直接戦争参加すると第三次世界大戦になってしまうというのがウクライナ支援国の悩みだ。

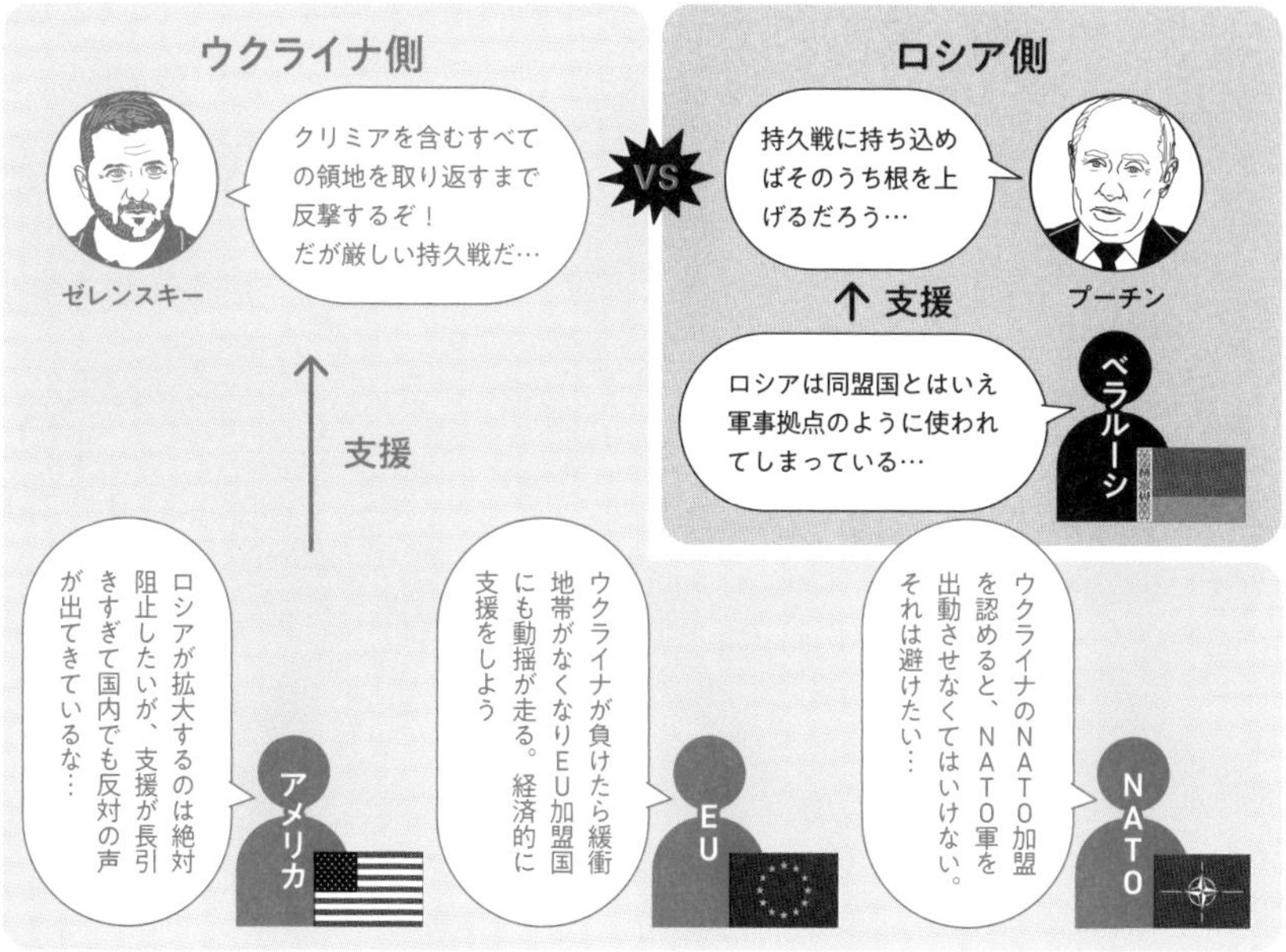

に対抗し、力ずくでもウクライナをロシアの影響下に置きたかったと考えられます。しかし、ウクライナ侵攻は周辺国の警戒を強めます。スウェーデンやフィンランドがNATO加盟を表明することになり、どちらも加盟が承認されました。キーウ攻略を断念したロシア軍は、すでに勢力下に置いたクリミア半島とドンバス地方をつなぐ地域を占領します。ウクライナ軍は2023年6月から反撃に転じていますが思惑通りにいかず、戦況は行き詰っています。

　国民の支持を失いたくないプーチンとしては、勝つまで戦争をやめられない状態です。一方、ゼレンスキーも「クリミアを含む全領土の奪還」を掲げていて、戦況からすると現実的ではなく、終結への見通しが立たずにいます。現在、欧米各国には戦争の支援疲れになっているといわれます。ロシアに対する経済制裁は自分の国にとってもダメージとなるため、戦争の長期化は多くの国にとっても負担になっています。

現在の状況

国連常任理事国のロシアによる侵略は世界に衝撃を与えた。現在もロシアとウクライナの交戦は終わりが見えない…。

141か国の賛成　国連総会は193か国で編成されている。うちロシアを含む7か国が反対、中国・インドなどは棄権票を入れた。

再び戦火が広がったパレスチナ

イスラエル・ガザ戦争

2023年～

【イスラエル】

イスラエルはパレスチナ人と合意した領土の区分を無視し、パレスチナを一方的に占領し続けていた。

【ハマス】

パレスチナ自治区で拡大するイスラーム過激派組織。イスラエルとの共存を拒否。

ネタニヤフ
イスラエル首相

VS

ハニーヤ
ハマス指導者

なぜ対立した？

イスラエルの占領に対しパレスチナ人の抵抗が続く

イスラエル・ガザ戦争は、中東のパレスチナを舞台にした地域紛争です。まず、パレスチナは、地中海東部に位置する地域で、3つの宗教の聖地イェルサレムがある重要な土地です。そこにイスラエルを建国したユダヤ人と、アラブ系であるパレスチナ人が土地を争い続けています。まず、中東戦争（➡P168）の流れを少し説明します。

1947年、国連はパレスチナ地域のなかで、ガザ地区とヨルダン川西岸地区をパレスチナ人の居住区として定めます。しかし、1967年の第3次中東戦争の結果、イスラエルはパレスチナ全土を占領しました。敗れたパレスチナ人側のアラブ諸国では、パレスチナ人自身の手で解放を勝ち取ろうとする動きが出始めます。それが、パレスチナ解放機構（PLO）です。PLOのアラファト議長は、イスラエルに対する闘争を指揮しました。

1987年には、第1次インティファーダと呼ばれる民衆の暴動が起きます。イスラエル軍の戦車

パレスチナ｜シリアの南部一帯。ユダヤ人離散後に住み着いたアラブ系の人々をパレスチナ人という。

オスロ合意で解決しなかったパレスチナ問題

**PLOの活動や第1次インティファーダにより、オスロ合意が調印される。
しかし、その後もイスラエルのパレスチナ占領は続き、両者の対立は深まっていった。**

オスロ合意

左から、イスラエルのラビン首相、アメリカのクリントン大統領、PLOのアラファト議長。オスロ合意によって、イスラエルはパレスチナの暫定自治を認める。

オスロ合意を成しとげた

アラファト

元は反イスラエルを掲げる武装組織「ファタハ」のリーダー。アラファトが議長になると、PLOはテロ活動を繰り返すようになるが、世界中から非難を受けて方針転換。国連などでパレスチナの窮状を発信するようになり、それが認められてオスロ合意へといたった。アラファトは初代パレスチナ自治政府大統領になる。2004年に病死。

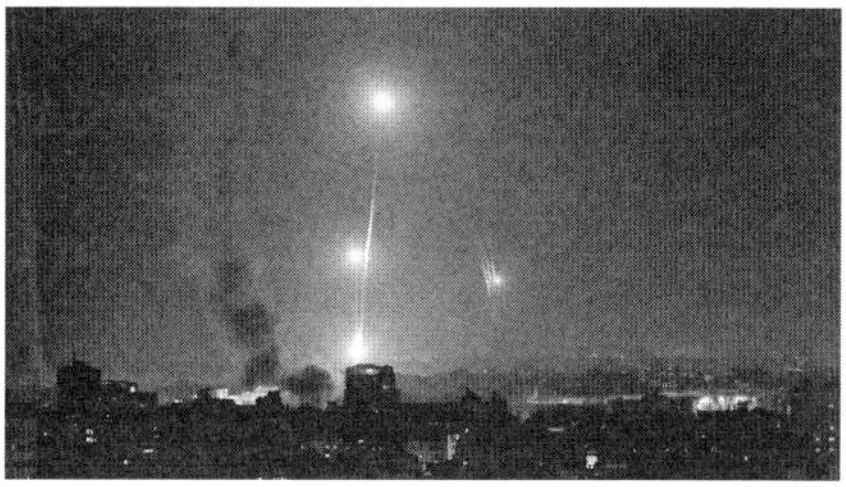

ハマスによるイスラエル攻撃

2023年10月7日、ハマスは突如イスラエルに大規模攻撃を行い、イスラエルは民間人も含む1200人以上が殺害された。両者は戦争状態となり、現在もガザ地区はイスラエルによる激しい空爆を受けており、多くの民間人が死亡している。

に対し、パレスチナ人の若者が石を投げて立ち向かう姿が報道され、世界中から同情が集まりました。そして1993年、イスラエルのラビン首相とアラファト議長の間でオスロ合意が成立。イスラエルは占領しているヨルダン川西岸やガザ地区から撤退し、パレスチナ自治政府が設立されることになります。しかし、イスラエルによる占領とユダヤ人の入植（移り住むこと）は続きました。

　そのことにパレスチナ人が不満を高めていた2000年、イスラエルのシャロン党首（のち首相）がイスラーム教の聖地**アル・アクサー・モスク**を訪問します。この挑発的な行動にパレスチナ人は怒り、第2次インティファーダが勃発。オスロ合意による和平は完全に崩壊しました。

　PLOの中心となる組織だったファタハは、汚職などが原因でパレスチナ人の支持を失いつつありました。代わって台頭したのが、第2次インティファーダを主導したハマスです。このハマスが、イスラエルとの紛争の中心になっていきます。

イスラエルの支配に抵抗しないと、我々パレスチナ人は平和な暮らしができないぞ！

アル・アクサー・モスク　エルサレムにあるイスラーム教のモスク。預言者ムハンマドが昇天したのを記念してつくられた。

ハマスの攻撃以降のパレスチナ情勢

ガザ地区にある最大の病院でハマスが部隊編成をしているとして、
イスラエルが攻撃を加えたことが国際的に非難されている。

イスラエル
2022年末に首相となったネタニヤフは、就任以来パレスチナに強い態度でのぞんでおり、現在も「ハマスが壊滅するまで戦闘を続ける」としている。一方で、病院や避難施設を攻撃するなど民間人の犠牲者が相次いでいることから、イスラエル国内でも戦闘継続を疑問視する声が上がっている

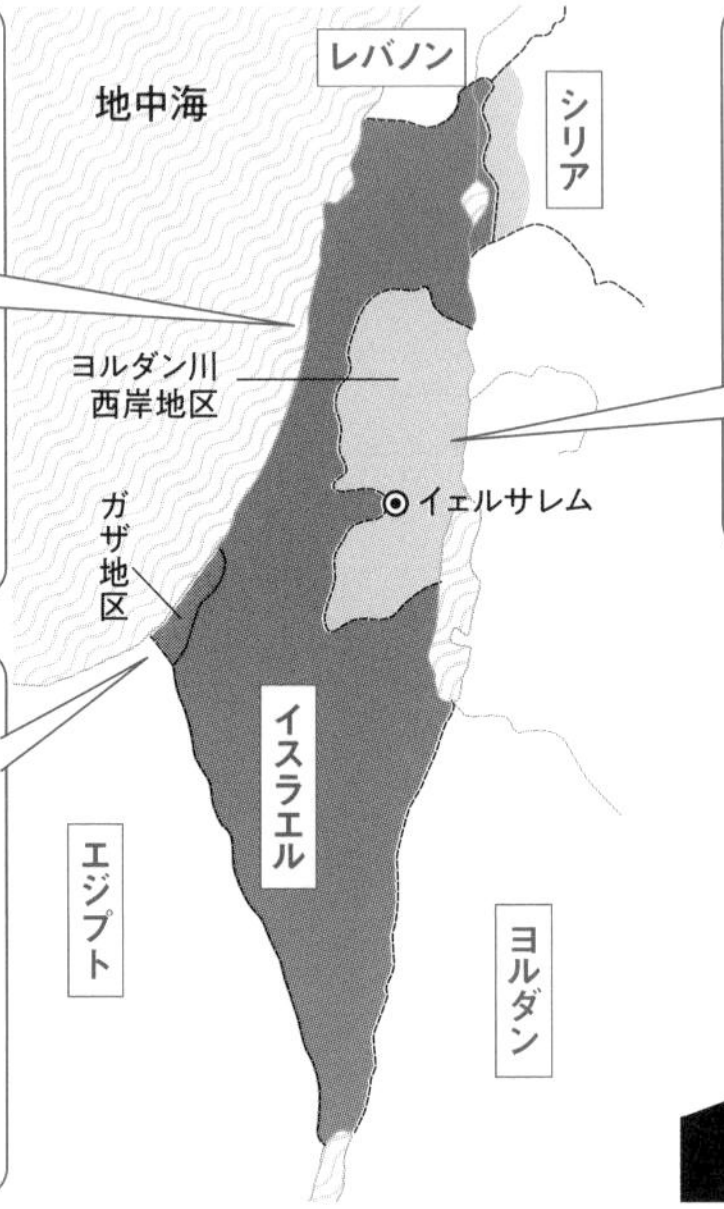

レバノン
地中海
シリア
ヨルダン川
西岸地区
イエルサレム
ガザ
地区
イスラエル
エジプト
ヨルダン

ヨルダン川西岸地区を支配するファタハ
ファタハはアラファトが中心となってつくられたゲリラ組織。のちにパレスチナ自治政府の主流派となる。2007年に対立していたハマスにガザ地区を制圧されて以来、パレスチナは分裂状態となっている

ガザ地区を率いるハマス
2023年10月7日ハマスはロケット弾数千発をイスラエルに発射。現在も戦闘を続けているが、カタールを仲介に戦闘休止交渉も開始している。なお、ガザ地区の死者数は2万5000人を超えた。うち1万人以上が子どもであるという報告も民間NGOから発表された

われわれイスラエルは
最後まで戦い続ける！

どう なった？

壁に囲まれたガザ地区で抑圧され続ける人々

ハマスは武装組織であるだけでなく、住民に福祉を提供する組織でもあり、政党という側面もありました。２００６年のパレスチナ議会選挙では、ハマスが圧勝しハニーヤが首相に就任します。しかし、ファタハはハマスの勝利を認めず戦闘に。ヨルダン川西岸はファタハ、ガザ地区はハマスが支配するようになります。

イスラエルは、ヨルダン川西岸地区とガザ地区のそれぞれ境界線に、パレスチナ側のテロを防ぐために壁を築いています。このため、パレスチナは「天井のない監獄」と呼ばれます。とりわけ、ハマスが拠点を置くガザ地区に対しては２００６年頃から厳しい**経済封鎖**を行っています。２００万人以上が暮らすガザ地区の経済は機能しておらず、住民の８割は何らかの**人道支援**に頼らねば生きていけない状態に。ガザは悲惨な状況にもかかわらず、国際社会からはほぼ見捨てられた状態でした。さらに、パレスチナ人の側に立つべきサウジアラ

経済封鎖　ある国との貿易や経済交流を遮断して経済的に孤立させること。制裁措置としてとられる。

2023年ハマスのテロ攻撃以降の国際情勢

ハマスの攻撃で始まったこの戦争により、中東の周辺諸国はさまざまな対応をしている。
各国の仲介や、直接交渉も行われているが終結の目処は立っていない。

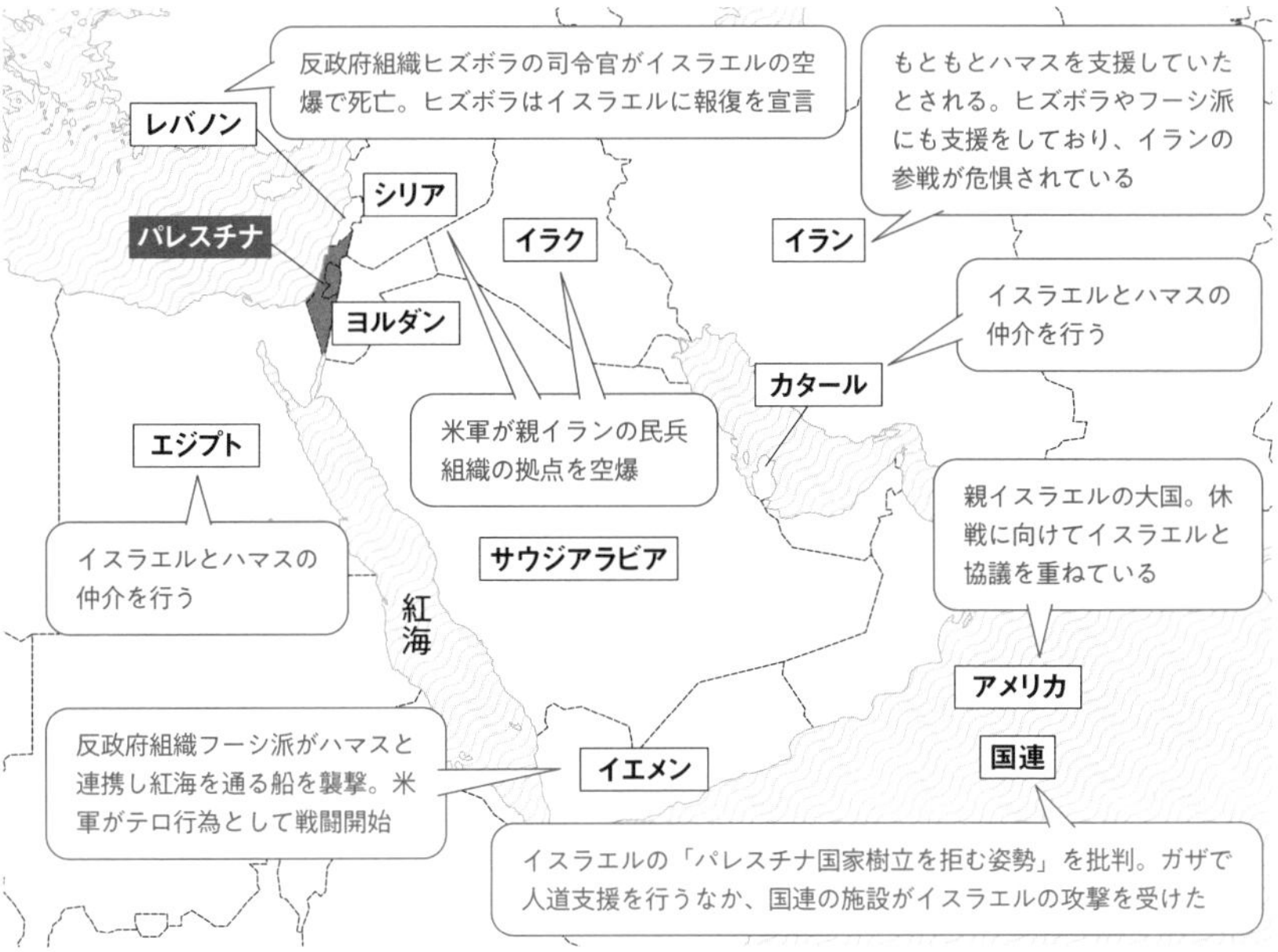
反政府組織ヒズボラの司令官がイスラエルの空爆で死亡。ヒズボラはイスラエルに報復を宣言
レバノン
シリア
パレスチナ
ヨルダン
イラク
イラン
もともとハマスを支援していたとされる。ヒズボラやフーシ派にも支援をしており、イランの参戦が危惧されている
イスラエルとハマスの仲介を行う
カタール
米軍が親イランの民兵組織の拠点を空爆
エジプト
イスラエルとハマスの仲介を行う
サウジアラビア
紅海
親イスラエルの大国。休戦に向けてイスラエルと協議を重ねている
アメリカ
国連
反政府組織フーシ派がハマスと連携し紅海を通る船を襲撃。米軍がテロ行為として戦闘開始
イエメン
イスラエルの「パレスチナ国家樹立を拒む姿勢」を批判。ガザで人道支援を行うなか、国連の施設がイスラエルの攻撃を受けた

ビアなどのアラブ諸国が、イスラエルと親密になり始めていました。

そんなガザで蓄積された憎悪が、最悪の形で噴出したのが、2023年10月のテロ攻撃でした。ハマスは音楽祭などを襲撃し、約1200人を殺害したうえに人質を連れ去ります。イスラエルのネタニヤフ首相はすぐさまガザへの空爆を開始。イスラエル軍は病院なども攻撃し、犠牲者は2万2000人を超えています。その多くは、子どもなどの民間人です。

当初は同情的だった国際世論も、民間人に対して激しく攻撃するイスラエルに対して、現在は徐々に批判的になりつつあります。軍事的には、イスラエルの優位は揺らぎません。しかし、ハマスを壊滅させたとしても、ガザの医療やインフラなどの人道的な危機は深刻な問題です。今後停戦が成立しても、パレスチナに平和が訪れる日は遠いと言わざるを得ません。

現在の状況

イスラエルの容赦のない軍事行動には国連やアメリカなどが自制を求めているが、イスラエル政府は聞く耳をもたない…。

人道支援　紛争や自然災害などがあった国に、援助物資の提供や、救援活動・復興活動などの人的支援を行うこと。

今も続く世界の紛争と対立

国境や民族の問題、イデオロギーなど、世界にはいまだたくさんの争いがあります。ここでは世界のおもな対立と紛争を紹介します。

❶ソマリア内戦

1991年～

1991年の軍事クーデタをきっかけに内戦に突入しました。内戦が長期化したため、政府が国を運営することのできない「破綻国家」という状態になっています。

❷ベネズエラとガイアナの国境紛争

19世紀～

ベネズエラは隣国ガイアナのほとんどの地域を自分のものだと言っています。2015年にガイアナで油田が発見されるとさらにその主張を強め、軍事侵攻が懸念されています。

❸ミャンマー内戦

2021年2月～

2020年に民主派議員が選挙で圧勝したものの、国軍がそれを認めずクーデタを起こし、市民を弾圧。民主派勢力も武装して内戦が泥沼化してしまいます。

軍に拘束されている民主派リーダーのアウンサンスーチー。

❹シリア内戦

2011年～

「アラブの春」と呼ばれる独裁政権に抗議する民主化運動の波が巻き起こりましたが、シリア政府は国民に対して徹底的に軍事弾圧を行いました。

「今世紀最大の人道危機」といわれ、人口の半数以上が難民になった。

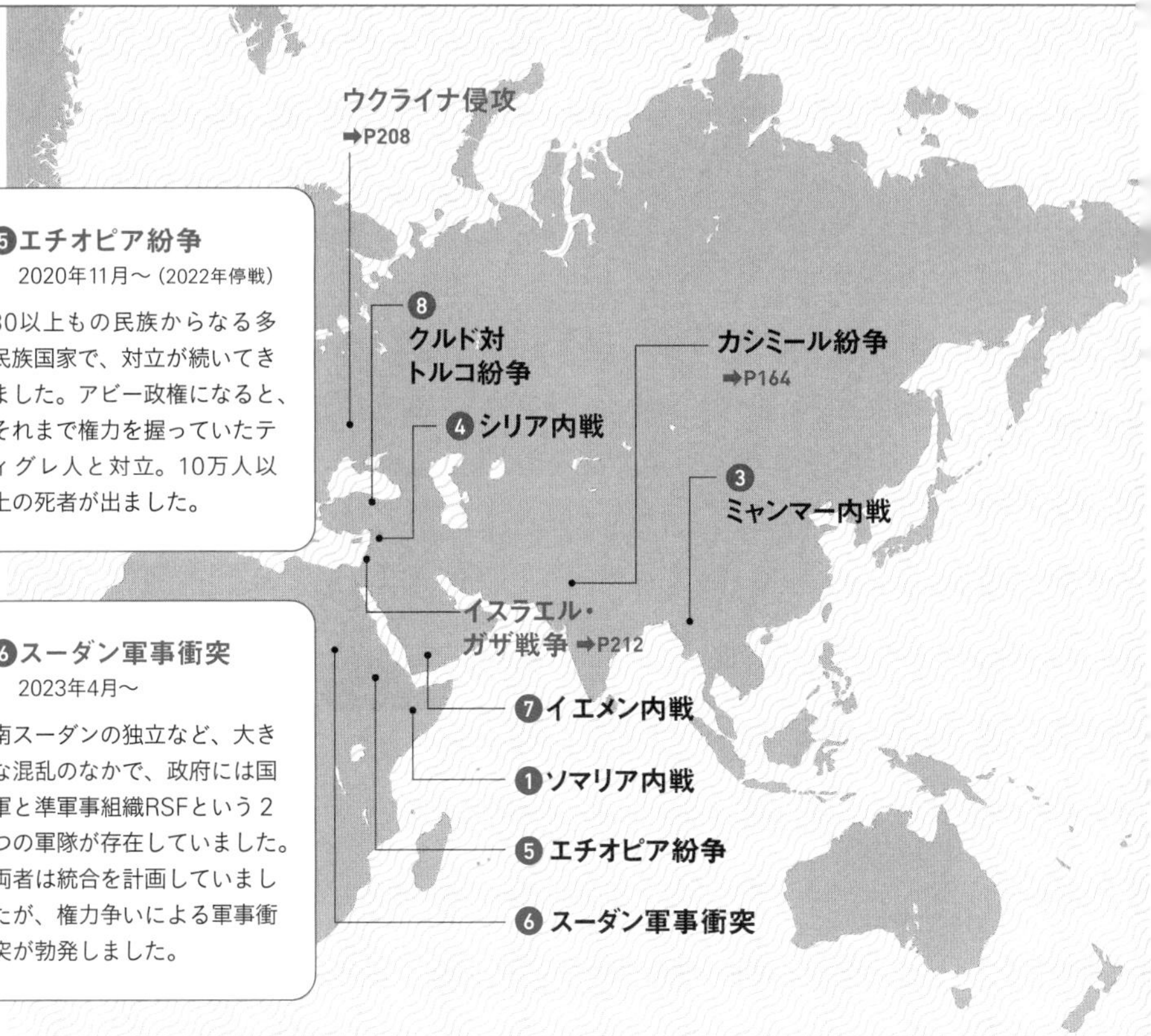
ウクライナ侵攻
➡P208
8 クルド対トルコ紛争
カシミール紛争
➡P164
4 シリア内戦
3 ミャンマー内戦
イスラエル・ガザ戦争 ➡P212
7 イエメン内戦
1 ソマリア内戦
5 エチオピア紛争
6 スーダン軍事衝突

❺エチオピア紛争

2020年11月〜（2022年停戦）

80以上もの民族からなる多民族国家で、対立が続いてきました。アビー政権になると、それまで権力を握っていたティグレ人と対立。10万人以上の死者が出ました。

❻スーダン軍事衝突

2023年4月〜

南スーダンの独立など、大きな混乱のなかで、政府には国軍と準軍事組織RSFという2つの軍隊が存在していました。両者は統合を計画していましたが、権力争いによる軍事衝突が勃発しました。

❽クルド対トルコ紛争

1970年代末〜

クルド人の言語や文化を認めないトルコ政府とトルコに住むクルド人の対立です。PKK(クルド労働者党)はテロ攻撃を繰り返し、2013年の休戦協定も覆しました。

PKK創設者のオジャランは1999年に捕まり、現在もトルコの刑務所に収容されている。

❼イエメン内戦

2015年3月〜

ハディ政権とフーシ派(イスラーム武装勢力)の内戦。それぞれがスンナ派、シーア派の盟主であるサウジアラビア、イランから支援を受けており「代理戦争」の状態になってしまっています。

スンナ派	シーア派
ハディ政権	フーシ派
↑ 支援	↑ 支援
スンナ派の盟主	シーア派の盟主
サウジアラビア	イラン

日本周辺にある対立の火種

戦後70年以上が過ぎた日本。しかし、対立の火種がなくなったわけではありません。

❶領土問題

対立や紛争が起きる原因のひとつである「領土問題」は日本も無縁ではありません。ロシアに支配され続けている北方領土、中国が領海侵入を繰り返す尖閣諸島、韓国が強引に支配する竹島などがあります。

❷中国の海洋進出と台湾有事

隣国である中国は世界2位の経済大国となり、軍事力を増しています。南シナ海を自国のものと主張して人工島を建築して軍事基地化し、フィリピンやベトナムなどの周辺諸国を威圧しています。さらに、アンゴラやケニアなどの発展途上国を援助して勢力圏を拡大しています。こうした動きが、アメリカと対立する原因となっています。日本はアメリカと同盟を結んでいるため、もし戦争になれば巻き込まれる可能性があるのです。

また、中国と台湾の問題に巻き込まれる可能性もあります（➡P160）。中国の習近平国家主席は2013年の政権発足以来、台湾統一を掲げ、近年は武力行使もほのめかしています。2024年の台湾総統選挙で、中国からの独立をめざしている民進党が勝利したため緊張が続きます。台湾は日本の間近で、最も戦争が懸念される地域です。もし戦争になった場合、アメリカ軍が出動することも考えられ、日本の米軍基地も攻撃対象になる可能性があります。

❸北朝鮮のミサイル実験

日本の排他的経済水域の近くでミサイル実験を繰り返す北朝鮮は、日本にとっての脅威です。核兵器の開発も進めています。

中国の習近平国家主席は、自らの任期を撤廃したため、今後も最高権力者の座に就き続ける。

日韓問題になっている竹島。サンフランシスコ平和条約によって日本の領土であることがあらためて確認された。

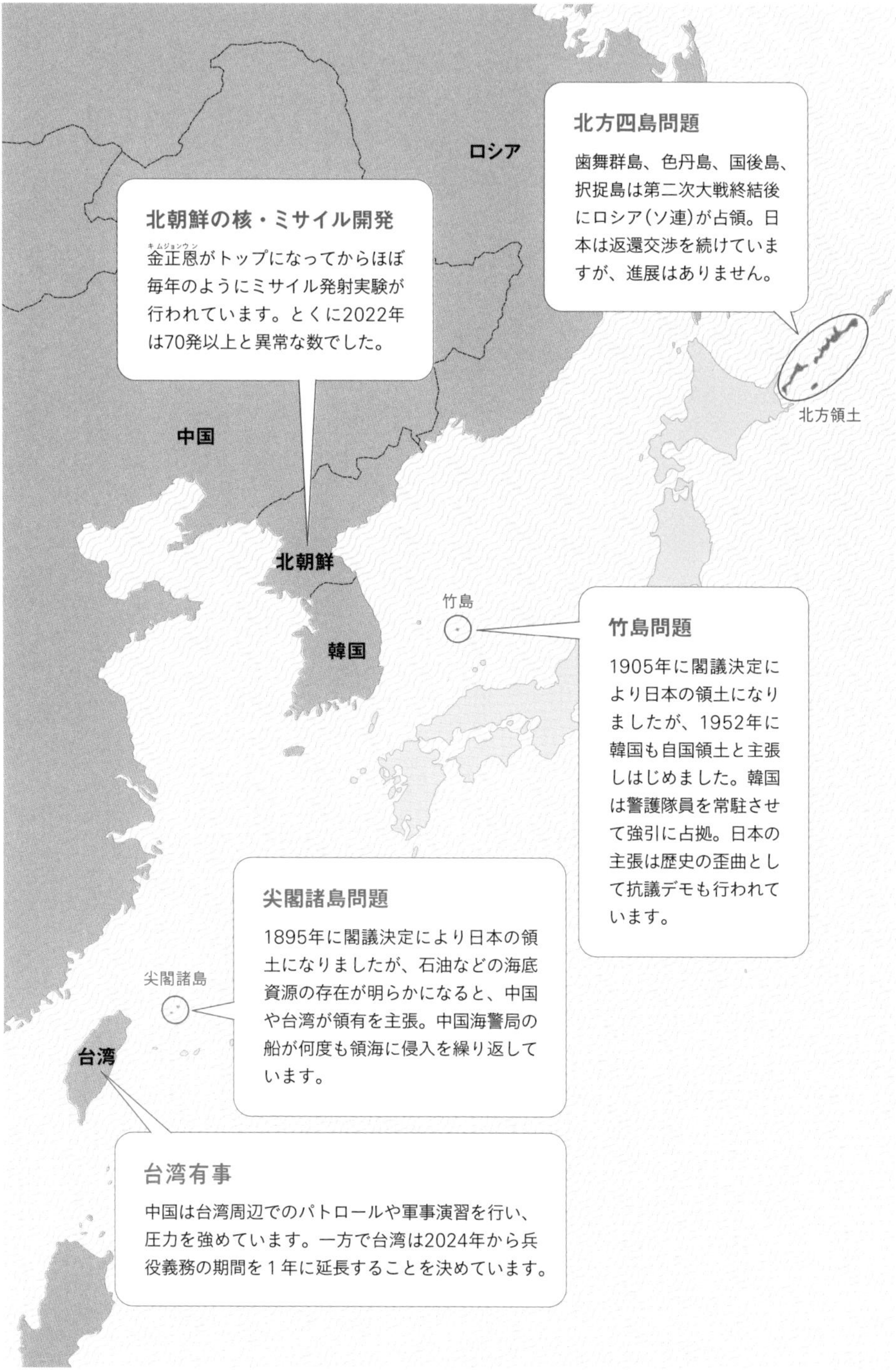
北朝鮮の核・ミサイル開発
金正恩《キムジョンウン》がトップになってからほぼ毎年のようにミサイル発射実験が行われています。とくに2022年は70発以上と異常な数でした。
ロシア
北方四島問題
歯舞群島、色丹島、国後島、択捉島は第二次大戦終結後にロシア(ソ連)が占領。日本は返還交渉を続けていますが、進展はありません。
北方領土
中国
北朝鮮
竹島
韓国
竹島問題
1905年に閣議決定により日本の領土になりましたが、1952年に韓国も自国領土と主張しはじめました。韓国は警護隊員を常駐させて強引に占拠。日本の主張は歴史の歪曲として抗議デモも行われています。
尖閣諸島問題
1895年に閣議決定により日本の領土になりましたが、石油などの海底資源の存在が明らかになると、中国や台湾が領有を主張。中国海警局の船が何度も領海に侵入を繰り返しています。
尖閣諸島
台湾
台湾有事
中国は台湾周辺でのパトロールや軍事演習を行い、圧力を強めています。一方で台湾は2024年から兵役義務の期間を1年に延長することを決めています。

【対立の世界史年表】

	おもな戦争・革命			世界のおもなできごと	
古代	前500	ペルシア戦争→P12	アケメネス朝ペルシアがギリシアに侵攻	前1000頃	イスラエル王国建国
	前334	アレクサンドロス大王の東方遠征→P16	マケドニアがペルシアを破る	前753頃	ローマ建国
	前264	第1回ポエニ戦争→P20	ローマがカルタゴに勝利する	前403	戦国時代が始まる（中国）
	前221	秦の中国統一戦争→P24	秦が中華統一を成しとげた	前27	ローマが共和政から帝政に
	前218	第2回ポエニ戦争→P20	カルタゴが逆襲するもローマが勝利する	392	ローマでキリスト教が国教となる
	前149	第3回ポエニ戦争→P20	ローマがカルタゴを滅ぼす	395	ローマ帝国が東西に分離する
	66	第1次ユダヤ戦争→P28	ローマ属州でユダヤ人が反乱を起こす	476	西ローマ帝国が滅亡する
	131	第2次ユダヤ戦争→P28	イェルサレムが破壊され、ユダヤ人が離散する	610頃	イスラーム教がうまれる
中世	732	トゥール・ポワティエ間の戦い→P34	ウマイヤ朝が西欧に侵攻	618	中国で唐が成立
	751	タラス河畔の戦い→P36	東西の大国である唐とアッバース朝が激突	800	カール大帝がローマ皇帝になる
	1096	十字軍遠征→P42	ローマ教皇が聖地イェルサレムの奪還を呼びかける	962	神聖ローマ帝国の成立
	1241	ワールシュタットの戦い→P46	モンゴル帝国軍がヨーロッパに侵攻	1054	キリスト教会の東西分裂
	1339	百年戦争→P48	イギリスとフランスが断続的に戦闘を繰り広げる	1346	黒死病（ペスト）が大流行
	1453	コンスタンティノープル陥落→P52	オスマン帝国がビザンツ帝国を滅ぼす	1453	ビザンツ帝国が滅亡する
	1492	グラナダ陥落（レコンキスタ）→P38	イベリアのイスラーム勢力が一掃される	1479	スペイン王国成立
近世	1521	メキシコ征服→P58	現在のメキシコがスペインの植民地になる	1492	コロンブスがアメリカ大陸発見
	1533	ペルー征服→P60	現在のペルーがスペインの植民地になる	1517	ルターの宗教改革がはじまる
	1562	ユグノー戦争→P62	フランス国内で旧教対新教の内乱が起きる	1534	イギリス国教会設立

時代	年	出来事	内容
近世	1568	オランダ独立戦争→P66	オランダがスペインから独立する
	1618	三十年戦争→P70	ヨーロッパの新教国と旧教国が争う
	1640	ピューリタン革命→P74	イギリス国王が処刑されて共和政になる
	1688	名誉革命→P74	立憲君主制の礎がつくられる
	1700	北方戦争→P78	スウェーデンを破ったロシアがバルト海の覇権を握る
	1701	スペイン継承戦争→P80	スペイン王位をブルボン家とハプスブルク家が争う
	1756	七年戦争→P82	オーストリアとプロイセンの争いに欧州各国が参戦
	1775	アメリカ独立戦争→P86	アメリカ植民地13州がイギリスから独立する
	1789	フランス革命→P90	国王を処刑。共和政を宣言する
	1815	ワーテルローの戦い→P96	ナポレオンが完全敗北
近代	1840	アヘン戦争→P102	アヘン販売をめぐって清とイギリスが争う
	1853	クリミア戦争→P106	ロシアの拡張を阻止するオスマン帝国などが戦う
	1857	シパーヒーの反乱→P110	イギリス支配に対してインド人が反乱
	1861	南北戦争→P112	奴隷制をめぐりアメリカ南北が対立
	1867	王政復古の大号令→P122	江戸幕府が廃止され明治政府が成立
	1870	普仏戦争→P118	プロイセンによってドイツが統一される
	1894	日清戦争→P126	朝鮮をめぐって日本と清が争う
	1898	ファショダ事件→P130	アフリカ植民地をめぐり英仏が軍事衝突しかける
20世紀	1904	日露戦争→P134	朝鮮の権益をめぐって日本とロシアが争う
	1914	第一次世界大戦の勃発→P138	サライェヴォ事件をきっかけに各国が参戦する
	1917	ロシア革命→P142	ロマノフ朝が倒される
	1937	日中戦争→P144	盧溝橋で日中が衝突し、戦争が始まる

近世	1602	オランダ東インド会社が設立
	1603	江戸幕府が成立する
	1648	オランダ、スイスなどが独立
	1689	イギリス『権利の章典』成立
	1793	フランス国王を処刑
	1804	ナポレオンが皇帝になる
	1815	ウィーン議定書
	1818	チリ独立
	1821	メキシコ独立
近代	1825	イギリスで鉄道が開通
	1830	フランス七月革命
	1848	諸国民の春（1848年革命）
	1848	『共産党宣言』の出版
	1861	イタリア統一（イタリア王国）
	1868	明治新政府発足
	1871	ドイツ帝国成立
20世紀	1912	中華民国（国民党）が成立
	1920	国際連盟が設立
	1922	ソビエト連邦成立
	1929	世界恐慌が起きる

20世紀～現在

おもな戦争・革命

1939	第二次世界大戦→P148	ドイツのポーランド侵攻で大戦が勃発する
1941	太平洋戦争→P152	日本がハワイ真珠湾を攻撃しアメリカと開戦
1945	中国国共内戦→P160	中国共産党と中国国民党が内戦
1947	印パ戦争→P164	独立したインドとパキスタンによる国境紛争
1948	第1次中東戦争→P168	イスラエル建国に反発したアラブ諸国による攻撃
1950	朝鮮戦争→P172	南北に分断された朝鮮半島で起きた戦争
1956	第2次中東戦争→P168	エジプトのスエズ運河国有化が発端
1962	キューバ危機→P176	キューバをめぐって米ソによる核戦争勃発の危機
1964	ベトナム戦争→P178	ベトナムの社会主義化にアメリカが介入
1967	第3次中東戦争→P168	イスラエルがエジプトに侵攻
1973	第4次中東戦争→P168	エジプトがシナイ半島を取り戻す
1978	イラン革命→P182	王朝が倒されイスラーム主義国家となる
1979	アフガニスタン侵攻→P186	ソ連がイスラーム主義のアフガニスタンに侵攻
1980	イラン・イラク戦争→P190	革命直後のイランにイラクが侵攻
1991	ユーゴスラヴィア内戦→P196	ユーゴ解体にともなって独立運動が起きる
1991	湾岸戦争→P200	クウェートに侵攻したイラクに対して多国籍軍が攻撃
2001	アフガニスタン戦争→P204	アメリカと有志連合がアル・カイーダなどと争う
2003	イラク戦争→P206	イラクの武装解除問題でアメリカなど有志連合が攻撃
2022	ロシアのウクライナ侵攻→P208	ロシアが特別軍事作戦と称して侵攻
2023	イスラエル・ガザ戦争→P212	ハマスがイスラエルを攻撃

世界のおもなできごと

1933	ドイツでヒトラーが首相就任
1945	国際連合が設立
1948	イスラエルが建国を宣言
1949	北大西洋条約機構（NATO）設立
1955	ワルシャワ条約機構発足
1959	キューバ革命
1964	パレスチナ解放機構（PLO）が結成
1973	第一次オイルショック
1986	チェルノブイリ原発事故
1989	マルタ会談（冷戦終結）
1989	ベルリンの壁崩壊
1991	ソ連が解体される
1993	EUが発足
1997	香港が中国に返還される
2001	アメリカ同時多発テロ事件
2008	リーマン・ショック
2019	香港民主化デモ
2020	新型コロナウイルスが世界流行

おもな参考文献

『世界史用語集』全国歴史教育研究協議会 編（山川出版社）
『詳説世界史 世界史探究』木村靖二 他 編（山川出版社）
『歴史風景館 世界史のミュージアム』東京法令出版教育事業推進部著（東京法令出版）
『最新世界史図説タペストリー』川北稔 桃木至朗 監修（帝国書院）
『アカデミア世界史』（浜島書店）
『改訂版　詳説世界史研究』木下康彦 他 編（山川出版社）
『13歳から考える戦争入門』増田ユリヤ 監修、長谷川敦 著（旬報社）
『エリア別だから流れがつながる世界史』祝田秀全 監修（朝日新聞出版）
『年代順だからきちんとわかる　中国史』岡本隆司 監修（朝日新聞出版）
『ビフォーとアフターが一目でわかる　宗教が変えた世界史』祝田秀全 監修（朝日新聞出版）
『知識ゼロからの戦争史入門』祝田秀全 著（幻冬舎）
『ニュースがわかる　図解東アジアの歴史』三城俊一 著（SBビジュアル新書）
『東大生が教える戦争超全史』東大カルペ・ディエム 著（ダイヤモンド社）
『これ一冊！世界各国史』村山秀太郎 著（アーク出版）
『世界史の新常識』文藝春秋 編著（文藝春秋）
『教養のための現代史入門』小澤卓也 他 編（ミネルヴァ書房）
『最新版図説　よくわかる世界の紛争２０１７』毎日新聞外信部 編著（毎日新聞出版）
『アジア・太平洋戦争』吉田裕 著（岩波新書）
『第一次世界大戦』木村靖二 著（ちくま新書）
『なるほどそうだったのか!!パレスチナとイスラエル』高橋和夫 著（幻冬舎）
『世界史の中のパレスチナ問題』臼杵陽 著（講談社現代新書）

編著者　かみゆ歴史編集部
（かみゆれきしへんしゅうぶ）

滝沢弘康、北畠夏影、中村蒐、深草あかね
「歴史はエンターテイメント!」をモットーに、雑誌・ウェブ媒体から専門書までの編集・制作を手がける歴史コンテンツメーカー。扱うジャンルは日本史、世界史、地政学、宗教・神話、アート・美術など幅広い。世界史関連のおもな編集制作物に『エリア別だから流れがつながる世界史』（朝日新聞出版）、『オールカラー図解 13歳から考える戦争入門』（旬報社）など。

STAFF

イラスト	沼田 健、石山好宏
デザイン	松本 歩（細山田デザイン事務所）
図版・DTP	株式会社ウエイド
校正	konoha
写真協力	アフロ、Shutterstock、pixta、Getty Images
執筆協力	三城俊一

Abaca/アフロ、AP/アフロ、Assault Troops of the Armed Forces of Ukraine/ZUMA Press/アフロ、Bruno Barbey/Magnum Photos/アフロ、KCNA/UPI/アフロ、Legacy Images/アフロ、Robert Harding/アフロ、Shaam News Network/ロイター/アフロ、Shutterstock/アフロ、The Blue House/ロイター/アフロ、新華社/アフロ、山梨勝弘/アフロ、ロイター/アフロ

歴史《れきし》がわかる 今《いま》とつながる
対立《たいりつ》の世界史《せかいし》図鑑《ずかん》

2024年5月15日発行　第1版

編著者	かみゆ歴史編集部
発行者	若松和紀
発行所	株式会社 西東社 〒113-0034　東京都文京区湯島2-3-13 https://www.seitosha.co.jp/ 電話　03-5800-3120（代）

※本書に記載のない内容のご質問や著者等の連絡先につきましては、お答えできかねます。

ISBN 978-4-7916-3302-9